顺理才成章

——社会上的那些事儿

章丰◎著

浙江文艺出版社

总　　序

《新闻深呼吸》是浙江经视于 2009 年推出的一档新闻述评节目。2012 年，为了进一步扩大品牌价值，提升综合影响力，《新闻深呼吸》进行了改版扩容，分为“相对论”和“舒口水”两大板块，并逐渐形成以舒中胜、胡宏伟和章丰为核心的新闻评论员团队。舒中胜、胡宏伟和章丰因此被称为“评论三剑客”。

“几个老头子成就了凤凰卫视。只要有个性，有思想，普通话不准或许可以忽略。”2009 年，新闻时评节目在内地电视媒体初露锋芒，身为浙江经视新闻部主任的舒中胜，以自己多年新闻从业的经历，亲自担纲《新闻深呼吸》的评论员。这是一档原创的时评节目，形态更接近于新闻脱口秀，有新闻事实，有观点引用，有对评论本身的评论。“时”抓得紧——有时效，是时事热点，是新近发生的、重大的、关注度高的事情；“评”很鲜明——有观点，或先声夺人，或更有深度。重要的还有，它强调说实在话、心里话，此所谓真诚；评论时追求从法律、伦理、人性上的形而上的引导，此所谓“意见领袖”。

“相对论”板块还非常重视新闻当事人、学者专家、政府官员的共同参与，开播几个月来，“希望工程”创始人徐永宁、中国美术学院院长许江、著名教育学家熊丙奇、娃哈哈集团董事长宗庆后、浙江大学中国农村发展研究院教授顾益康、杭州市政府副秘书长王水法、杭二中校长叶翠微、麦田音乐制作公司创始人宋柯等，都曾成为节目的座上宾，就相关新闻事件发表评论看法。《新闻深呼吸》力求综合各方声音，搭建一个求证真相、厘清常识、激荡观点的话语平台。

因为善意，所以温暖；因为理性，所以共鸣；因为建设性，所以被认同。在一个悲观的语境中,《新闻深呼吸》让人感受温暖,心怀憧憬。让无力者有力,让悲观者前行。

2010 年,《新闻深呼吸》和评论员舒中胜上榜“新周刊 2010 中国电视榜”,分别被提名为最佳时评节目和最佳时评节目主持人。2012 年 4 月举行的第五届“综艺”年度节目暨电视人评选揭晓盛典上,《新闻深呼吸》荣膺“地面频道 20 强”。2012 年 8 月,全国第二届名优电视栏目评选结果在北京揭晓,《新闻深呼吸》从 159 个新闻类参评栏目中脱颖而出,荣获“2012 十佳电视栏目”称号,成为浙江省内唯一获得该殊荣的新闻类节目。

基于《新闻深呼吸》栏目的影响力,我们将其中最精彩的部分结集出版,内容涵盖宏观经济、房地产、廉政、教育、新媒体、民生等方方面面。专业人士对新闻事件犀利的眼光、独到的见解让旁观者如醒醐灌顶。

自序：《相对论》的 N 个理由

如果我坦白，答应为《相对论》录样片，只是因为吃了浙江经视的一顿饭，会不会很没范儿？悲催的是，最初的答案就是这么简单。像我和胡宏伟这类皮薄之人，既然喝了人家的红酒，加上之前和总监们断断续续厮混的面子，相互一鼓励，咬咬牙就上了节目。之后，频道有关部门循循善诱，各种定妆照加上摄影棚伺候，我们突然就成了“三剑客”(我一直认为，也许叫“贱客”更贴近群众，但是，好像电视台不让说“脏”话)。这才发现，许老板，一开始，就在下一盘很大的棋。

既然忝列“剑客”之列，难免就有些心旌摇曳。一时间，勾动了各种关乎“专业表达”的愿望。作为一个专业控，我常常在深夜回放自己的节目，一边为自己足够业余的表现而羞愧，一边用心揣摩主持人声断气不断和眼波流转的境界，膜拜不已。在此，必须得感谢栏目组和热心观众七嘴八舌的各种指点，让我开始体会到演播厅的诉求和评论节目的表达规律。

在我看来，一个好的电视评论节目，有三个要素，依次是：气氛、节奏和观点。背景、灯光、镜头、扮相、音色、语调一起呈现在观众面前，让人看着舒服，这就叫气氛；开场的活泼导入、录像短片和电话连线的精悍运用、主持人和评论员的情绪咬合、中场的巧妙勾连，最后一句话和意犹未尽的结语，一直控制住观众换台的念头，这就叫节奏；比观众多看一点，比同行想透一点，然后用人话说出来，丰富新闻的视野，提供思考的角度，这就是观点。把观众留住的，一开始一定是气氛，最后必须是观点，而节奏，是两者的铰链。

上了电视，才知道自己不会说话；而没上之前，却已深知电视凶猛。在我看来，伴随移动互联网和云服务的迅猛发展，视频传播将拥有史上最便利最丰富的手段和空间，而电视将据有更牛逼的传媒王位。作为一名前报人，我的确是怀抱谦卑和好奇，把《相对论》当作了贴近观察电视的窗口；因为，电视机前再高明的观察家，也敌不过演播厅里千百次看镜头的评论员。

生逢复杂中国的转型期，媒体人是有幸的。伴随现代中国的成长，传媒将在政治、经济、文化和社会各个领域扮演比现在强上一百倍的狠角色；而其中绝大部分的份额，将以视频为载体。如果不想被转型中国边缘化，无论是从政从商从学，或是跻身传媒，都必须对以视频为核心的现代传媒有深刻的理解。

作为一个评论员，我足够地要事情，经常对栏目组各种指手画脚，今后一定注意改正。但是，为了防止上述理解哄抬电视人的信心，请允许我补充两句乌鸦嘴：传媒会很牛，视频会很火，但是电视台也许会死得很难看。在内容个性化、播出网络化、终端多屏化、受众社区化的时代，电视只是互联网的一个应用程序而已。现在，电视台之所以活得还算滋润，要拜管制创造的垄断所赐。不经历一场脱胎换骨的改造，今天的报纸，就是明天的电视。

差点忘了说听起来最崇高的一个理由：价值观。之所以把它放在最后，实在是因为价值观的阐述，报馆里要方便得多。令读者在墨香中沉思的文字，往往可以在电脑前一边抠着脚丫，一边弹着烟灰完成；而到了演播厅里，居然要画上眼线！当然，我因此顺带体验了苹果肌、卸妆棉、洗面奶、爽肤水等一系列有品质的生活细节，人到中场，重新发现脸面，这实在是《相对论》馈赠的惊喜。

于是，带着有生以来最精美的"妆容"，我开始在《相对论》里努力搬运和重复常识。善意、理性、建设性，的确是我认同的媒体立场，也是这个社会稀缺的品质。也许，我们能说的不多，说了起的作用不大，但是言说，是一家有追求的媒体的风骨，而我要做的，就是继续为自己寻找 N 种理由，坚持下去。

最后，按照惯例，我的一句话——所谓理由，只是既成事实的补丁；真正的因缘，早已默写在潜意识深处，无从揭晓。

特约评论员　章丰

目　录

关于“痛”的话题

花季少女毁容案引发的思考　/ 003
“高兴”之痛　/ 010
肮脏的地沟油　/ 015
“刻章救妻”为何陷入情法两难　/ 020

“公”家那些事

追“两会”　关注个税改革　/ 027
追“两会”　关注异地高考　/ 032
减税兴邦　/ 037
我们一起听党代会报告　/ 043
弹性退休关键看什么　/ 053
温州车改的标本意义　/ 058
医患双向签字　管得住“红包”吗　/ 063

孩子们那些事

从“零择校”说起 / 071
拿什么拯救男生危机 / 076
孔融让梨我不让 / 081
“理想”大学迷失何处 / 087
谁更需要氨基酸 / 093
我们一起经历的高考 / 099
高考状元 需要怎样的掌声 / 105

互联网时代

杜甫为啥忙 / 113
李琢被微博 / 118
招聘为何“被标题” / 123

公民课

转型中国社会组织建设因何重要 / 131
种树时间 一堂生动的公民课 / 136
为城市留住“书香” / 140
“最美女教师”:诠释师德和社会良知 / 146
身在异乡 / 151
致歉! 农民工 / 156

这些人、那些事

7000 万豪华婚礼遭围观 / 165

车展的主角该是谁　/ 171
建筑界的“中国力量”　/ 176
“张显现象”背后的忧与思　/ 182
刘翔的最后一枪　/ 187
陈光标卖空气　秀的是什么　/ 191
电商混战“三国杀”还是“三国骗”　/ 197

那些“是与非”

“任督二脉”的是是非非　/ 211
地铁遇狼　怪羊还是怪狼　/ 217
中医进校园　且行且珍重　/ 223
流浪者无立锥之地　让谁蒙羞　/ 228
名山蜂拥上市　孰是孰非　/ 233

关于“痛”的话题

花季少女毁容案引发的思考

主持人:今天我们将一起探讨安徽少女被毁容这件事。因为求爱不成,17岁的男孩小陶把打火机油浇在16岁少女周岩身上,并且点燃,导致女孩身上大面积烧伤。这件事情一直到今天,还在引起大家的关注。有一家媒体曝光新闻出来,要对正在被羁押的小陶做精神鉴定。这个消息到目前为止,其实还没有得到证实。如果他的确被鉴定为精神方面有问题,面临的判决就可能不会那么重了。这件事情出来之后,也引起社会各界特别广泛的关注。在您的印象中,这件事情的哪几个地方最触动神经?

章　丰:最触动我的是三个主题词。第一个是"官二代",就是网友认定的,小陶的身份。第二个是"花季少女",也就是这起事件中的受害者周岩。第三个是"毁容",这是一种非常残忍的人身伤害手段。

主持人:我们来看一下网友的反应。合肥的汪二小姐说,你一定要坚强,先勇敢,一切都会朝着好的方向走的,你要加油。也有人特别极端,甚至是想杀了陶汝坤一家三口。有一位网友说,如果最后的判决让我失望,谁起头做掉这一家,我愿意捐钱。也有人说,陶汝坤的父母教出这样的孩子来,不配做官。您对这些观点是怎么看的?

章　丰:现在网络上的确大家观点很多,议论纷纷。但我始终觉得,在这个事件的过程当中,在事实本身还在不断披露的过程当中,情绪已经跑到了事实的前面。所以在我看来,这样一个不幸事件激起的同情之心以及愤慨之气,都是可以理解的,而且这是社会上必须要存在的正气。但如果我们把自己的情绪陷到一些还没有完全被披露的事实中间,可能也会有所偏差。

主持人：发生在“官二代”身上的案件，经过这么多年的发酵效应，现在似乎已经走到了一个极端，只要一提到“官二代”，就刺激到大家的神经。我们来看一段视频，就能够明白为什么大家会对涉及“官二代”的案件如此敏感。

2010年10月16日晚，在河北大学内，一辆黑色轿车撞倒两名女生，造成一死一伤，事故现场，肇事者李启铭一句“有本事你们告去，我爸是李刚”，被称为狂妄的“官二代”做派。事件经网络发酵后，李启铭父亲李刚在媒体上向公众道歉，而李启铭因交通肇事罪被判6年。2009年5月7日晚，杭州青年胡斌飙车撞死25岁男子谭卓，曾引发网友热议，其富家子身份以及事发当时胡斌及其朋友一幅谈笑风生的照片，遭到网友炮轰；2011年9月6日晚，歌唱家李双江之子李天一及同伴在北京某小区门口将彭姓小区业主夫妇打伤，后被拘留，事后，其父李双江前往医院探望伤者并作了道歉。2012年1月31日，著名影星张国立的独子张默，因聚众吸毒被北京顺义警方带走，再次引发公众对“星二代”品行的热议。而在“药家鑫案”中，受害方代理人张显一度将矛头引向药家鑫的“军二代”身份上，在“二代”标签的作用下，某些“仇富”、“仇官”心理被进一步放大。

主持人：您觉得能够把小陶确认为“官二代”吗？

章　丰：我个人的观点，在这起事件中贴上“官二代”的标签，我觉得过于草率。标签贴得合不合，关键要看两条。第一，小陶非常冲动的犯罪行为，以及他乖张的个性，跟他父母的公务员身份有没有必然的联系；第二，在整个事件的后续处理过程中，他父母的官员身份有没有对此产生不正当的，或者不正常的干扰。从目前给出的信息来看，这两点似乎都不成立。所以在这起事件当中，给他贴一个“官二代”的标签，我觉得有失草率。

主持人：可能这也是大众在接收各种信息之后的直接判断。刚刚我们在短片里面看到，闯祸的有“官二代”、“富二代”、“星二代”，甚至药家鑫被传为“军二代”。为什么大家习惯把这些新闻的聚焦点放在“官二代”上面？

章　丰：“官二代”的标签之所以这么敏感，确实反映了出现在官民之间的差异，以及官民之间互不信赖的情绪。在这个案件上，人们之所以热衷于给他贴上"官二代"的标签，或者说容易被"官二代"的标签刺激到，这不能简单地怪大家，主要原因在于，这是跑到事实之前的一种情绪判断，而这种情绪判断是有它的社会基础的，也就是官民差异，以及长久以来形成的官民互不信任的对立情绪。当然，传媒在其中也起到了一些推波助澜的作用。

主持人：可是关于这方面，其实各个媒体都发表了一些文章。比如舒中胜在《新闻深呼吸》中也曾经提到这个问题，他反对直接贴"官二代"的标签，和您的想法一样。他说，养儿如此，家门不幸，但作为局外人，咱们是不是一定要言必称"官二代"呢？另外还有相当多的评论文章，谈到了"官二代"的问题。《少女毁容案：用司法"公正化"来剔除"标签化"》，这是《北京晨报》的评论。他们说，仅仅因为恶劣的案情就联想当事人的身份，并因为身份而加重他罪恶的性质，这其实是一种思维陷阱，更不利于司法的公正。另外李鸿文在《成都商报》上发表的文章是《愤怒潮水如何绕开"身份标签化"的暗礁》，说让愤怒的潮水绕开身份标签化的暗礁，涌进理性的法律河床，这是信息开放时代网络公民的成熟与进步。根据现在公开披露的信息来看，在法律上应该如何评价这起事件？

章　丰：法律对这起事件的处理，必须基于两个条件。第一，是侵害事实本身，这也是大家非常关注的，就是伤害的程度。要从法律的角度来认定，或是从法医鉴定的角度来认定，到底是什么样的程度，因为这是量刑以及最后经济补偿的最重要的基础；第二，大家应该注意到本案一个非常重要的事实，就是双方当事人，尤其犯罪嫌疑人，是未成年人。我注意到网上有大量谴责小陶的声音，其中包括"不杀不足以平民愤"的呼声。慷慨之气我可以理解，但实际上按照我们国家现在对未成年人的特别保护条款来看，如果是未成年人实施犯罪行为，他肯定不足以判死刑。

主持人：这件事情发生之后，其实小周的治疗一直是成问题的。而且还牵扯到后续治疗的一大笔整形费用。另外还有一个更大的问题，小周的现状并不好，精神状态不好。她妈妈说，她多次想到去自杀。很多人对这件事情最受不了的一个地方,就是想到,小周的下半辈子可能就这样被毁了。

章　丰:其实我特别想说一个观点,在事情发生5个月以后,我们突然将这么大的舆论关注度聚焦到这个女孩儿身上,这除了能够帮助她之外,是不是客观上也会给她造成一些伤害?这是一个我非常想聊的话题。因为事实上舆论介入以后,会给双方当事人,给双方的家长,包括给小周造成舆论关照下的巨大压力,而这种压力会造成双方在后续的一系列协商过程中,裂痕进一步加深。所以,也许我们这种过度的舆论关注,会使好心办坏事。舆论关注,应该有个"度"的问题。前两天《南方都市报》发表社论,标题是《少女毁容案,救人要紧!》。我们现在似乎过多纠结于双方陈述中的事实出入,其实我们真正应该关注的是,小周今后的生活应该怎么办,包括能不能给她一个比较公正的结果,能不能让她得到最基本的司法救济。

主持人:现在周岩的家人也还是在一定的情绪积累当中。周岩的姨父说,这种情绪对周岩来说,其实是具有负面影响的。一方面,现在很多人都在安慰他们,说周岩你一定会好起来,但事实上,她如果能恢复到原来的60%,就算不错了。另一方面,很多人也都在纠结,怎么会发生这样的事。

章　丰:我觉得最起码有两个原因。第一,在我们的学校教育里面,对青春期孩子早恋的教育,不是一定要采用这种孑然干预的方式,而是应该大方面对孩子们早恋的现象。在青春期的过程中,他们的身体长起来,但大脑并没有同步发育。这时候,让他们知道该如何去合理面对爱情,这是学校必须承担的责任;第二,这个年龄段中相当一部分比例的孩子,毫无疑问会在恋爱上面出现偏差,甚至导致过激的后果。在过激后果产生以后,学校有没有及时地给予一些辅导和纠偏,甚至是强烈的干预?从这个事件来看,好像也没有。

主持人:我们周围这些十六七岁的孩子,这些和小陶、小周同龄的孩子,他们又是怎么看待这起案子的?记者随机采访了几位中学生,对于周岩的遭遇,孩子们大多表示了同情,认为陶汝坤的行为很不可取。而在关于早恋的问题上,孩子们显得有点羞羞答答。

章　丰：就我个人的观点，我觉得早恋是一个比较自然的现象，而且自古就有。每一代人的心智成熟和身体发育的时间，会因为时代的不同，而有一些不同。中国人有一句老话，我觉得讲得特别好：发乎情，止乎礼。在某一个阶段，人有这样美好的情感，这是非常阳光的东西。我们要教会孩子们的是，怎样从礼的角度，去对待自己这份感情，怎样在合理享受美好情感的同时，完成他那个阶段应该做的事情，并且避免做出像小陶这样的，由于个性缺陷而导致的极端行为。

主持人：现在很多发生在80后、90后孩子们身上的新闻，会让人觉得很诧异。我们也很想知道这些孩子究竟在想什么。来看一段新闻画面。

去年9月，云南晋宁宝峰中学一群女生打架，被拍下视频之后在网上疯传。对同龄人拳脚相向的10个参与者居然全是女孩，打完之后还开心拍照留影。更令人心寒的是，画面中还有一群看热闹的围观者，全是同龄人。今年2月13号，情人节前一天，杭州体育场路某宾馆房间内发生流血事件，一对年轻恋人，一死一伤。死去的女孩只有17岁，曾是重点中学的保送生，家长认定她不会自杀，而受伤的男孩被爆出曾有过偏激行为，怀疑两人因感情产生争执。花样年华，就这样凋零，让人扼腕叹息。而就在昨天，一则关于我省海宁几个小青年虐狗的微博照片引发众怒，照片中，虐狗者把小狗拴上绳子到处拖行，举着菜刀架在狗脖子上，最后把狗吊在石柱上杀死。愤怒的网民对当事人进行了人肉搜索，最后证实，虐狗事件的4名当事人都只有20岁左右，最小的一个，还在读高二。

主持人：看到这儿，章老师会不会担心？

章　丰：我倒不像网友说的那么担心。其实每一代人都有荒唐的一面，在成长过程中也都有非常出格的阶段。现在的年轻人，其实并不一定比前面几代人活得更疯狂。因为现在是一个资讯比较发达的社会，所以极端的个案能够很快被传播出来。以前也有这样的案例，只是没有这样的传播环境而已。所以，我不太愿意给某一代人贴一个标签，比如80后、90后、00后。现在的孩子是不是比我们更加肆无忌惮？跟我们相比是不是更没有道德底线？我们对这些问题可能无法轻易下结论。但这种现象既然存在,还是值得我们来反思的。

主持人:这些现象背后的原因是什么,板子仍旧打在教育上吗?

章　丰:根据片子里的这些案例,其实你可以注意到,孩子们表现出了大量的极端、有暴力倾向的行为。按照犯罪心理学的观点,那种冲动型、激情型的犯罪背后,一定是有人格缺陷的,而人格缺陷恐怕不是学校教育能够克服的。人格缺陷主要是由于孩子们在幼年时期,在家庭教育当中的缺失而造成的。回到这个案子上面,在小陶的事件发生以后,网友们非常仔细,把他人人网的帖子都翻出来,把他在学校论坛上的发言都翻出来,从里面可以看出小陶性格的基本痕迹。这是一个倾向于自我,非常唯我独尊,并且有暴力倾向的这样一个孩子。他在性格发展的过程中,出现这样的冲动犯罪,恐怕也是可以理解的。

主持人:其实很多人都把这件事情归咎于教育。比如有一位网友说,与其去发泄对"官二代"的愤恨,不如好好审视我们孩子的环境教育,"拼爹"是从幼儿园就开始的;不如好好审视我们的价值观,拜富、拜官、千军万马考公务员;不如好好审视我们民族的精神在哪里。还有一个网友说,一面是绝望痛苦的母亲,一面是孩子被关押的父亲。社会上屡见这样的新闻,说明现在的孩子在物质丰富的同时,精神世界是多么空白,对社会、人生的态度是多么不负责任。他们生在一个"不管黑猫白猫,抓住耗子就是好猫"的物质至上的时代,教育是缺失的。我们做父母的,还是需要认真思考,该如何去教育孩子。现在这个案子离画上句号还很远,目前我们看到信息正在一步步更加丰富起来,将来的情况可能又会不一样。

章　丰:从我个人角度来说,我期待公众能够用一种更加理性的态度,去继续保持对这起事件的关注。这种理性体现在两方面,第一是传播的理性。我们应该充分尊重事实,特别是媒体要尊重事实。媒体的责任不是传播流言,而是报道事实。在很多事实没有被确认的情况下,媒体的传播应该尽量客观,公众的知情权应该得到更进一步的保障。第二,传播过程中应该注意保护未成年人的隐私,包括家属的隐私。按照《未成年人保护法》的规定,在犯罪嫌疑人没有被审判，没有确认有罪之前，他的很多信息是不能被披露的。但事实上，现在已经披露得非常充分。在下一步的传播过程当中，无论是媒体还是公众，在这些问题上都应该更加克制和注意。

主持人：现在，网上很多人甚至把当事人的家庭住址、父母的手机号码等，统统公布出来。这也是让大家感觉比较意外的行为。我们都要做一个有理性的评论者和观察者，不要做出特别冲动的、不合乎礼仪的事情。

章　丰：对。如果这样，你就变成用文明的心态和正义的立场，去做出一件在结果上错误的事情，这是其一。其二，我对这起事件的后续进展，还有一点值得期待，就是处置这起事件的警方和司法部门，应该在法律规定的范畴之内，及时公开地向公众披露尽可能多的信息，来弥补由于信息不对称而造成的焦虑和恐慌的心情，来弥补公众对社会的不信任，让这个案子在法律的河床里继续向前迈进，而不是陷在情绪的汪洋里。

主持人：我们相信，法律一定会给小周一个公正的答案，让我们大家一起来关注最后的结果。在结果出来之前，我们要用薛蛮子的一条微博，来做一个特别温柔的提醒。他说，自己过了一个很美好的夜晚，和儿子躺在床上，和他交心、深谈，之后听着耳边儿子的呼噜声，想起来该去写点什么了。跟孩子在一张床上或一张椅子上好好深谈，是我们这些做父母的应该做的事情。

章　丰：对。在关注这起毁容案的同时，每个做家长的都应该把更多目光，投注给自己的孩子，把和孩子们的教育沟通的义务做得更好，这样才能避免类似悲剧再次发生。

“高兴”之痛

章　丰：大家好。今天我们来聊聊哈一大医院医生被害事件。

主持人：这是一起发生在3月23日，令人震惊的血案。患者行凶，导致一名医生身亡。昨天医院为死亡的医务工作者王浩举行了追悼会，有近千人参加。同时卫生部部长陈竺指出，要严惩凶手，严厉打击残害医务人员的罪行。卫生部发出通知，要求各级各类医疗机构和卫生行政部门履行好内部治安保卫职责，确保医务人员人身安全得到保护。让我非常惊讶的是，在发生了这样一件让人悲痛的惨案之后，调查问卷里居然会有一个“高兴”的选项，而且放在第一项，并且有将近60%的人选择了“高兴”。

章　丰：其实我的心情和你一样。我们可以不用去计较这个样本中，每一次鼠标点击的真实性。但我的想法是，即便只有一个人在这条新闻面前选择了“高兴”，依然让我们脊背发凉。用《中国青年报》评论员曹林的话讲，这样的“高兴”叫没人性，这真的是突破了我们的底线。还有一点是悲剧背后的悲剧，媒体在传播过程当中，居然设置了一个“高兴”的选项，这是在干什么？这是在传播仇恨。

主持人：关于这个调查和“高兴”的解释，我们一起来看各方的评论。《济南日报》有个评论说，对这个数据或许不必当真，它可能并非真实的民意反映。问题首先可能出在表情的选择上，在这样的悲剧新闻之后设置一个“高兴”的选项，本身就是一种变态的误导。网友方晴说，一个巴掌拍不响，“高兴”的民众并不是高兴这个医生被杀，而是为看病难、看病贵和医患事件出了口恶气。医疗体制差，坏的体制把好的医生都变坏了。所以我们试图从另外一个角度对所谓的“高兴”来做解释。可能是很多人把自己放在患者的角度上进行考量，他们可能曾经遭受过医患关系的伤害，所以在这个过程中需要来出这口气。我可能更多的是从这样一种情绪上来理解。

章　丰：这样的解释是有一定的合理性的。其实医生和患者本来是一对利益共同体，他们互相之间不是敌人，共同的敌人是疾病。但是在这样一个暴力事件背后，暴露出社会心理的一种扭曲。无论是在医生这一面的那种受伤的心情，还是围观者的那种不合时宜的所谓“高兴”。我觉得我们单纯地去指责医生或者去指责患者，可能都不是问题的根源所在。真正要解剖这个事件，手术刀应该瞄准背后的制度。

主持人：其实在我们身边，这一年来关于医患纠纷的新闻事件还少吗？我相信在世界上的任何一个国家，一定都存在医患纠纷。但是我很奇怪，为什么在中国会经常发生医患纠纷，而且一旦发生之后，会用杀人、砍人这样的极端方式去解决？这是让我们很不明白的地方，可能跟您刚才说到的制度原因有非常大的关系。

章　丰：我觉得医患矛盾、纠纷的积累，甚至到了现在这样非常剑拔弩张的程度，背后一定有系统性的原因。这个系统性的原因里最根本的一条，一定是我们整个医疗制度的设计出了问题。你看我们国家，在经济发展到现在这个阶段的时候，在医疗系统的投入占 GDP 的 1.3%，而在发达国家已经到了 6%和 8%，发展中国家普遍也已经到了 2%到 6%。所以我们国家在医疗的整个投入上面，欠债非常之多。现在“两会”提出来，教育要占到 GDP 的 4%了。那么请问我们的医疗呢？如果在国家的公共财政不能确保必要投入的情况下，我想医患双方都不可能心平气和。换成你，你到医院去排 3 个小时的队，医生给你开一大堆处方，你会信任他吗？反过来，医生一天要看那么多的病人，每个人都愁眉苦脸，而且还要防止他们带来不必要的医闹纠缠，他的心情会好吗？所以我觉得，不解决医改的投入问题这个最根本的纠结，其实我们医患双方的这种紧张形势是无解的。

主持人：但是我们在看这件事情的时候，除了投入问题，其实我们也会拿它和香港做比较。你知道在香港的整个医疗体系当中,有一个非常特别的第三方投诉平台。

章　丰:你讲到了问题的根本。现在在医患双方彼此都抱有强烈戒心的情况下,由医院出面来处理医患纠纷,它在疏导机制的设计上毫无疑问是缺位的。对这样一种内部人的疏导机制,患者不可能建立起完全的信任。所以用这样一种方式来调解医患纠纷,往往会把矛盾逐渐累积起来。

主持人:现在我们浙江省内的疏导体制到底建设得怎么样呢?我们马上来连线浙江省司法厅基层工作处的陆德新处长,他主要负责指导管理全省各地医疗纠纷人民调解委员会的工作,而且这是一个独立的第三方平台。您好,陆处长。我想问一下,您现在所做的关于医患纠纷的第三方独立调查平台,究竟是一个什么性质的平台?

陆德新:是独立于医院,独立于卫生行政部门,负责化解医疗纠纷的一个专业的人民调解组织。

主持人:现在全省一共有多少个这样的机构?

陆德新:到目前为止,全省已经建了 87 个,可以说已经实现了全覆盖。

主持人:它真的起到了很大的作用吗?

陆德新:自从建立这项工作机制以后,应该讲,医院的医闹现象明显减少,涉及医疗的一些诉讼纠纷,包括信访也是明显减少。因为人民调解作为专业调解医疗纠纷的独立第三方,运用专业的知识,公正公平地来调处这些医疗纠纷,所以当事人这一方,特别是患者这一方的评价都非常高,非常满意,还是比较好地维护了他们的合法权益。

主持人:好的,谢谢陆处长。

章　丰:从陆处长的介绍来看,人民调解委员会的设置确实是第三方的设置,应该是一个比较可行的管道。

主持人：我们其实可以看到，在体制上，我们确实是在不断地努力，不断地进步。但是你必须也得承认，体制还是有这样或者那样的硬伤。在硬伤存在的过程中，我们一味地用体制缺陷去掩盖问题，可行吗？

章　丰：我觉得你提出了一个很有价值的问题。其实我前段时间注意到，广东省卫生厅有一位副厅长叫廖新波，他在微博上很有名，叫医生哥波子。他有一段话，我觉得跟你说的是同样一个意思。他说在我们的医疗体制问题还没有彻底解决之前，我们的医护工作人员不能拿制度作为挡箭牌，来忽视自身医德医风的修养。这段话讲得还是非常公允的。我觉得医护人员本身也还是有些值得检讨的地方，特别是不能把制度的滞后作为自己医德医风修养的挡箭牌。卫生部长陈竺在这次出来表态的时候，在卫生部发出的通知里讲到一个很有趣的细节，或者我认为是很有意义的细节。他讲道，医务工作者要加强沟通技巧的训练。我认识一位在医疗界很有影响力的李兰娟院士，我也跟她探讨过关于医患纠纷的求解问题，她讲了一个很有意思的观点。她说她也是医生，也经常要做临床的门诊。她的观点是，做医生的人，七分治心，三分治病。所谓七分治心，就是医生在处理患者病情的时候，其实要把70%的工作，或者相当部分的精力用在对患者的劝导、开导、辅导上面，而用另外一部分精力去具体解决病症的检查和用药问题。只有七分治心、三分治病，只有医生有足够好的沟通意愿和技巧，才能在现有的体制下，让医患之间的裂痕逐渐地弥合。

主持人：美国有位医生曾经说过这样一句话，叫有时治疗、经常帮助、总是安慰，其实说的是一样的道理。所以当这个恶性事件发生之后，我们可以理解为，现在对医生的整个群体造成了一种非常大的恐慌，包括哈医大医院的医生也时常觉得没有安全感。所以现在在医院当中，会安装警铃、摄像头，包括门禁系统，加强保安力量。所以医生工作的安危程度已经成为了大家所关注的焦点。《中国青年报》有这样一条评论，惨案之后不仅要思考怎样改善医患关系，同时也要考虑如何消解社会的暴戾之气。在充满暴戾之气的社会当中，无论你做怎样的努力，医患矛盾都很难得到解决。所以在这个过程当中，其实不仅仅说医生需要和患者沟通，从患者的角度、大众的角度来看，是不是也需要进行情绪上的疏导？

章　丰：对。其实每个人都有可能成为医患关系当中的一方，每个人都要从自身出发，去做一些检讨。按照社会心理学的观点来讲，这种暴戾之气是由于人们被轻视、被忽视的不平衡感、不安全感造成的。在我们现在这个转轨时期，在利益调整还没有完全到位的情况下，这种暴戾之气有它必然的社会土壤，但我们不能听之任之。我觉得这才是我们应该有的一个合理态度，国家的层面怎么样经过更多对个人的关怀，对弱势群体的扶持，对财富分配的调节，让这个社会的人多一些安全感，多一些尊严感；媒体怎样尽到引导责任，传播爱意而不是传播仇恨；公民自身怎样加强修养，通过对自我的觉醒和改造，让自己变得更加平和一点。

主持人：你看这个 17 岁的男孩子，从小父母离异，3 岁时爸爸就去坐牢，到现在为止还在监狱里，妈妈一直不管他，从小跟爷爷奶奶长大，爷爷也是癌症患者。所以刚才章老师讲到弱势群体，像这位犯罪嫌疑人其实就属于很弱势的群体。我们现在在说要严惩他，同时也适当要给予他一些安慰，因为他可能病的是心，也是社会的一个受害者。

章　丰：对。我觉得我们在检讨整个医患纠纷的过程当中，对这样在底层的、大量的、被我们忽视的群体，应该给予更多的关怀和救助。这可能也是我们在探讨医患纠纷的时候，不可以忽视的一个细节。

主持人：医改，难道我们需要的仅仅只是体制改革吗？或许我们还需要更多的情绪疏导。一句话来总结一下我们这个话题的观点。

章　丰：一句话——回归公益，重建信任，医改任重道远。

肮脏的地沟油

主持人：今天我们跟大家聊一聊地沟油。近日浙江警方在金华查获了一起制售地沟油的案件。这已经是我们第几次听到地沟油了！我想问大家的是，现在听到地沟油，你还会像第一次听到那样出离愤怒、匪夷所思吗？我承认，我有一点麻木了。

章　丰：地沟油这样一个没有最恶、只有更恶的食品毒瘤，真的是一次又一次击中我们的神经。但是我们在这样一次次的冲击面前，在这种让人匪夷所思的毒食品面前，真的也变得麻木了。我觉得公众的道德水准，公众对有毒食品的抗击意识，真的是需要进一步被激发起来。

主持人：有一位网友在看到这条地沟油新闻的时候，是这样说的。他说，反正吃不上好油，既然都是地沟油，什么新型旧型都无所谓了。我相信很多人在看到这条新闻的时候，可能会像我一样，有一点点麻木的心态。那么我们先来自我反省一下，这种麻木的意识，是不是也从某种程度上助长了无良商家的气焰？

章　丰：我觉得除了整个社会道德水平的滑坡之外，恐怕我们公众对有毒食品的检讨意识、抗争意识之不足，也给有毒食品流向餐桌造成了社会空间。我注意到，在微博上有一个非常著名的网友叫王小山，他在这段时间针对蒙牛连续出现的食品安全事故，发起了一个“蒙牛悲书法大赛”，这个“悲”是悲剧的“悲”。从一个普通网友的角度，他对一家大型生产企业在食品质量安全上出现的问题，他个人发起的呼吁和抵制，可能不足以代表行政执法。但是请你注意，个人这种对有毒食品的强烈的监督和抗争意识，如果汇聚起来，正构成了社会在有毒食品面前，在地沟油面前的稀缺态度。

主持人：我想每一个国家在某个社会发展阶段，一定存在着丧失道德水准的商业行为。我只是很想知道：如果国外存在地沟油这类企业，他们会以什么样的方式来治理？

章　丰：我觉得按照我个人的观察和经验，他们面临的下场一定只有四个字，就是倾家荡产。我们整个社会对有毒食品，对食品安全生产的这种容忍度，真的跟我们对自身健康的需求，跟社会进步的要求，包括跟发达国家之间差距很大。我前段时间看到薛蛮子比较了国内国外在食品安全上，大家追查企业的力度和态度，中间举到很多例子，都是非常近的。比如 2008 年，日本也有一家企业生产有毒大米，在大米中掺了工业胶水。他的下场是什么，社长上吊身亡，农林大臣引咎辞职。在我们国家，像刚才讲到的蒙牛也好，伊利也罢，还有我们曾经经历过的比如思念水饺、南京冠春园月饼等等，他们在种种生产安全事故之后，总是那么容易得到国人的原谅，得到有关部门的放行。所以在一次次伤害了公众的身体健康以后，他们仍然可以很快恢复元气，继续每年在股市上拿出非常漂亮的报表。

主持人：当我们在骂无良老板的时候，我倒是想追问一下相关职能部门的责任。据说他们这次在侦查阶段就花了 5 个月时间。当地居民都在说，走过那边的时候，就闻到很臭很臭的味道。那么我想请问当地的执法部门，从来就没有一个人经过那边吗？从来就没有发现李卫坚的院子有异样吗？为什么这件事情要到那么久以后，才出来这样一个结果呢？

章　丰：这里只能说，老百姓的鼻子没有失灵，但是有关部门的鼻子失灵了。其实那些负有食品安全监督责任的部门，他们是我们这个社会的猎犬，他们的鼻子应该先于公众闻到从黑作坊里传出的刺鼻气味。但是很可惜，就像你分析的，滞后了 5 个月。那么没有在 5 个月中进入监督视线的东西，又还有多少呢？这背后是一个必须要问责的过程。我们现在对有毒食品生产，从生产制售环节不可以不说是严刑峻法，但是每一次重大的食品安全事故被查处以后，我们都没有听到相关监管部门被问责的声音，反而经常会听到对地沟油的检测手段不够等等托词。我觉得真的很奇怪，如果我们有关部门在地沟油的查处上，在食品安全的检测手段上，像“神八”上天那样用心，没有检测不出来的地沟油。所以我觉得背后真正应该问责的，除了用刑法对制售这些有毒食品的人苛以严刑峻法之外，相关部门，一个都不能逃过问责。

主持人：在地沟油这件事情上，我们知道违法成本已经相当高，可以判死刑。当然我们现在并不知道对李卫坚的最终处罚结果是怎么样。但是，在有可能被判死刑的处罚力度之下，地沟油居然还屡禁不止，我就觉得很纳闷。

章　丰：我觉得一点也不奇怪。严刑峻法并不能消除所有社会问题，因为这个社会是有两道阀门在进行控制的，一个是法律，更重要的是道德的阀门。我看到地沟油的新闻以后，脑子里跳出来的第一句话是，社会有多脏，地沟油就有多脏。其实地沟油背后真的彰显了社会的集体道德滑坡。你想，要用怎样一种没有天良、没有底线的心态，才能支撑他们经过收购、加工，直到销售流入我们的餐桌。这里面有那么多人，难道他们不吃饭吗？难道他们不喝油吗？他们为什么能够昧着良心来做这样的事情？真的在道德上已经完全突破了底线。所以从某种意义上讲，社会的整个道德水平建设，是被地沟油这一坨脏油映射到了我们的眼睛里。除了法律上的严刑峻法之外，地沟油其实对我们整个社会的道德拯救来说，也是非常重要的元素。只有让我们的灵魂不要远远落在财富后面，才能够从根本上杜绝像地沟油这样极端令人发指的事件。

主持人：其实说到底，道德是一种高度，而法律法规是底线。当我们还没有办法触及高度的时候，或者触及的过程比较漫长的时候，我们首先应该从法律法规的底线开始做起。现在大家提到地沟油，就会谈地沟油色变。其实地沟油何罪之有？有罪的是因为它回流到了餐桌。

章　丰：对，我很同意你的观点。地沟油本身是在餐饮生产或动物资源的加工过程中自然产生的一种废料或次产品。它本身是有价值的，也是一种需要被回收利用的东西。只是它通过不合法的途径流到我们的餐桌上面，才成为人类的大患。所以要对地沟油这种资源本身进行合理的处置，给地沟油一个合适的出口，让这种资源通过合理的手段变废为宝，至少不要变废为害，这其实是非常重要的。地沟油整治除了源头治理之外，出口的梳理恐怕也是一个非常重要的角度。

主持人：其实出口真的是非常重要。现在他们为什么会铤而走险来做这种事情，让地沟油回流到餐桌，就是因为卖给餐馆的利润远远大于工业用途的费用。其实在国外，有一些国家是对地沟油有一套回收利用方式的，比如说做飞机燃料，甚至因此需要从我国进口。我们再来看看国内，其实有一些城市已经慢慢地在地沟油的出口问题上做了一些推进。比如深圳，《深圳市餐厨垃圾管理办法（修订草案）》日前向社会公开征求意见。根据修订草案，今后餐厨垃圾将由特许授权的企业统一收集、运输和处理，使用地沟油者将面临10万元罚款。虽然说这方面出台了一个修订草案，但我还是担心，因为地沟油的整个利益链条相当精密，相当牢固，仅仅出台这样一个草案，能打破吗？

章　丰：政府除了用行政手段去主导地沟油的收购、加工和使用环节，还必须加上一个因素，就是市场规律。因为地沟油的原料，无论是厨房垃圾还是动物生产的边角料，都是包含一定资源，具有可利用价值的。如果你忽视了这种资源的市场交易成本，完全用生硬的行政手段去做硬性配置的话，恐怕还是会遇到问题。我们也注意到，新闻披露郑州市也有一支回收餐厨、下水道泔水油的队伍，但这支执法队伍处处遇到障碍。原因很简单，他不给人家钱。地下餐馆的老板一定会有一个理性的选择，就是我要偷偷把泔水油卖给地下黑窝点。所以政府在地沟油的管理链条上，除了法律和行政作为之外，必须要配置以市场交易手段，给出一个合理的市场价格，加以市场化的引导。

主持人：所以政府最重要的功能其实是进行疏导，对吧？

章　丰：对。在地沟油的管理上，政府的责任永远是第一位的。无论是在道德建设的示范上，还是对制售源头的管理和严厉打击上，或是给地沟油一个合法、规范的出口上，政府都应该承担起首要的责任。

主持人：其实章老师在话题一开始，就给了我们一个相当鲜明的观点：社会有多脏，地沟油就有多脏。一句话来总结一下我们这个环节的观点。

章　丰：一句话——地沟油整治，重点不是终点。

“刻章救妻”为何陷入情法两难

主持人：来关注一条让人颇感心酸的新闻。因为无力负担妻子治疗尿毒症透析的费用，北京人廖丹私刻医院的收费章，近四年来为妻子争取到400多次免费透析的机会。如今妻子的情况有所好转，但是廖丹有可能面临坐牢。

因为妻子身患尿毒症，却又没钱做透析，北京人廖丹在2007年11月到2011年9月间，找人刻了北京医院的收费章，盖在透析收费单上充数，维持妻子的生命。直到北京医院在收费改革过程中对账时才发现这个大窟窿，廖丹因骗取医药费17.2万多元，被提起诉讼，日前在北京东城法院受审。法庭上，廖丹对诈骗事实供认不讳，一份低保无法负担妻子每月5000多块钱的医药费，为了保住妻子的命，他宁可以身试法。该案被报道后，网友称之为凄美版的北京爱情故事。7月13日，有爱心人士送来3.5万元现金，廖丹立即拿到法院作退赃处理。珠海市政协委员也转账17万元给廖丹，希望廖丹可以一次性退还款项，能在法官量刑时有所帮助。

主持人：记者曾经采访过廖丹，问过他这样一个问题，说这四年时间当中，你有没有想过放弃治疗？廖丹是这样回答记者的，他说我从来都没有想过要放弃。我不能掐死她，也不能让她在家等死。我早就下岗了，很困难，是她上班养着我。她还在崇文门一个美发公司干过，都是骑自行车去的，一天来回骑三四个小时，很辛苦，做人不能没有良心。所以在短片当中说到，这被网友称为是凄美版的北京爱情故事。

章　丰：网友评价他说是假公章背后的真丈夫。所以首先不管他将面临怎样的法律制裁，在人性上，他都是一个伟大的男人和丈夫。

主持人：但是现在对于廖丹来说，他面临的最大问题就是如何量刑。新浪网站也做了这样一个调查，说你认为私刻医院公章救病妻，男子是否应该获轻判。我们来看看调查结果。目前看到，80%的网友觉得应该获轻判，法律之上还有人性。有13%的网友觉得不应该，犯了罪就应该依法受到惩处。

章　丰：我个人是两个观点：第一，我认为对于廖丹这样一个诈骗医院医保费用的事实，法院应该秉公执法，不应该被道德和舆论所左右。在廖丹接受采访的过程当中，他的邻居披露了一个细节，很感动我。那位邻居说，今年3月份的时候，一位东城刑警队的民警到廖丹家里对他采取强制措施，出门之前，那个民警从口袋里掏出200块钱，交给这位相熟的邻居说，大姐，抓廖丹是我的职责，这200元给孩子买点吃的。所以你看，法律归法律，情理归情理。我不认为法院应该因为这次舆论的同情和舆论的呼声来枉法。但是还有一个观点也很重要，法律之上还有情理。在法官和检察官自由裁量权的部分里面，我认为他们应该充分考虑到廖丹的特殊情况，体现立法本来的善意。这一次他在法院审理期间已经可以回家了，现在给他采用的是取保候审的强制措施，就考虑到了他要照顾妻儿的实际家庭困难。接下来他将面临数额巨大的诈骗罪这样一项起诉。但是3到10年的刑期里面，如果说考虑到他退赃的情节，考虑到他坦白的情节，能够按照3年量刑，又能够适用缓刑的话，那么毫无疑问，他得到了他必须要承担的那种法律后果，同时又能够考虑到他需要在家里照顾妻小的责任。我觉得法理和情理还是有弹性的空间可以供他们进行选择。

主持人：所以在这起悲剧性的案件当中，其实我们看到了很多感动的点。有一位网友就发动了自己的20多位亲友，连夜获得了3万元的捐款，然后他亲自送到医院，把这笔钱交给了廖丹。比方说我们刚才在短片当中提到的珠海政协委员陈利浩，一次性捐助了廖丹17万元，希望他是一次性退赃，从而在法院量刑的时候能够从轻处判。总之，我们看到了很多温暖的人心。

章　丰：其实廖丹肯定是一个很不幸的社会样本，但反过来我觉得他也有一丝幸运，因为他毕竟获得了媒体巨大的关注。在巨大的媒体关注之下，可以讲，无论是精神上还是物质上收获的爱心支持，都能够让我们看见，而且我相信这种支持会给他一个更好的出路。但是我想问，媒体又能关注几人？像廖丹这样的社会边缘人群，下岗，没有工作，然后妻子又没有纳入城镇居民医保里，其实有非常庞大的数量。我看到新闻的时候很感慨，在法院的审判庭上，审判的对象是一起医疗费诈骗案件，而在我们的舆论场上，在民间，站在审判席上的并不是廖丹，而是我们的医保制度。

主持人：所以其实这两天除了廖丹之外，还有一个小孩也特别引发了我们的纠结，他就是小传旺。虽然说经历非常不同，但引发的深思却是相似的。

7 月初，山东德州夏津县一家汽修厂里，两名汽修工为了开玩笑，竟然把高压充气泵对准 13 岁的学徒杜传旺的肛门吹气，强大的气压瞬间击穿了孩子稚嫩的身体。经诊断，杜传旺的大小肠出现了 20 多处破损、穿孔，多个内脏器官严重受伤，出现胃出血、肝功能减弱等症状。杜传旺 7 岁时母亲因病去世，并给家里留下了大量债务。为了帮助父亲养家，照顾年幼的弟弟，今年春天，杜传旺来到汽修店当学徒。因为这场飞来横祸，小传旺每天的治疗费用近两万元，对于年收入只有五六千元的家庭来说根本无力负担。在天使妈妈基金的帮助下，小传旺转院到北京，也收到了各界爱心人士的捐款 40 万元左右。随着病情好转，也转入了普通病房。日前，两名涉嫌故意伤害的汽修工被依法执行逮捕。

主持人：小传旺是因为妈妈在他 7 岁的时候就过世了，还留下了一个 1 岁的弟弟。他没有办法，只有出去做童工。我在想，如果社会对他有一定的保障和救助的话，他也不至于年纪小小就去做童工。现在遇到了这样的不幸遭遇，我在想，一个家庭怎么可能负担起这样一笔医疗费用？

章　丰：小传旺也是这几天在网络上特别揪动我们心灵的一个事件。撇开他做童工的背景，最后他和廖丹同样面临着困境，那就是在大病到来时医疗保障的缺失。其实我们国家应该说已经建立起了一个覆盖全民的医保体系，但是它仍然有个致命的缺陷，就是保小病不保大病。现在的医保体系无外乎两种，一种是农村新型合作医疗，简称新农合；还有一种就是城镇职工的医疗保险制度。应该说，这两种制度从覆盖面上是比较宽泛的，但是在面对一些大病、重病的时候，动辄几十万元的治疗费用不是我们的新农保，也不是我们城镇医疗的保险支付体系能够承受的。一次大病就可以彻底击溃一个家庭，彻底逼出一个新的人间悲剧。

主持人：所以其实在廖丹这件事情当中，我们还看到了另外一个问题，就是户籍制度。其实类似这样在户籍夹缝当中，被城市医保遗漏的外来务工人员，不只是廖丹妻子一个。我们来看人事部 2011 年度的一个统计公报。在公报当中显示，2011 年全国农民工的总量是 25278 万人，但是参加医疗保险的农民工人数是 4641 万人。也就是说，在城镇参加医保的农民工实际不足五分之一。

章　丰：所以媒体追问，还有多少人被挡在制度的门外？你刚才注意到，全国的农民工是 2.5 亿，浙江省的外来人口是 2200 万。户籍的藩篱割断了救助体系。因为按照北京市现在的户籍管理规定，廖丹的妻子还不符合在北京市落户的条件。同时，如果她回老家去参加新农合，又面临着从申请到医疗关系转接的一系列麻烦，让这个家庭无法顺利地实现两个医疗保障体系的对接。所以也有媒体在对这个事情的分析和追问当中提出来，希望这个悲情故事可以让各项制度的设计者真正地有所触动，不能再眼睁睁地看着户籍的藩篱、医保转移的壁垒把人逼入绝境。

主持人：我想来举一个例子，当然是个个案，可能也很极端。湖南农村有一位老人叫付达信，他是一个五保户，四年之前为了养老，故意抢劫被捕了。入狱之前，他的生活很困顿，从 2003 年开始拿到一笔补助款，是一年 300 块钱，到 2007 年的时候涨到 600 块。但是你一算，每天也就将近一块六毛钱的生活补助，所以对他来说生活很拮据。他想到故意去抢劫，甚至希望法院能够多判几年。因为在监狱当中，一日三餐是没有问题的。他说了，中午馒头是管饱的，有时候还可以吃到海带炖排骨汤，让人觉得非常心酸。我们说老有所养，现在变成了牢有所养，是不是一个讽刺？

章　丰：这绝对是个讽刺。当然这是一个极其特殊的个案，在这个社会里面不具备普遍性。因为我们现在整个养老的保障制度，已经在不同的省份之间建立起来，而且不同的省份之间差距很大。浙江的养老保障水平就要比那位老汉所在的地方高得多，不会有这样的悲剧发生。但是就全国而言，无论是小传旺的事件，还是凄美北京爱情故事里男女主人公的窘境，包括你提到的“牢有所养”，都同样指向一个问题，就是中国的社会建设，尤其是保障体系建设，这些年真的欠了很多债。这段时间我在读新加坡国立大学东亚研究所所长郑永年教授的一本书，叫《保卫社会》。这本书最主要的观点就是，中国经历了这么多年的发展，改革开放 30 多年成绩斐然，被世人所瞩目。但是在经济之外，我们的社会建设其实欠债很多，而且严重滞后了。社会建设里，无论是社会保障体系的建设，包括养老，包括户籍，包括医疗，包括教育，其实各种问题归根到底，是国家的投入不足，所以这笔债再也欠不起。而且还有一点就是，无论是整个社会保障体系以怎样的速度进步，都不可能在一些极端的个案上，给所有的公民提供足够的庇护。所以《相对论》一直强调一个观点，应该有足够的社会组织在政府推动下充分发育起来，包括小传旺，包括廖丹，包括“牢有所养”的这位老汉，当他面临一些人生的重大困境时，需要有一个由政府市场和社会组织共同参与的社会救助体系来解决问题。只有在这样一种情况下，社会建设逐步地跟进，各种社会组织和政府密切配合，才能真正为公民在各种大病和各种大的困境面前，提供足够的保护网。所以这一次廖丹刻章救妻的故事，包括我们刚才谈到的几个令人动容的凄惨案例，其实共同提示一点，那就是一句话：为廖丹解困，中国需要补上社会建设这一课。

主持人：我想在这个话题的最后，给大家来讲一个故事，叫拉古迪亚的礼帽。1935 年的某一天，美国纽约市市长拉古迪亚在法庭旁听了一桩面包偷窃案的庭审，被指控的是一位老太太。法官问老太太是否认罪的时候，老太太说，我那几个面包是为了去喂养几个饿了两天的孙子。法官当然秉公执法地问她，你是要 10 美元的罚款，还是 10 天的拘役？无奈的老太太最后只有选择 10 天的拘役，因为如果她能拿得出 10 美元，又何苦要去偷几美分的面包。当庭审刚刚结束的时候，拉古迪亚站起来，脱下了礼帽，往里面放了 10 美元，并且大声地跟在场的人说，请各位往礼帽里放 50 美分。各位神情都非常肃穆，纷纷地往礼帽里放了 50 美分。

“公”家那些事

追“两会”　关注个税改革

主持人：在今天的节目当中，我们将跟大家聊一聊全国“两会”中的提案和议案。这两天，很多代表委员在关注个税调整，相信大家都在关心这个问题。我们看到浙江代表团的代表宗庆后先生，一直都在提个税问题。

章　丰：对。其实关于宗庆后，还有一个最新鲜的新闻。在昨天公布的胡润榜上，他是中国内地的新科首富。我觉得作为中国先富的人群里非常突出的一位，他能够在人大代表的位置上，持续关注个税调整，关注财富调节的命题，体现了富人阶层的一种自觉，我非常欣赏这一点。因为在我看来，只有财富分配相对比较均衡和合理，这个社会才是安全的。用我自己的观点来讲，要让穷人免于匮乏，让富人免于恐惧。应该让弱者有尊严，让强者有敬畏，这样的社会才是和谐稳定的。

主持人：说到个税，我的感觉是，个税的起征点在上升，但为什么老百姓感觉赋税越来越重呢？

章　丰：没错。从个体的角度来讲，由于每个人有自己特有的收入水平，在新个税的调整实施办法面前，有些人会降，有些人反而会升。但是总的来讲，为什么全社会的人都要呼吁个税改革呢？因为我们整个财富蛋糕的切分，现在看来确实是出了问题。这里有几个数据。2011 年，全国的财政总收入是 10 万亿元，增长 24.8%，将近 25%。而我们当年的 GDP 增速是 9.2%，我们城乡居民的平均收入增长幅度为 8.4%。从这三个增长率里，你就可以看到，在日益增长的财富蛋糕里面，国家切得太多了，而居民分到手上的太少了，企业也跟着哇哇叫。个税改革聚焦的背后是集体性的焦虑，其实是整个财富蛋糕的分配出了问题。这也是现在人大代表拼命呼吁推进个税改革的一个重要背景。

主持人：我们现在不妨来连线娃哈哈集团的董事长宗庆后先生，他正在“两会”现场。他连续四年提交了关于个税改革的提案。我们一起来听听，他今年有什么新提法，包括他为什么会一直想要提个税这件事情。宗总，您好。

宗庆后：你好。

主持人：这已经是您第十年去北京开“两会”了吧？

宗庆后：对。

主持人：在那么多次当中，您为什么一直把个税的提案带到“两会”现场去呢？

宗庆后：目前的经济发展需要扩大分配，拉动内需。我们党提出来，要建设一个惠及全民的小康社会，那么就是要提高老百姓收入，才能生活幸福。我觉得现在最大的问题是，你要多给老百姓分点钱，让老百姓多收入一点，然后让老百姓能够多消费。在经济增长的同时，生活也渐渐走向富裕。我想现在老百姓的收入本来就分配得比较低了，个税再一增长，收入就更低了。

主持人：我注意到，您这次希望个税起征点提高到5000元，这是怎么算出来的？

宗庆后：实际上我一开始就提出来是5000元。因为按照目前的物价水平来说，我认为3500元还是不够的。应该说现在物价也在涨，生活成本在提高，但作为城市平民，应该说现在还没有比较好的可以给老百姓增加收入的政策，并且国家现在对农民也采取了很多优惠措施，在扶持“三农”。给老百姓减点税也好，给企业减点税也好，主要也是为了扩大分配。

主持人：谢谢宗总。跟宗庆后连线的时候，我有一个特别强烈的感觉，虽然现在是在提个税起征点是3500元还是5000元，甚至有人提出1万元，但其实大家更多的是在关心个税背后的深层次原因。

章　丰:对。其实刚才宗代表指出了一个比个税更宏观的话题,就是整体的收入分配。你要转型升级,要拉动内需,其实很简单。现在政府口袋里揣的钱太多了,如果你让老百姓多拿一点钱,他自然就会多消费一点。所以宗代表提的这个提案,他把背景交代得非常清楚,就是要真正着眼于分配大局。在这里我可以提供另外一个话题,也是我自己这段时间一直在关注的,就是从2004年开始,由国家发改委牵头在搞的一个政策,我们俗称"收入新政",全称叫《关于加强收入分配调节的指导意见及实施细则》。请注意,2004年开始审议的,中间历经8年时间,6次征求意见,最后一次见诸新闻是2011年的年底。最后发改委号称上报国务院,但是仍然没有下文。一个被民间寄予厚望的"收入新政",讨论了8年时间,六易其稿,为什么到现在还是没有呱呱坠地?这背后的原因值得我们思考。

主持人:其实我们在讲个人所得税的时候不要忘了,在税之前,有个调节的概念。税原来是为了调节社会以及社会和个人之间,社会和企业之间的收入分配。我想问的是,现在它究竟有没有起到调节的作用?

章　丰:不管调节作用有没有做到位,税收都是一种非常重要的财富调节手段。我不能说现在的调节没有起到作用,但是我想它的那种分寸感,显然现在是急需调整的。公众之所以对个税的话题那么执着,关注度那么高,我刚才讲到了,最大的问题是分配不均,还有就是用得不满意,对税收使用看得不明白。这是有很多种原因的,除了我们刚才一直在讨论的分配不均之外,还有就是用得不明白。我们老百姓不太清楚,甚至人大代表在审议政府财政预算的时候也看不明白。我注意到有一个来自《南方都市报》的最新报道,说有一个曾任深圳市人大常委会副主任的全国人大代表,叫邱梅。她说,现在她看预算,多半出于信任,才投赞成票。多半出于信任,也就是说,她自己根本没有足够的时间和专业能力来读懂全国人大提交的、相关部门提交的预算草案。那么在"两会"之外,作为围观的人群,我们就更难看清楚预算的真面目。这也是老百姓对税收调整感到不信任或者比较焦虑的心理背景。

主持人:我们其实也可以看到,比如大家提到,看不明白的还有"三公"消费。全国政协副主席、前审计长李金华就提出，作风稍改进，一年就可省下几千亿元。有一个其他消息可以来印证李金华的说法，是财政部长谢旭人公布的一个数字，说 2011 年中央本级用于财政预算拨款，“三公” 经费预算是 94.28 亿元，其中因公出国出境经费 19.9 亿元，公务用车购置运行经费 59.19 亿元，公务接待经费 15.19 亿元。

章　丰：其实聊到“三公”经费，我只能一声叹息。咱们从来都没有从任何一个权威渠道搞明白，全国一年用在“三公”上到底有多少钱。这真的是一笔糊涂账。李金华也只能说，作风稍微改进一下，可以省几千亿。那么真正不需要省的，或者还没有开始省的“三公”经费到底有多少？这确实也是“两会”代表不断要追问的问题。在这儿我插播一个花絮。我今天在《新京报》上看到一则报告非常有趣，英国的财政大臣在英国上下议院接受代表对他预算案质询的时候，由于非常紧张，在现场不断遇到诘问，所以议会给了他一个特权，在上下议院接受质询和答辩的时候可以喝酒，用酒来平缓一下自己的情绪。你看议员们还是很体贴，当然另一方面，肯定把他盯得够死。我觉得我们的代表和委员，似乎也应该有这样一种劲头，提升能力，增强意识，把我们的预算看得清清楚楚，明明白白。

主持人：其实大家在讨论个税起征点也好，包括在说个税的起征办法，是以家庭为单位还是参考国外的一些做法也好，我们真正要解决的，到底是什么问题？

章　丰：其实刚才宗代表已经聊到，真正要解决的，要彻底下决心调整的，是整个国民收入的分配体系，而且在调整过程当中，我刚才提到 8 年六易其稿，为什么一直胎死腹中？很简单，因为每一次分配都会触及既得利益，所以改革只有动那些既得利益者的蛋糕，才能让国民收入分配体系真正完成与时俱进的调整。从这个角度来讲，我觉得个税调整只是一个信号，或者只是结满果实的树木上的一个分叉而已。整棵树木应该怎样进行规划，果实到底应该怎样打理和分配，这才是整个国民收入分配体系要面临的一个重大改革难题。

主持人：你提到了既得利益，既得利益有那么容易动吗？

章　丰：所以这才是改革在今天显得尤其重要，或者尤其艰难的原因。所有的既得利益不是一天形成的，要动它们当然也很不容易。你会注意到，前段时间《人民日报》发了一篇社论，叫做《领导干部要有历史担当》。所谓的历史担当，就是要在中国改革的重要时间窗口里，敢于去触动既得利益。这是在宗代表个税提案的推动下，我们希望看到的一个积极变化。

主持人：所以像宗庆后代表所提出来的关于个税调整方案的提案，其实让我们触摸到了改革收入分配以及"三公"经费透明的紧迫脉搏。当我们拨开层层利益来看，其实我们坚决要把个税调整进行到底。最后，如果让章老师用一句话来总结这个话题，您会说什么？

章　丰：个税改革，只有逗号，没有句号。

追“两会” 关注异地高考

主持人:“两会”上,关于异地高考引发了很多代表委员,包括我们老百姓的关注。教育部部长袁贵仁也在“两会”上表了态,解决异地高考终于有了一个明确的时间表——10个月。

章 丰:其实我并不是太高兴。坦率地讲,我觉得这更像教育部做的一个广告。是个进步,但不要急着叫好。为什么呢?很简单。第一,10个月是指文件出台的时间表,并不是执行异地高考的时间表;第二,教育部出台的是一个指导性的意见,各个省还要出台具体的执行细则。从现在的情况看,指定的试点省是山东省。山东省并不存在比较严重的异地生流入高考的问题。这个文件出台的时间,包括它的含糊其辞,让我并不太看好它出台以后能够带来的实质性效用。

主持人:其实我想说,您不用这样深层次去分析,我们也已经被泼了一盆冷水了。因为紧接着就听到杜玉波出来说话,说解决异地高考的问题,既要解决随迁子女的高考问题,又不能影响北京、上海当地考生的权益,这些在制定招生计划的时候,都会予以考虑。

章 丰:我当时看到这段话,就觉得我前面的判断是比较靠谱的。这位杜玉波是谁?他是全国政协委员,教育部副部长。他说的这段话再明显不过,给了我们四个字的潜台词。哪四个字?就是我们前面讲到的,既得利益。要保住北上广的考生的原有权益,又要给新流入的异地高考学生更多享受优质高等教育的机会,这本身就是一个互相冲突的命题。从这位教育部副部长的嘴巴里讲出来,怎么听怎么别扭,感觉缺乏解决问题的诚意。

主持人：我在《青年时报》上看到一篇评论，说杜玉波副部长这一直白的表态无疑令人沮丧。因为既要解决随迁子女的考试问题，又不能影响北京、上海当地考生的权益，这在现实生活当中，几乎是不合逻辑的。我给大家找几条网友的意见。有一个叫"小猪猪"的网友说，我想请问，凭什么上海、北京要有特殊权益？但是我们也听到了来自北京人的另外一种声音，北京人说，我不支持开放异地高考，适当的条件限制，有利于稀缺资源的均衡。我不是北京人，也不是上海人，我没有办法理解他们的心情。

章　丰：我觉得这和我们曾经讨论的有点像，你不是熊，你不知道熊痛不痛。其实怎么会不知道？我们都在同一个高考平台上面，凭什么你在北上广，你就能够靠近名牌大学，就有那么高的录取比例？凭什么我在浙江，在贵州，在山东，我成绩念得比你好，但是只有你十分之一，甚至几十分之一的上优质高等学校的机会？这是一个非常不公平的、由于户籍分割所带来的在教育公平上的歧视。行使了那么多年，现在似乎既得利益者认为，这是天经地义的事情。我觉得我不能接受。

主持人：所以你知道这种感觉吗，现在我们大家都说是个"拼爹"的时代。所以我们在谈到这个话题的时候，感觉不仅仅拼的是爹，而且连爹所在的地区都要拼，真是很悲催。

章　丰：对。所以我觉得，其实在我们国家的法律依据上已经讲得非常明白。我们国家有《教育法》，《教育法》里面规定，中华人民共和国公民不分民族、种族、性别、职业、财产状况、宗教信仰，依法享有平等的教育机会。但实际上你看，户籍制度就把我们在高等教育上，特别是靠近优质资源的这部分平等权利给剥夺掉了。教育公平是社会公平的起点。每个人的禀赋可以不一样，但这个社会如果在发展机会上造成过多的不平衡、不均衡，那么我想，这个社会很难和谐，一定会充满戾气。

主持人：可是章老师，其实这个异地高考的问题由来已久了。

章　丰：对，很多年了。现在在巨大的民意压力下，也在社会整个结构变迁的压力面前，这个问题在逐步浮上水面。这又回到我们昨天讲的观念的水位、围观的水位。原来觉得司空见惯的问题，现在能成为民众关注和推动的焦点，在“两会”上成为大家热议的焦点，有一个最大的社会变动因素是，现在我们国家是一个流动的中国。最新的数据显示，中国有2.53亿的农民工。其实我们不能再用“农民工”去概括他们，他们里面有一部分流动人群不是农民工，他们也有非常好的教育背景。那么庞大的人群在中国城乡间和城市间流动，他们的子女有多少人？如果再死死拦住异地高考的门槛，那么在高考的门槛面前，这些人因为子女教育问题，又有多少焦虑的流动，有多少不公平的流动，有多少社会成本的损失？我觉得这是一笔非常庞大的账。社会演进到这个地步，异地高考这个题非破不可，再也等不起。

主持人：虽然是非破不可，但您其实一开头就表达了心中的一种担忧。而且在这个问题的关键点上，因为牵涉到既得利益，所以我想问的是，它一定难，难在什么地方？

章　丰：其实在既得利益层面，有两个既得利益者。今天我们似乎跟“既得利益”这四个字较上劲了。但是事实上，既得利益确实是中国转型社会所遇到的最大障碍，或者说是改革的最大阻力。在异地高考这个话题里，有两个既得利益群体。第一，是刚才我们谈到的在北上广坐享优质教育资源、坐拥名牌高校的人，他们的孩子比其他的外地孩子拥有数倍甚至数十倍的上名校的机会。所以你看，北上广的家长在网络上也有自己的声音，他们会站出来旗帜鲜明地反对。刚才你也讲到，他们认为优质教育资源的均衡化，就是应该首先承认他们既得的这一块高等教育的权益，这是一个既得利益群体。第二，其实还有一个更大的既得利益群体，牵涉到高考制度到底怎样破局的关键人物，就是教育部。为什么我说教育部是整个异地高考改革里最难触动、最庞大的既得利益者？因为真正要把高考破局，其实国内很多人已经有非常鲜明的观点了，其中著名的教育学家、青年学者熊丙奇的观点，我个人比较赞同。他说实行异地高考的关键，其实在于推进高考的社会化。什么是高考的社会化？其实你看我们国家的教育规划纲要，就是去年7月份发布的《2012—2020年国家中长期教育发展纲要》里面，关于高考改革思路是这么表述的：坚持推进招考分离，构建政府宏观管理、专业机构组织实施、学校依法自主招生、学生多次选择的考试。教育部自己已经对高考的演进方向规定得很明确了，其实教育部只要真正有勇气放弃高考里巨大的既得利益，我相信其实高等学校也好，社会也好，学生也好，家长也好，都有足够的能力和承受力，在推进高考社会化的过程当中，把异地高考和户籍限制中所谓的种种不公平消弭于无形。

主持人：我看到一位网友单伟强说，异地高考真的是体现教育公平吗？教育能不能做到全国统一水平？取消异地高考，就是加剧这种不公平。要么取消全国统一高考模式，各省自己命题；要么设置一定的门槛，不可能完全开放。这对欠发达地区的学生来说，很不公平。

章　丰：其实国家对欠发达地区教育的不公平，还是可以有一些引导措施的。自主招生并不代表高校可以完全按照自己的意愿，完全忽视国家的各种调剂，或者对弱势群体的照顾。就国外的经验来说，像美国的州立高校，对本州的学生是有招生照顾的，因为州立高校对财政来源和服务方向有一些规定。但是更多的高校，比如我们现在关注的全国性名校，至少它不会受到户籍影响。因为在这种统一的水平测试里面，各个学校真正按照自己校园文化和对人才筛选的要求，把招生环节管起来以后，它是不会去考虑户籍和地点的，它考虑的是还原我们教育的本质，就是对学生素质的观照和对学生素质的鉴定标准。

主持人：其实我们在谈到异地高考的时候，你一定要想到，我们的整个教育体系欠缺公平。就算能打破异地高考的这层坚冰，你也要知道，这仅仅是其中的一小部分，因为关系到教育的不公平有很多，比如你刚才谈到的户籍制度，比如教育资源分配的不均衡。

章　丰：对。但我始终觉得，中国的教育体系，尤其在逐步打破应试教育的过程中，高考是指挥棒。只要在高考环节上体现更多的效率和公平，我相信整个国家的教育体系会在这样的带动下，逐步走向均衡，走向更加合理的状态。

主持人：所以在今天《相对论》的第二个话题中，您又带出了一个既得利益者，就是我们的教育部。我在这儿想说一句，其实昨天舒老师已经引用了，广东省省长朱小丹代表在分组讨论当中的一句话，说革命革到了自己的头上，正是考验政府到底是真改革还是假改革，到底是口头改革，还是拿实际行动来促改革，这真的是一次非常大的考验。从我们的角度来说，我们可以接受不完美的改革，但是我们不要那些不改革的危机。请章老师用一句话来总结我们今天的观点。

章　丰：一句话——异地高考，不看广告看疗效。

主持人：我们一起来期待疗效。

减税兴邦

主持人：这个双休日里最热门的一条新闻是关于税的，但切入口是从费开始的。全国人大代表叶青提出，要求停止征收已经连续收了20年的机场建设费。所以我们先从这个提案开始，了解一下相关的新闻背景。

去年我国财政收入首超10万亿（103740亿元），增长24.8%，财政收入占GDP的比重22%；税收总收入完成89720亿元，同比增长22.6%。因此今年"两会"上，代表委员发出减税呼声。全国政协委员（联想集团董事长）杨元庆认为：高增值税导致国内商品贵；全国人大代表（复星集团董事长）郭广昌表示，应总体降低企业税负，并继续提高个税起征点；全国人大代表（娃哈哈集团董事长）宗庆后连续第五年提出，把个税起征点提高到5000元；全国政协委员（国家税务总局原副局长）许善达称，政府收入占GDP比重已经不低，对小微企业的减税力度还可加大；全国政协委员（中国国际金融有限公司董事长）李剑阁在提案中说，2012年把财政收入的增长幅度控制在10%以内，至少给全国企业和居民减少1万亿元的负担；全国人大代表（湖北省统计局副局长）叶青在全国"两会"上表示，收了20年的机场建设费该取消了。机场建设费最初是为筹集机场建设经费而设立的。2010年国家征收的机场建设费是136.41亿元，而2010年的公共财政收入高达8.3万亿元，所占比例仅仅0.00164%。机场建设费对于财政的贡献微不足道，完全可以取消，真正让利于民，让广大乘客受益。

主持人：关于税和费，在政府层面也曾经做过一个回应。温家宝总理在"两会"的工作报告当中，曾经提出，给企业减负是方向，减负先减税。谢旭人也做过一个回应，说要完善结构性减税。章老师怎么看？

章　丰：从现在的国民经济发展的状态和民生企业的呼吁来讲，减税清费已经成为一个共识。但是怎样把这个共识转化成政策和社会福利，这里面还有比较多的问题要处理。在我看来，最起码有三个问题。第一，要增加民众和企业对税负的概念，尤其是民众。只有我们的民众对税负有了清晰的概念，才能给减税清费提供足够的压力和动力。第二，谢旭人部长提到结构性减税，这是个技术活。到底怎样才能落到实处，这是一个技术性的问题，需要仔细打量。第三，就是要给这种减税清费足够的外部制度性的监督和压力。这三点都是非常重要的。

主持人：其实您讲的后两点都偏技术。从咱们老百姓的角度来说，是心有余而力不足，不是咱们该干的事。只有第一点我注意到，就是税负意识。我理解为，咱们对税收的概念要清晰，这个是咱们可以铆足了劲地来提高认识的。但是我想问大家的是，您知道您这一生要交多少税吗？您的税收意识又怎样呢？我给大家来看一组图表。我今天给大家算一笔账，我们以中产阶级为例，如果说年薪是 15 万元的话，那么从 25 岁到 60 岁，35 年间缴纳个人所得税52 万元左右，当然这已经是扣除了社会保险之后的金额。根据中国的习惯，这一生通常你至少会买一套 100 平方米左右的房子，假设是 150 万元。如果这是你唯一的住房，至少需要缴纳 2 万多元的契税和其他零星的各种税。在建造这套房子的时候，开发商要向国家交多少税费，至今也没有确切的说法。我们姑且按最低水平 10%来算，那就是 15 万。如果你买一辆 20 万左右的国产车，其中含的税至少是七八万元，如果是进口车就要交得更多。如果说你给孩子买奶粉，自己要弄点护肤品，再加上看电影，有时候要请朋友吃个饭，偶尔还要买个iPad，平均每个月花费 3000 元左右，要缴纳的税是 600 元以上。到60 岁的时候，为此缴纳的税总共为 25 万元，这样加起来一共是 102 万元。所以，你知道我现在的心情，其实可以用一个表情来表达，就是手心一阵寒，脑门三滴汗。

章　丰：其实中国的税负非常重，而老百姓对自己真正的税负状况缺乏了解。前段时间我在微博上也看到过一个类似的动画解读版本。我们有很多隐性的税，是在流转环节中嫁接到商品价格上面的隐性的税，其实很多老百姓并没有感觉，但它真实存在于我们真金白银的支出里，消化掉了很多原来可以用来支撑个人福利的部分。

主持人:所以有些人在说,好像我在家里躺着睡觉的时候,都感觉到税已经一点一点地被征出去了。

章　丰:对。其实在刚才提到的15万元的案例里面,我也注意到了,为什么媒体会拿15万来说事,背后有很深的用意。你看我们整个社会财富分配调节的方向是什么?限制高收入,提高低收入,但最重要的是扩大中间收入阶层。因为一个社会只有稳定的、数量庞大的中产阶级阶层,才能保持社会的和谐稳定,才会有非常好的民意和财富的基础。而15万比较接近于我们现在城市的中等收入水平。杭州去年的城镇人均收入是3.4万元。如果以三口之家为例,加上一些没有被统计局收进来的其他收入指标,差不多15万就是一个城市里面中等收入阶层可以参照的收入。从15万的角度去打量,再反过头来看我们整个的个人赋税,到底哪些环节里面出了问题,这样才能让我们的观众,我们的公众有一个更清晰的纳税概念和税负概念。

主持人:所以拿刚才的这个样本来看,您看出了什么问题,它的典型意义在哪里?

章　丰:最典型的意义,一个就是我们的中产阶级确实税负过重,第二还是回到刚才谢旭人部长讲的,必须要推动结构性减税,要把该减的税真真实实地减下来。

主持人:您提到结构性减税,其实结构性减税在2004年的时候就提出过,并且一直在施行,还呼吁要立即减少1万亿元来提高效率。

章　丰:看到刚才那个短片,让我想起学生的减负。我觉得这两者非常像。你看学生减负喊了那么多年,一直说减负,小孩子从来没感觉到越来越轻松,课程反而越来越多。我们的结构性减税似乎也是这样,一直在结构,从未被减负。

主持人:既然您这样讲,我就想问,从2004年我们开始这样做,但是从片子来看，它并没有太大的实质性的意义。请问这次再提出的时候，我们凭什么去相信它？

章　丰：这个问题其实不应该光问我。我在想，提这个建议和议案的人大代表，恐怕他们心里也会有这样的顾虑：凭什么这一次提出建议后，国务院就一定会出台真正有价值的、有效果的结构性减税方案，并且落到实处？

主持人：所以我们现在不妨马上来连线全国人大代表、湖北省统计局副局长叶青，也就是这个提案的代表。叶局长您好，我想问一下，您这次提出机场建设费这个提案的时候，您觉得它真正实行起来的难度究竟在哪里？

叶　青：我觉得技术上是没有问题的，关键就是愿不愿意做这个事情。我觉得最大的难度在于，一旦机场建设费取消，恢复起来就非常困难，所以有关部门为了稳妥起见，很可能干脆不取消，继续这么征下去。

主持人：也就是说，它不存在技术问题，但是存在一个决心问题。

叶　青：对。目前高铁和动车已经陆续开通，说实话，航空公司的经营进入了一个比较艰难的时期，所以，取消一些不该收的费，有利于整个交通市场的良性竞争。

主持人：好的，谢谢叶局长。

章　丰：这位叶局长是人大代表里面我最钦佩的一位。他除了每年给我们很多为民生呼吁的提案之外，他最近还有两个被博友热议的话题。一是他连续八年提议全国范围内的公车改革，连续八年公车上书。还有昨天，叶局长在自己的微博上，以统计局长的权威身份出来说，全国公务接待喝掉的酒，一年相当于一个西湖。

主持人：应该是新西湖。

章　丰：对。所以我相信，这个数据可能不能非常准确地去做一个对应，但是至少我觉得叶局长非常有勇气。他作为一个在职的政府官员，更在乎自己人大代表的身份，持续不断地发出推进改革的提议，对既得利益提出挑战，非常不容易。

主持人：所以其实刚才叶局长也谈到了，这个不是技术问题，是决心问题。通常遇到决心问题的时候，其实决心是挺难下的。我们讨论半天，结构性的减税到底应该怎么做？我在网上看到一条微博，讲了一段特别有意思的话。网民"不止 180 斤"说，如果我是全国人大代表，我一定要上一个提案，纳税的时候采用支付宝。等政府做出政绩或者兑现承诺了，我们就确认付款，不然就全额退款。那个时候，政府官员就会追着我们的屁股喊：亲，给个好评；亲，选我了，包为人民服务；亲，政绩在这里，请查收。

章　丰：我不是第一次听到这条微博了。你在念这条微博的时候，我们可以想象一下，政府官员夹着一个皮包，在纳税人屁股后面，屁颠屁颠在那里追，追着亲的好评。我觉得真是一个特别欢乐、特别和谐的景象。其实为人民服务就应该这样。但实际上除了支付宝之外，我们有比支付宝更可靠的，或者在制度设计上更有权威的来监督我们政府行为的制度，就是人大制度。人大有很多种监督的方式，它作为国家的最高权力机关，通过听取审议一府两院的报告，包括通过立法、质询这样的手段来监督政府，把自己的各项执政承诺落到实处。我注意到，前两天有一位全国人大代表，就是原中纪委副书记、现在的全国人大法工委副主任刘锡荣。其实刘锡荣跟浙江很有缘分，他是浙江出去的领导干部，当然已经离开多年了。这位老人也是非常敢说，他在全国人大上大声呼吁，要加强人大立法，管好钱，管好人，责无旁贷。管好钱，管好人，就是真正把人大监督的措施，包括给减税制造一个宏观的政府管制背景，也就是给减税真正开出了药方。

主持人：对。所以其实为什么网友会提到支付宝，我的理解是，因为支付宝是第三方监督平台，在减税的过程当中，其实我们需要的就是第三方监督平台。您讲到了，用人大的立法来管好钱，管好人。怎么管好钱？

章　丰：现在刘锡荣代表已经开出药方，他认为必须要尽快出台《预算法》，政府的钱怎么用，必须要在法律的范畴内给予报告，给予公开，接受法律事后的监督。这次的“两会”上，全国政协委员、国家税务总局原副局长，又是一位权威人士叫许善达，他在记者会上表示，我们现在政府的预算，有 35%的钱没有放到预算的袋子里，也就是说，这 35%的钱是不需要向公众报告的。我觉得这些代表讲的话，都非常到点子上。

主持人：那么管好人呢？

章　丰：管好人，我觉得在立法上也有一个可以对应的，就是《编制法》。现在公务员的队伍是一个非常庞大的数字。为什么每一届政府都要机构改革，都要精兵简政？为什么政府越减越多？包括国家财政供养的事业单位的队伍规模越来越大？因为没有一部法律意义上的人员编制法来约束他们，最后还是文件说了算。

主持人：讲到公务员，我可以给大家来补充一个背景资料。4 年前，当时的人事部，现在的人力资源和社会保障部公布了一个数字，我们国家有 600 万公务员。去年“两会”发言人说，我们国家有 1000 万公务员。每年涨 100 万，这个是惊人的数字。他说过一句话，说可能大家有意见，600 万大学生都去考公务员是历史倒退，因为没有人再创造生产力了。其实我们当时在讲硕士生当城管的时候，您就跟我们分享过这样的观点。

章　丰：对。其实还有一个数字是，我们的事业编制，就是国家财政供养的是 3000 万人。我们现在的官民比例的确到了一个非常夸张的程度。我注意到今天的《新京报》有一篇评论，叫《治理“官满为患”重在转变政府职能》。我觉得这句话又说到立法之后更重要的一个环节，咱们只有做一个有效的政府，小而强的政府，才能给我们的预算编制和减轻财政负担创造一个根本的环境和条件。

主持人：所以这也是我们减税需要的一个大环境。在今天的《相对论》当中，我们听到了税声，我们感受到了税痛。痛定思痛，我们还是愿意相信，减税的脚步正如春天一样正在临近。一句话来总结我们这一环节的观点。

章　丰：八个字——减税兴邦，让利富民。

我们一起听党代会报告

章　丰:今天我们在第一时间一起解读党代会报告。

主持人:今天上午9点,浙江省第十三次党代会在杭州开幕,省委书记赵洪祝做工作报告。

报告指出,省第十二次党代会以来的五年,是浙江省发展历史上极不平凡的五年。面对国际金融危机冲击和自然灾害影响,胜利完成了省第十二次党代会确定的各项任务, 基本实现了全面建设惠及全省人民小康社会的目标。五年来,浙江省经济转型升级深入推进,综合实力和发展质量显著提升。(中共浙江省委书记赵洪祝:今后五年的主要工作目标是经济综合实力持续增强,经济保持平稳较快发展,地区生产总值达到5万亿元以上,人均生产总值达到9万元左右。)

赵洪祝同志在报告中提到,推进现代化浙江建设,实现全省人民物质富裕精神富有,必须按照中国特色社会主义事业总体布局,加快建设经济强省、文化强省、科教人才强省和法治浙江、平安浙江、生态浙江,促进经济社会全面协调可持续发展。

主持人:五年一次的党代会,是浙江政治生活中最重要的一次大会,跟每个人的工作和生活都是息息相关的。在党代会的三大议程中,报告是最先和代表以及公众见面的部分,同时也是信息量最大的部分。所以今天《相对论》在第一时间请到章老师,跟我们一起来解读党代会的这份报告。我想问一下章老师,今天您听报告了吧?

章　丰: 今天其实在人民大会堂亲耳聆听报告的人并不多,745位代表。

但是拜现代传媒和互联网所赐,其实关心党代会报告的人,今天通过浙江卫视和浙江在线,都可以同步收看收听到。赵洪祝书记的这次报告的确非常宏大,同时跟我们每个人的工作生活又都有密切的关联。在我看来,解读一个报告,最重要的是两点,第一点就是报告的主题,它是在怎样的背景下,集中阐述了一个怎样的问题。第二点,和省委省政府,特别是省委对浙江重大决策的历次文件和报告相比,这次的报告有哪些新的东西。这些新的提法是最值得我们琢磨的,也会对浙江的未来产生重大的影响。

主持人:您提到了亮点,提到了主题。我们不妨先来看看这次报告的标题。我们说,读书先读标题,这次党代会的报告题目是《坚持科学发展,深化创业创新,为建设物质富裕精神富有的现代化浙江而奋斗》。我们再看五年前的省第十二次党代会,赵洪祝书记所做的报告标题是《坚持科学发展,促进社会和谐,全面建设惠及全省人民的小康社会》。五年,两份报告,两个标题,起点都是科学发展,但是落笔却从小康社会变成了现代化浙江。

章　丰:时隔五年,把两个报告的标题对照起来看,的确能读出很多东西。起笔都是坚持科学发展。科学发展观是 2003 年 10 月,在党的十六届三中全会上提出来的。可以讲,它是统领整个中国十年发展的一个治国方略。今年的报告,在“科学发展”后面跟的标题是“创业创新”。这是我们省在 2007 年 11 月,也就是上一次党代会结束以后的第一次全会,十二届二次全会上,由赵洪祝书记代表省委提出来的。可以讲,创业创新是浙江这五年发展的总战略。更有辨析和解读意义的是最后落幅的两个目标。标题的前半部分是手段和方略,后半部分是目标。五年前提的目标是“全面建设惠及全省人民的小康社会”,到了这一届党代会,提出来的目标是“现代化浙江”。报告里有两个基本的判断,第一个判断是关于小康社会,是这么表述的:过去五年是浙江全面建设惠及全省人民的小康社会,取得决定性胜利的五年。他用“决定性胜利”给过去五年的目标画上一个圆满的句号,这的确有很多东西可以佐证。然后在今年的报告里,他提出了一个崭新的命题,也是大会当中给我印象最深刻的一个主题词,叫现代化浙江。报告里面有一个基本判断,原话是:今后五年是我省向基本实现现代化迈进的关键时期。现代化浙江,未来五年是关键时期。

主持人：既然说过去五年是浙江全面建设惠及全省人民的小康社会，取得决定性胜利的五年，而刚才章老师也说，可以有很多东西来佐证。其实数据是最好的一种佐证方式。5月25日浙江省统计局召开了新闻发布会，发布了一系列浙江省十二次党代会以来，经济社会发展成就的权威数据。我可以挑几个给大家来看一看。首先我们来看一下GDP。2011年全省生产总值从2006年的15718亿元增加到了32000亿元。按可比价格来计算，年均增长10.9%，GDP总量排到全国的第四位。另外我们看到，第一、第二、第三产业对GDP的增长贡献率分别为1.6%、51.9%和46.5%，第二、第三产业在共同推动经济增长的格局中的比重在加大，而其中民营经济的增加值，五年翻了一番，占GDP的比重稳定在61%到62.2%之间。非公有经济从业人员占全体从业人员的比重，达到75%左右。另外，新型城市化扎实推进，2011年城市化率达到62.3%，比全国平均水平高出11个百分点。再来给大家看一个教育方面的数据，应该很多人都会关注。2011年15年教育普及率达到97.6%，九年义务教育完成率达99.2%，高等教育毛入学率达47%，基本达到中等发达经济体水平。

章　丰：所以报告才会提出这样一个基本结论，叫全面小康取得决定性胜利。在这里，我还有另外一个可以来佐证这个结论的论据，就是在省委的十一届九次全会上，当时会议提供了一个参阅材料，叫做《浙江全面建设小康社会综合评价指标体系》。“全面小康”其实是有一个约定俗成的衡量体系的。在这个体系里，各种指标对照下来，得出的基本结论是，2011年我省全面实现小康社会的测评指标，实现程度是99.6%，就是接近于全部完成。其实这个指标一直要管到2015年，大部分指标都提前达到了。全面小康的水平比2006年提高了10个百分点。而且比较可喜的是，我们的农村全面小康水平，应该讲在全国各个省区中处在第一位，仅次于直辖市，排在全国第四。所以全面小康这个提法，背后是有浙江五年实践的坚实数据来支撑的。但同时我们也看到，包括《相对论》也不断会探讨到浙江的“成长的烦恼”，因为浙江这五年来，其实也挺不容易的。2009年我们就遇到了金融危机，对浙江这种外向依赖度非常高的经济发展模式提出了巨大挑战，再加上这五年，浙江各种资源要素的瓶颈制约不断凸显，所以过去的五年，其实浙江走得也很不容易。刚才统计局给出的数据里面，提到了32000亿元的GDP。2011年，我们是全国第四个进入3万亿元俱乐部的省份，非常不容易。而且过去的五年，和以往的浙江发展模式相比，有一些很不同的地方，特别体现在省委省政府的几个大手笔上，比如我们大家耳熟能详的"四大"战略——大产业、大平台、大企业、大项目，还有就是温州的金融改革综合试点落户浙江以后形成的四大"国家战略"，这些都是浙江在以往的发展模式当中很少能够拿到的，都是国家级层面的、大手笔的推进。当然我们还有一个比较自豪的数据是，浙江省藏富于民的发展实践，这也是浙江人最值得自豪的。浙江挺不容易，连续27年，农民人均纯收入在全国排第一，城镇居民可支配收入在全国连续11年位居第四。所以这些数据的取得，确实让我们有一个感慨，一方面小康来之不易，另一方面，浙江现代化的时机的确已经成熟。

主持人：其实提到现代化，相信大家都应该非常熟悉了。我们现在不妨来回忆一下，应该是从小学时代的记忆当中，有两个词就是如影随形的：三好学生和四个现代化。

章　丰：对。我记得我小的时候，"四个现代化"一直就像所有人的一个梦一样，萦绕在我们的心里。我那时候经常掰着手指头算，我们国家的领导人说了，2000年实现"四个现代化"。小的时候觉得2000年是个很遥远的年份，我一掰手指头，到那时候我27岁了，已经实现了"四个现代化"，我们的生活该多么美好。所以现代化真的是一代又一代人萦绕在心里的一个梦幻般的词汇。

主持人：所以我们不妨来给大家做一个历史背景的补充，"四个现代化"究竟是在一个什么样的时机当中提出来的。那是在1964年12月第三届全国人民代表大会第一次会议上，周恩来根据毛泽东的建议，在《政府工作报告》当中首次提出，在20世纪内把中国建设成为一个具有现代农业、现代工业、现代国防和现代科学技术的社会主义强国。

章　丰：其实"四个现代化"的确是随着时代的变化而不断有新的含义。

跟毛主席老人家说的"四个现代化"目标更靠近一点的,是 1979 年改革开放启动之初,小平同志在接见外宾的时候,他把"四个现代化"具体化了,称为"有中国特色的四个现代化"。他说,到 20 世纪末,人均 GDP 达到 1000 美金,这一阶段是小康之家。其实去年浙江省的人均 GDP 是 9000 美金,我们早就已经 9 倍于小平当年提的"小康之家"的标准。但是你知道,整个世界变化很快,其他的发达国家也在快步向前。所以今天我们在十三次党代会报告上提现代化浙江,其内涵比起我们儿时的现代化梦想已经要丰富得多,也要深刻得多。而整个国际对现代化诉求的水准,也远远不是当初的 1000 美金。按照现在的国际通用惯例,可能是 15000 美金,甚至是成熟发达国家的 20000 美金。

主持人:因为最近全国各地都在召开省一级的党代会,所以我们也听到邻近省份关于现代化的提法,比如江苏提出了现代化江苏,广东提出了现代化广东。我们注意到,在国务院 2010 年发布的《长江三角洲地区区域规划》中也明确提出,长三角区域到 2020 年要力争率先基本实现现代化。

章　丰:这次报告里提到现代化浙江的时候,具体有三个纬度。一个叫时代特征。我们刚才已经从 1964 年的现代化,一直讲到现在浙江现代化的新指标和丰富体系。还有一个就是国际可比性,我刚才也提到了。还有非常重要的一点,就是你刚才提到的,邻近省份都在做的,叫区域先行。我们国家真的是一个幅员辽阔的传统大国,而且我们国家的经济发展水平非常不均衡。国务院对长三角,包括对一部分经济先发地区,的确有区域先行,率先基本实现现代化的政策诉求。所以在我看来,十三次党代会提出现代化浙江的目标,既因为我们的时机已经成熟, 也呼应了国家对东部率先崛起的这样一种战略要求。区域先行,它既是一个幸福的事情,也是一个烦恼的事情。因为整个国家现在处在社会主义初级阶段的国情里,所以整个产业政策和社会管理模式在总体上会照顾到初级阶段的特点。在这样的情况下,浙江要率先基本实现现代化,其实会面临很多烦恼。比如我们要打破城乡二元体制,但是来自外省的大量流动人口, 会给城乡一体化的均衡发展带来一个全国性资源的消化问题。另外我们的很多产业政策需要先到先发,但是国家层面的整个产业政策和宏观政策的制定,不可能按照我们基本实现现代化的需求,为我们量身定制。当然也有机遇，区域先行也有甜蜜的地方。因为在战略性新兴产业的规划里面，全国现代化的先发地区，在市场空间和项目落地的过程当中，当然拥有更大的战略先机和市场纵深。所以区域先行的现代化对于浙江而言，既是机遇，同时也会带来一些先行者的烦恼和困惑。

主持人：章老师在一开头就跟我们谈到，看报告，看主题，看亮点。我们在看了主题之后，将着重来看在这次党代会报告中有哪些特别抓人眼球的亮点。当然，我们也会带大家到省人民大会堂的现场去看一看，了解一下参加这次党代会的代表有哪些最深切的感受。这次党代会一共有745位代表到会参加，其中有很多熟悉的面孔。我们不妨到现场去听听他们的感受。

宗庆后：通过改革开放，我们有一部分人是先富起来的。当时邓小平提出来，一部分地区先富起来，一部分人先富起来，先富帮后富，走向共同富裕。我想现在是我们这批先富起来的人，特别是民营企业家，应该要回报社会了。关键是要不断投资，扩大就业机会，提高员工的收入，帮助他们富起来，这样整个社会才会比较和谐。早上听了赵书记的报告，我想我们下一步的发展目标一定能实现，我们浙江人的生活会更美好。

胡永快：报告契合了我们未来五年发展的目标预期。所以我们企业今后一定会按照党代会报告的要求，做强实业。

主持人：其实今天上班路上，我路过环城西路省人民大会堂的时候，确实感受到了一派喜庆的气氛，而且有一条红色的标语特别惹眼，就是“建设物质富裕精神富有的现代化浙江”。物质富裕大家都耳熟能详，但是精神富有很新鲜。

章　丰：对。精神富有出现在这次党代会报告的标题上，是现代化浙江的前缀。“精神富有”这个词出现在党代会报告里是第一次，但是从赵洪祝书记嘴里讲出来，其实已经不是第一次了。我专门请教了报告写作组的相关人员，他们告诉我，2011年年底的时候，在浙江省经济工作会议上，赵洪祝书记在报告当中第一次讲“要坚定不移地走物质共同富裕，精神共同富有的发展之路”。为什么要提物质富裕和精神富有？他里面有句话，叫做“更加强调物的现代化和人的现代化有机统一"。浙江人对物质富裕一点也不陌生。浙江人其实在全国是率先让口袋鼓起来的人。但是浙江未来五年的发展,包括我们现在在转型期遇到的很多纠葛和矛盾,其实越来越多有赖于人精神境界的提升,对共同精神家园的建设,这样才能来处理我们即将遇到的问题。浙江尽管在全国而言相对比较和谐,但实际上我们仍然受到了在转型时期社会矛盾多发的困扰。比如"新昌毒胶囊事件"这样的食品安全事件频发,其实背后是一种道德失范和共同价值观的失守。现在在报告里,把精神富有,把共同精神家园建设和物质富裕放在同等的程度来讲,强调人的现代化和物的现代化的有机统一,体现了党代会报告对浙江未来五年发展的深刻反思和谋划。

主持人:其实章老师解剖到现在,我突然想到《相对论》曾经做过的一期节目,讲到有一个表弟结婚,然后表哥给悉数到场的亲友发放了万元红包。当时章老师给的观点是,精神世界的修炼落在了财富富裕的脚步后面。今天我试图在这背后追加一个问题:当表哥成为一小部分先富起来的人之后,我们接下来该怎样加快实现共同富裕?

章　丰:在报告里,赵洪祝书记有一段话,原文是这样的,他说既要保护发展好人民群众勤劳致富的积极性、创造性,让一部分人先富起来,又要注重先富带后富,努力实现充分就业,积极探索促进居民财产增值保值的方式,不断完善社会保障体系,着力提高基本公共服务均等化水平。切实改善低收入群众生活,提高中等收入者比重,最终实现物质上的共同富裕。他这里提到了对各个层面财富增长的观照,而他的落幅是在提高中等收入者比重。我觉得这是在浙江未来基本实现现代化的过程当中一个特别重要的考量。党代会之前,省委党校和相关部门联合搞了一次关于浙江现代化若干问题的理论研讨会。里面有一位省社科院经济发展研究中心的副主任杨建华教授,有一段发言就是直指中等收入陷阱。他认为现在浙江经济快速发展以后,面临很多社会问题和矛盾,经济社会发展的代价在逐步显现。要规避这种问题,要让浙江的人均 GDP 顺利迈过 10000 美元大关,真正朝现代化浙江的方向去迈进的话,对中等收入陷阱带来的问题要高度警惕。所以在我的理解中,对物质富裕、精神富有、共建共享的强调,一定是在未来现代化浙江的发展过程当中,需要全社会上下从制度设计和权益分配方面共同来关注和努力的一个问题。

主持人：说到精神富有，其实关于精神层面的讨论在很早以前就展开了。在2月9日全省宣传思想工作会议上，赵书记就动员部署了“我们的价值观”大讨论。所以首要问题就是解决“谁的价值观”问题。后来经过一系列的科学提炼，形成了“浙江人的价值观”。

章　丰：对。应该说在4个多月时间里，通过各种媒体的宣传，大家对价值观已经耳熟能详。其实我个人真的一直有点期待，想知道最终被提炼出来的浙江人共同价值观到底会是什么。这次在党代会报告里终于揭晓了。这八个字也是第一次出现在党代会报告里，第一次从省委书记口里说出来，就是“务实、守信、崇学、向善”。刚才你说到，是“谁的价值观”。我注意到报告里有一个解读，叫“当代浙江人的价值观”。他首先是浙江的，一定跟浙江的文化传统，跟浙江人的精神气质相呼应；第二，他是当代的，因为价值观一定有时代特征，在浙江的不同发展阶段，对共同价值观一定会有不同的侧重和归纳；第三，他提的是价值观，不是核心价值观，这方面也许需要给全国的核心价值观讨论留出一个空间。所以在我看来，这次报告里提到的“务实、守信、崇学、向善”的当代浙江人的价值观，是一个真正比较务实、比较贴切、比较浙江，也比较温暖的价值观。

主持人：章老师说到温暖，我相信大家在看电视的时候，应该会有一种非常深刻的感受。就在昨天，我们送走了杭州的一位平民英雄吴斌。其实这种向善的力量在我们身边还是非常多的，比如还有我们非常熟悉的“最美妈妈”吴菊萍。同时，这种向善的力量一直在鼓舞着我们浙江人来更好地建设我们自己的城市。在报告当中，我们也看到了建设浙江的一系列目标和要求。有一些是我们非常熟悉的，比如建设经济强省、文化强省，以及法制浙江、平安浙江、生态浙江。但是我注意到在报告当中，有一个特别新的提法是“科教人才强省”，这是第一次听到。

章　丰：原来我们提过科教大省、人才强省等等，但是第一次在党代会报告里把科教和人才并列起来，叫“科教人才强省”，我查阅了一下，的确还是第一次，这也是这次报告的新亮点。其实“科教人才强省”的提法深切反映了浙江在现代化进程当中的人才之渴。浙江的整个陆域资源，也就是陆地面积，排在全国倒数第二位。我们的整个资源禀赋，一直以来都是捉襟见肘。浙江下一步要实现现代化，产业整治要转型升级，必须要依靠科技创新和人才效应。所以省党代会把“科教人才强省”作为一个新的提法放在报告里面，我觉得是真正反映了浙江发展的人才之渴。跟邻近省份江苏对比，江苏在陆域面积上是70%的平原，浙江是70%的山地丘陵。资源禀赋上，江苏占有一些优势。但是江苏更明显的优势是出现在科教和人才上。我查阅了一下，浙江的211高校是1所，江苏是11所；在浙江工作的两院院士有33名，江苏有83名。所以你可以看到，在科技研发力量和人才储备上，两个相邻省份之间的配置差距是很大的。这种差距也是江苏和浙江在新一轮现代化进程中，浙江在资源分配上处于劣势的原因。所以这一次党代会报告才要把“科教人才强省”真正作为一个核心工作部署第一次响亮地提出来。

主持人：其实在我们的采访当中，关于人才的感触是非常深的。在我们刚刚结束的《寻找春天》系列报道当中，我们在全省11个地市的五六十家企业做深入采访的时候，会发现这样的问题：每家企业都面临人才难题，这已经成为一个普遍性的问题了。尤其当我们在舟山采访的时候，这种感受会更深，因为在提出建设舟山新区的战略规划之后，要开展各种大型的海工建设，此时舟山迫切需要解决的首要问题就是人才问题。

章　丰：解决人才问题无外乎两个方法，第一是引进，第二是培养。引进是解决不了根本问题的，关键要靠强大的教育体系和科研体系，来自己培养和输送人才。所以“科教人才强省”除了我们对人才的渴求之外，最终还是要落脚到对教育事业的发展上来。按照我们现在统计局给出的数据，2011年底浙江省的人均受教育年限是8.4年，低于全国平均水平。这一点让我们很诧异，它跟浙江的经济地位很不相称。这个数据确实说明浙江原来在教育上打的底子并不厚。另外，在人才指征里有一个非常重要的风向标是高等教育的毛入学率，浙江是47%。在这样一个数据上与一个基本现代化的社会进行对比，以韩国为例，高等教育的毛入学率必须达到60%以上。47%和60%中间有

13个点的差距，这绝对不仅是每年多几个大学生和少几个大学生那么简单，它反映了我们整个高等教育发展水平和现代化社会发展程度对应之间的差距。现在我们普通九年制教育和高中阶段的入学普及率已经很高了，真正要把浙江人的平均受教育年限拉上去，真正要为浙江输送和储备高端人才，高等教育必须是要着力破题的。在这一点上，先发而行的香港地区、台湾地区，包括韩国，都给了我们很多经验。在我理解，这就是我们浙江省在党代会报告里提“科教人才强省”的另外一个重要含义。

主持人：从“科教人才强省”，到“务实、守信、崇学、向善”的共同价值观，再加上我们一开始讲到的“物质富裕、精神富有的现代化浙江”，这是这次党代会报告中我们所看到的最抓人眼球的三大亮点。章老师最大的体会是什么？

章　丰：一句话总结我的体会——从全面小康到基本现代化，新的浙江时间开始了。

主持人：今天我们用最简略的方式对党代会报告做了很初步的解读。这份报告不仅是省十三次党代会上最重要的文件，同时也跟我们的工作生活息息相关。所以从这个意义上来说，对党代会报告最好的解读，不是在演播室里，也不是在大会堂里，而是在未来五年里，在我们共同奋斗的日子当中。明天，一年一度的高考又将开始了。祝福电视机前所有的考生，放松心态，收获满满。现代化浙江，需要各位的添砖加瓦。

弹性退休关键看什么

主持人:6 月 5 日,人力和社会保障部在官网上发文表示,推迟退休年龄已成一种必然趋势,将适时推出弹性延迟领取养老金年龄的政策建议,引起了公众的热议。

人社部表示,退休年龄的调整是一项复杂的社会经济政策,涉及人口结构、人力资源供求、代际关系、社会保障基金平衡等多方面因素。随着我国经济社会的不断发展以及人均寿命的不断延长,相应推迟退休年龄,应该说是一种必然趋势。

不过,对于延长企业职工退休年龄问题,存在不同看法和意见。有观点认为延长退休年龄有利于进一步开发人力资源,增加退休后收入,有利于养老保险和医疗保险基金的收支平衡。也有观点认为,当前我国就业形势总体仍供大于求,延长退休年龄,可能会挤压岗位供给,进一步加剧就业紧张形势。

人社部表示,将在广泛征求各方意见的基础上,适时提出弹性延迟领取基本养老金年龄的政策建议。

主持人:怎样,章老师,要不要考虑延迟退休?

章　丰:我断然不会延迟退休。在我看来,干到 60 岁赶紧闪人,找一个美丽乡村,一个院子,一条狗,一根网线,一本书,那才是我的人生追求。你要不要考虑延迟退休?

主持人:我断然要推迟退休。因为人社部都说了,推迟退休年龄已成一种必然趋势,所以章老师,我们干吗要逆势而为呢?

章　丰:势在必行,人社部的分析没有错。最简单的道理摆在我们面前,因为中国的人口结构已经发生了重大的变化,现在中国面临的一个最紧迫的问题,其实就是老龄化。3 月下旬,省政府新闻办在杭州举行了浙江省人口老龄化基本现状和对策的新闻发布会。会议提到,现在浙江省 60 岁以上的老年人口是 789 万。按照现在的出生率,到 2020 年,浙江人每 4 个人中间就有一个超过 60 岁的老人,也就是说,每 4 个人里就有一个领取基本养老金的人。所以在这种人口结构的变化下,也许弹性推迟领取基本养老金的年龄,或者我们用更直白的话讲,弹性地延长退休时间,恐怕真的是大势所趋。

主持人:老龄化确实是摆在我们面前的一个相当现实的问题。其实关于退休年龄的政策还是在 20 世纪 70 年代的时候制定的,到现在大概已经有 40 年的时间了。我看了各方的评论,综合起来,有这样一种观点。因为人口预期寿命提高,计划生育又使得缴费人数相应下降,再加上政策环境和社会环境的大变化,所以相应推迟退休年龄,弹性延迟领取基本养老金,已经成为必然趋势。所以我是不是可以理解为,它真的就只是时间早晚的问题而已?

章　丰:没错。而且我认为其实已经是箭在弦上,或者说是火烧眉毛的事情。因为人口结构的变化,带来的是社保的不堪重负。去年年底,有关部门发布了一个 2011 年度的《中国养老金发展报告》。这里面就提到,有一半以上的省份,养老金账户已经出现了收不抵支的情况。另外在股市上有一个热议的话题,从去年一直说到现在,就是养老金入市的问题。因为现在庞大养老基金的年收益率敌不过通货膨胀率。这也就意味着,我们的养老钱放在养老保险的账户里,它正在贬值。所以,人口结构变化和社保不堪重负的双重压力,是相关部门不得不启动,或者说尽快启动弹性领取养老金的政策背景。

主持人:由此看来,延迟退休年龄恐怕是一个缓解社保基金紧张的立竿见影的办法。一方面,它增加了社保基金的收入;另一方面,它又减少了社保基金的支出。这一增一减,是 3 岁孩子都会算的账。但我们也同时听到另外一种声音,如果这个政策得以实施,由于牵扯到上千万人,因此导致大部分的年轻人没有办法走上工作岗位,这会不会让就业问题雪上加霜?

章　丰：你刚才提到的，社保这本账谁都会算，对不对？但是还有一本账，可能决策部门会算得更重一些，或者说会算得更细一点，就是就业这本账。社保账户一进一出，状况是改善了，但是就业问题是压倒一切的民生之本。现在中国从就业方面来看仍然是一个负担极重的国家。我们每年有600万大学毕业生，还有600万没有上大学，但通过高中、职校等渠道出来就业的人，一共1200万人，加上退伍军人，加上一些企业里原本就在经营流转的岗位，差不多一年是2400万人。2400万人，一年时间，怎样在就业岗位上进行消化？按照劳动部门统计，退休以后腾出来的岗位，至少要消化掉30%。而且你不要忘记，中国的城市化还在快速推进的过程当中，有将近1亿的农民工，需要在城市里真正完成城市化的过程。他们也需要找一份工作，成为劳动大军的一员。所以中国的就业这本账，比社保这本账翻起来要沉重得多。这也是延迟退休这个政策出台的两难选择。社保轻松了，但是就业这本账肯定会更加沉重。

主持人：所以左右权衡，确实是挺不容易的一件事情。既然退休这件事情事关你我，《相对论》的记者专门在街头做了一个随机采访。我们一起来听听大家的反应。

杭州市民1：延长退休年龄的话，年轻人就业的机会肯定少了。按照国家的大方向来说，可能会统筹安排一些政策。因为我是学校的，所以我希望按照身体情况来定。

杭州市民2：我想退休应该延迟。现在女的50岁退休，男的60岁退休，退休之后在家里没事做，对国家也造成压力。再做5年，还可以给国家做贡献。

杭州市民3：我们年轻人的就业压力肯定比较大了。如果从我们的个人利益出发，肯定不希望延迟退休。

杭州市民4：老员工如果不退下来，可以教给我们能力和经验。不是说他们在上面，我们就什么也做不了。我们可以在下面先学习。

杭州市民5：退休年龄延长，是因为社保资金整体比较紧张。可是也有一个问题，中国人太多，就业问题又是个大问题。所以这实际上是个矛盾的问题，是怎样来平衡的问题。一般来说，事业单位包括公务员，肯定是赞同延迟退休的。可是对企业来说，也许年纪大了，干不动了，或者有些技能方面的问题，无法胜任工作了。所以这也很矛盾。

主持人：我们可以看到，最后这位大伯说的话实在很真心。

章　丰：一语中的，水平很高。

主持人：其实大概在5年前，上海已经在部分行业里试行过弹性延迟领取养老金的办法。试点结果显示，超过7成的试点涉及人员赞成弹性延迟领取基本养老金。具体都是哪些人，就像刚才大伯说的一样，企事业单位的领导，还有劳动强度较小的职业群体，比如老师、医生，还有一些技术人员和脑力劳动者，以及高收入群体，主要是垄断企业的职工。在反对延迟退休的人群当中，大部分都是蓝领工人。刚才大伯已经分析了，因为他的身体状况无法适应这种劳动强度和劳动时间。

章　丰：这位大伯真的很有水平，他把我想要讲的话都讲完了。其实我注意到，舆论的分析和那位大伯的观点一致，愿意延长退休时间的，是这个社会的优势群体。为什么上海有7成人赞成？因为上海作为直辖市，在全国的整个就业结构、产业结构里，本身就属于优势。舆论在坊间有一种说法，把这些拥有比较体面和优雅工作的人，相对比较优势的人，称为喝咖啡的人。喝咖啡的人都愿意续杯，因为咖啡喝得很优雅，再多喝几年未尝不是件好事。但是请注意，后面还有一个更大的群体，在上海也许是20%，在全国也许是80%，就是蓝领工人。那位大伯讲得非常对，他们在劳动强度很大的岗位上，眼巴巴等着退休年龄的到来。他是要等着开饭的人，等着开他的养老饭的人。如果他们被推迟开饭，一方面，他的体力也许不足以支撑高强度的劳动，会继续透支他的健康；另一方面，他等着开饭的心情和付出的金钱，如果被往后延的话，情何以堪。所以在社保推迟退休的话题争议之下，除了在岗的人和将就业的人之间的矛盾之外，更深层次的矛盾双方，应该是喝咖啡的人和等着开饭的人。

主持人：好在“延迟”前面还有“弹性”两个字。所以人民网有篇评论就说，有的人希望提早退休，安享晚年，有的人希望继续发挥余热，为社会做出更大贡献，这些想法都很正常。所以人社部在准备提出延迟领取基本养老金年龄的建议前，特别强调了"弹性"。这是以人为本的做法，也是起码的人文情怀。

章　丰：在我看来就是四个字：小步快走。首先要快走，真的不能再耽搁了。中国老龄化的演进程度令我们非常担忧。如果不能根据人口老龄化结构尽快启动弹性政策的话，也许这个问题会积累到很难收拾的地步。另外一点就是要小步。因为中国的情况确实很复杂，区域之间差距很大，行业之间差距也很大，所以我们不妨采用小步走的办法。国外有一些比较成功的经验，比如美国，现在的退休年龄应该是 67 岁。但是他从 65 岁调整到 67 岁，一共花了 24 年的时间，每一年往后推一个月。采用这样的方式，在养老和就业之间做了一个非常妥善的衔接。所以，"小步"也是欧美发达国家在市场化推进过程中平衡就业和社会保障的一个做法。小步快走，不能再耽搁，但是要有弹性。

主持人：因为现在还处于征求意见的阶段，一定会听到两种声音。有人觉得，我国现在推行这个政策，时机还不成熟；但也有人提出，我们不妨分地区、分行业、分人群，以不同的标准来执行。章老师觉得应该怎样掌握火候？

章　丰：我的一句话是，尽快推动延迟退休，让一部分人先弹性起来。

主持人：其实我们今天讨论的延迟退休政策，国家部委还处在征求意见的阶段，似乎言之过早。但其实，纵然从现在开始马上采取最富有远见和力度的措施，恐怕也已经延迟太久了。我们只是希望，这一步终将走出，这份我们公众提早展开的讨论能够为迟到的政策塑造公平与正义的弹性。

温州车改的标本意义

主持人：我们将一起来关心一下温州公车改革。

温州市级机关公务用车制度改革从今年4月13号起正式启动。车改涉及106家行政单位、207家事业单位，12000多人。其中，1300辆公车分6个批次进行拍卖，约占公车总数的80%；留下300辆左右执法执勤公车；另外200余辆，作为温州公务用车服务公司用车。6月24日，温州首批226辆公车进行拍卖，最终成交215辆，总成交价1059万多元。成交价最低的一辆车为5000元，最高的是一辆2008年7月购置的三菱越野车17万元。而车改后，公务员用车以补贴和租车方式解决，正处级每月补贴3100元。因为全国最高车补和之前较低的车辆拍卖成交价，温州车改在网上引发了持续热议。

主持人：温州车改在网上引发了持续热议。虽然在行进当中确实非常地热烈，但我大致总结一下，有四方面的争议。首当其冲的当然是车贴，因为创下了改革车贴之最，最高达到每月补贴3100块钱。有一位温州市政府的官员这样说，温州市区比较小，你打一个车，50块钱就可以绕城区一圈了。你再按一个月20天工作日来算，不过就是2000块钱的费用。所以是不是过度补贴，变相福利？

章　丰：看是不是过度补贴，到底是否变相，我觉得还要透过情绪，去看制度设计有没有可以合理规避这些地方的东西。我个人从三个角度去看：第一，不光要看补了多少，还要看省了多少。这是一笔非常现实的账。车改之前，温州市一位正处级干部，专人专车，一个驾驶员加一台公车，费用应该在10万块钱以上。一个驾驶员的工资加上一辆车一年的运行费用，10万块钱肯定是打不住的。现在如果按照 3100 块钱,也就是最高一档车贴的标准来算,12 个月也就是 37500 元,能够省下三分之二的钱。所以不光要看补了多少,更要看省了多少。第二,要看补了多少,还要看怎样补。很多人质疑是不是变相的公务员福利,我看温州的设计还是比较周到的,因为它给每一位参加车改的公务员办了一张市民卡。请注意,车改的钱并不是作为现金直接发到他工资账户里的,钱就放在市民卡里面,应该属于专款专用,不能提现,体现了公共用车和费用的相对应关系。当然他如果用得节约,历年结余仍然可以归自己使用。第三,我觉得更重要的是,算小账,更要算大账。按照温州现在车改的设计,目标是节省公车费用的 15%。根据相关车改部门给出的数据,是 2000 多万元一年。杭州市是比较早实行车改的城市,按照媒体的公开报道,两年时间,整体公车车改前后的费用节省了 3000 多万元。所以,算小账,但可能更要算大账,这样看问题的角度才是比较务实的。

主持人:好,那我们再来算一笔账。算什么账?关于这次公车拍卖的价格。6 月 24 日,首批 215 辆公车顺利成交,起拍价平均每辆是 3 万块钱。我们来看成交价,最低的成交价是 5000 块一辆,平均下来的每辆成交价是 4.67 万元。所以听到了争议,这是不是国有资产的流失。

章　丰:要从两个角度去看,第一,它的标的物。5000 块钱可能是最低的标准。个案很难评判,要去看平均数,然后要去看它的标的物。应该说这次温州总体拍卖的车辆,平均车龄达到 9 年,10 年以上的占了 31%。所以从这个角度讲,它的标的物和最后的成交价有没有对应关系,可以做个更客观的判断。但是更重要的一点,就是拍卖是不是公开透明地举行。如果公务员拾利自肥,把所有的车都封闭在公务员体系里面拍卖,一定会拍出猫腻来。但是根据公开报道的有关材料,这一次温州车改是通过向社会完全公开的方式,由专业拍卖公司来操作拍卖。也就是说,温州的市民也可以平等地参与公车竞拍。最后人们都是用脚投票的,这种市场化的选择,这种理性的选择,会让拍卖的价格走向一个相对合理的区间。当然它也不是没有问题。在我看来,回应质疑最好的办法就是,把拍卖的成果非常详细地在网上公示,包括 5000 块钱的那辆车,到底车龄几年,什么品牌,行驶了多少公里。我想每个人都会用自己对汽车的购置经验，来作出一个公允的判断。

主持人：你提到了市场化，关于市场化我们又有点质疑。因为这次温州车改的一个思路就是“近程货币化，远程市场化”，因此又存在一个租车公司。我们一起来看看这个租车公司是什么样的。它叫做温州市公务用车服务有限公司，政府指定，有官方背景，只此一家，而且是5月7号才注册的。所以请问您提到的市场化，这是不是存在左手倒右手，国有企业垄断经营的问题？

章　丰：在我看来，它当然不是个最好的方案。最好的方案应该是由完全平等的市场主体来承接远程市场化的相应业务，这才是最合理的。但眼下这个阶段，它有一定的合理性，主要是两条：第一，首先要肯定它，市场化是一种进步，而且因为在这个所谓的公车出租公司里，在车改前期还有一个保障公共用车的公共性服务需求。也许采用左手倒右手的方式起步，看上去没有充分的竞争力，但是它会在车改的起步阶段有效地保障车改的平顺性。还有一点，我相信温州当地的部门也考虑到了，就是对原来庞大的司机群体的安置需求。所以这不是一个好的方案，但也许是一个比较务实的方案。

主持人：但现在很多人也在担心，虽然公车拍卖了，那些官员真的就没有车坐了吗？我听到温州某事业单位的公务员在接受记者采访的时候，说了这样一段话，说很多部门下面都有一些协会。协会的车改又不在这次车改的范围之内，领导会不会让他们派辆车？而且这些部门的领导还可以向主管的企业伸手要车。所以争议是车贴照领，公车照坐。

章　丰：不是没有这个可能。这也是所有的车改遇到公众质疑最猛烈的一点，也是人们的一个终极担忧。有没有最终解决的办法？我觉得可能要随着整个政治的透明程度和舆论监督力度的真正提高，才能彻底杜绝这个问题。但是温州这一次还是有些安排，我注意到是四个字：管人，管车。管车，温州有一个叫“四统一”的做法，我认为还是比较靠谱的。所有的公共用车统一标识，统一停放，统一加油，统一维修。尤其是统一标识，如果把所有的公务用车都刷上像出租车一样比较明显的标识，那么公车私用就会比较有效地得到遏制。还有一个就是管人，管住车还得管住人。如果伸手向下属单位要车怎么办？我注意到，温州出台了一个“九不准”，其中就提到，比如不能向下属的协会、企业进行公共用车的摊派，然后把“九不准”纳入领导干部的述职述廉里面。这个制度在我看来，仍然是对现有廉政制度的一种补充。能不能真正把“九不准”落到实处，可能是温州市车改最后能不能行之有效的关键所在。

主持人：所以您看，因为受到了舆论的广泛关注，那么在压力之下前行的温州车改，目前的进展情况究竟怎么样？我们马上来连线温州市机关事务管理局车改办主任陈波，我们一起来听听他的说法。

陈　波：最近我们才发现，大家可能都很关心车改这一块。关心以后，大家也提出了一些不同的意见，尽管他们可能不了解一些情况，或者说对于一些问题有他们自己的见解。对这些关注、关心，我们都表示非常感谢。我们在工作当中，特别在实施过程当中，会根据大家的意见和建议去考虑，怎样把握必须注意的一些问题，在过程当中能够不断提出意见，把它实施好，让整个车改工作能够一步步往前走。按照我们市里制定的实施意见，我们现在正在紧张、有序、忙碌地进行当中。对于一些人员车补的情况，我们也正在进一步对接。一共 335 个单位，目前我们手头的方案已经基本上弄清了。

主持人：好的，谢谢陈主任。其实你看，我们在种种的质疑声当中，也听到了很多肯定的声音。比如说长期研究公车改革的全国人大代表，湖北省统计局副局长叶青也很关注这次温州的车改。他的评价是说，不是最好，但有新探索，值得肯定。同时他还提出，车改，改的是领导的特权意识。

章　丰：没错。我认为这是车改在经济意义背后更重要的政治意义，或者叫社会意义。其实公车改革，改的最重要一点，是对官本位的冲击。其实公车消费背后有一个“官轿意识”，在古代的政治社会传统里，官员出行是讲仪仗的，什么样的官员是八抬大轿，什么样的是四抬大轿。其实在我们的公车配制和使用过程当中，不可否认，也有这种“官轿意识”的存在。公车改革真正要冲击的，是这种“官轿意识”，也就是官员的特权意识。杭州市是实行公车改革比较早的城市。我认识一位杭州市的领导干部，他已经参加车改了。有一次他就半开玩笑地说，现在车改挺好，这样我退休以后就不需要适应期了。原来坐在专车里面，不知道公交车上有多挤，更不知道公共自行车应该怎样租借。现在他很溜，会熟练地使用公共自行车，很多时候也会采用步行的方式，摒弃了车轮上的出行。在我看来，这种官员特权的意识从公车改革开始消减，是一个非常好的切口。这种官员特权意识的消减，对我们整个国家未来的社会发展，对官员形象的塑造，都是一剂良药。

主持人：温州车改可以引发如此多的舆论焦点，我估计可能温州方面自己也没有想到。因为改革刚刚开始的时候，主持车改的温州市机关事务管理局就在官网上广而告之，说欢迎广大媒体朋友来电垂询，但时至今日，多位温州市政府的中层干部都表示始料未及。所以你可以隐隐听出，他们心里其实非常有压力。

章　丰：我个人有一个观点，媒体真的不要棒杀车改。温州的车改被称为"史上最彻底的车改"，非常不容易。除了温州市的省管干部之外，所有从正处级开始的单位一把手，车子统统取消。在这种最彻底的车改面前，对改革者而言，尤其像温州这样属于提前吃螃蟹的群体之一，在这个过程当中，改革者承担了很多的质疑。而那些没有改革的人，更多的是躲在那里享清闲。我觉得媒体在对温州车改提出良性的、建设性的质疑、批评乃至参与监督背后，还是应该给先行的改革者留出更多的空间，给它推力，而不是用舆论的暴力把它淹没在口水中，让车改最后在压力下走形，乃至不了了之。

主持人：说到这里，章老师对于温州车改最大的期待是什么？

章　丰：一句话——宁要不完美的车改，不要不车改的敷衍。

主持人：其实提到温州人，我们总会想到是第一个吃螃蟹的人。而改革开放 30 年来，温州创造了太多的传奇，带给了我们太多的惊喜。所以对于这次温州车改，我们没有道理不给予它足够的期待。当然你可以挑刺，可以质疑，但是同时，我们是不是也可以试着多给他们一些掌声和鼓励。

医患双向签字　管得住"红包"吗

主持人：近日，卫生部出台了《加强公立医院廉洁风险防控指导意见》，其中有一条规定引起了大家的热议：患者在入院时要签订医生不收"红包"、患者不送"红包"的双向协议。

8月1日，卫生部发布《加强公立医院廉洁风险防控指导意见》征求意见稿。其中规定，为防止收受"红包"、回扣、过度检查治疗、乱收费等损害群众利益问题的发生，要实行医患双方签署协议书制度。患者入院时进行医生不收"红包"、患者不送"红包"双向签字，协议书纳入病案管理。此举引发社会热议。一纸协议能否根治屡禁不止的"红包"痼疾？多位专家表示，还是必须从制度上保证医生不收"红包"，让医生有更高的合法收入，拿"红包"的医生要承担相应的法律责任。但在记者采访中，不少医生称，医生是个高风险、高门槛、高强度的工作，收入并不高，"红包"是劳动价值的扭曲体现，且"病人大多是自愿给红包"，这与违法犯罪是两回事。

主持人："红包现象"其实已经是根深蒂固的一件事情了。卫生主管部门在遏制"红包"方面也做出了很多努力，比如在医院大门口、问诊处、病房门口都贴着"拒收红包"的警示牌，甚至有些地方还公布了举报电话。但我还是很奇怪，这次卫生部为什么会郑重其事地以条文的形式来规定拒收"红包"这件事情。是心血来潮吗？

章　丰：在我看来，肯定不是心血来潮。我注意到，这次媒体把双向签字、拒收"红包"作为解读的重点，但事实上，在卫生部出台的这项规定背后，是整个配套的政策举措，就是加强公立医院廉洁、控制风险这样一个系统性的规定，它包括了四个方面，除了我们刚才讲到的患者满意度、医德医风这块内容，还有医院的廉政管理，以及供应商诚信管理等，是一个比较庞大的制度体系。我很愿意在《相对论》一开始，在我们解剖一个新闻事实的时候，尽最大努力帮助观众还原新闻事实的整个背景，因为大部分的人在看新闻的时候都不太愿意去深入了解新闻全景，但我恰恰认为，我们《相对论》讨论的起点，应该是一个完整的新闻背景，这样我们的讨论才会更加理性。

主持人：可我还是听到了很多质疑声，比如有人说，杜绝“红包现象”仅靠一纸双向协议是否奏效，是否可行？有没有可能在协议的背后，还是会出现一手签字一手收送“红包”的现象？甚至有一位网友写了一首打油诗说，医院把病治，“红包”视为耻，看似件好事，实则走形式。

章　丰：走形式，肯定是大多数媒体会产生的疑问，也是公众容易产生的疑问。但是在我看来，即便是对“不收红包”这种常识的重复，即便只是一纸协议，也是签比不签好。它是医院行政管理部门的一种姿态宣誓。而且有一些医生是一直拒收“红包”的，这些高尚的医德需要有一种正向的标识作用，让它凸显出来，否则“红包现象”很容易让大家习以为常，而高尚的医德则会变成一种逆淘汰的现象。

主持人：我还是坦白承认，其实关于送“红包”这样一件事情，我曾经也做过。当时出于什么考虑，一是觉得大家都在送，你不送的话，心里有点过意不去，不放心；二是，你知道病房很紧张，主刀医生很紧俏，所以觉得送了“红包”以后好办事；第三，凭良心说，其实也出于对医生的一种感谢。所以，你懂的。

章　丰：我相信几乎没有人能够绕过“红包”这件事，“红包”让大家又爱又恨，收不得，退不得，非常尴尬。所有的人，吃的都是五谷杂粮，都要去医院，去了医院，“红包”就是每个人绕不过去的一个尴尬命题。从某种意义上讲，“红包”已经成为中国社会极其顽固和强大的一个潜规则。你刚才讲了三个理由，不排除一些人是因为发自内心的对医生的尊重和对他优良医德医风的回报，所以给了“红包”。但我相信，更多的人都是在一种无奈的情况下陷入了这个潜规则，因为医院资源有限，因为人家都送你不送，你就不会放心。这让我想起一个很多家长会遇到的问题——教师节给不给老师送“红包”。送，好像从道德层面来讲，觉得学校不应该有这样一种金钱污染；不送，其他孩子的家长都送了，咱要不要送。所以，“红包”真的是中国社会潜规则在医疗领域的一个顽疾。

主持人：我在《长沙晚报》看到有评论说，对于送“红包”，人们是恨之切，却往往又在经过一番纠结之后不能免俗。送，自己的心在滴血；不送，又怕手术台上的亲人出事。大家都期待不用送“红包”就能够享受公平的医疗资源。但是正是因为期望值高，对于这一纸协议能否铲除医疗“红包”这个根深蒂固的潜规则，人们才会满腹忧虑。

章　丰：“红包现象”背后最主要的原因就是两个，第一，优质医疗资源相对来说是比较稀缺的，人们送“红包”，某种意义上也是出于一个插队的心理。因为优质的医疗资源有限，刀开得好的就那么几个医生，人家都在送“红包”，你能不送吗？所以要真正杜绝“红包”的土壤，关键是在优质资源的供给上做文章。还有一点非常重要的，就是折射出了医患之间缺乏信任这样一个比较悲催的事实。我们在《相对论》中多次讨论过医患纠纷，甚至还有一些极端事件，比如哈医大医院的年轻医生在冲突当中被杀害，让人非常痛心。这背后折射出的无外乎就是，在当下医疗资源紧张的状况下，医患双方信任感的缺失。这也是很难靠一纸协议杜绝“红包”这样一种公众疑问的由来。

主持人：接下来我们马上来连线一下业内人士，杭州市第六医院感染科主任喻剑华，听听他对于这次出台的征求意见究竟是怎么看的。

喻剑华：我作为多年协议的医生，我觉得现在医生收受“红包”的现象已经非常非常少见了。我身边的医生，可以说，几乎绝大部分都没有这种现象发生。即使有个别可能存在这种现象，我想也是有几种可能：一是有些病人强烈要求送，觉得送了才踏实，那么医生有时候为了让病人的心情比较安定，稳定病情，就收，收了之后返回给病人。卫生部的这个要求，我觉得作为管理方式是可以的，但是对不收“红包”的医生来说，没有任何意义。对于收“红包”的医生来讲，可能有一定的警醒作用。当然关键是要从我们国家的整体医疗体制上去改革，解决这些问题。比如公立医院投入不够，医护人员的待遇还是比较低下的，要从综合方面进行改革，才能改善目前的整个医疗环境，使医生正大光明地，没有任何私心杂念地为病人服务。要有体制，有监督，各方面宣传教育都要到位，从整体上提高医生的医德水平。

主持人：其实不收“红包”本来应该是职业底线，现在居然需要卫生部以条文的形式来规定，可见“红包现象”究竟有多么泛滥。我想起前段时间出现过的“史上最冤枉医生”。在江西高安市的一家医院，有一位骨科医生退还了车祸受伤者家属给的500元“红包”，结果患者理解为可能是嫌少，结果这个医生的头部被患者打伤了。难怪有很多医生在接受记者采访的时候，对医生这个行当做了定义，说这是一个高风险、高强度、高门槛，却不是高收入的职业。

章　丰：没错。我觉得按照现在职业的风险度，和他所承受的精神以及体力的压力相比，医生现在的收入，尤其是桌面上的收入，尤其是他技术性服务的收费，明显是偏低的。现在我们一方面对医院里的大处方和过度检查有很多抱怨，但另一方面，因为我的亲属和朋友当中做医生的很多，所以我了解他们放在桌面上的收入，阳光性的收入，实际上跟医生的劳动强度，以及他本身学养的积累，以及所付出的学习成本而言，是非常不对称的。我有一个观点，应该要高薪养医，或者说要高薪养廉。医生的“红包”，毫无疑问是损害职业尊严、消弭医患信任的一种不健康的东西，是一种行业腐败。但你要真正把这种腐败去除，可能高薪养廉是比较靠谱的方法。

主持人：章老师说到双方签双向协议拒收“红包”这个事情，我突然想到，我们也曾经听到过，老板集体宣誓说不欠薪，但是欠薪问题并没有因为他们的宣誓就得到根本性解决；你也听到过公务员宣誓不受贿，大学生宣誓毕业简历一定不注水，包括司机宣誓不闯红灯等，但这种现象并没有因为宣誓而减少或者消失。所以我在想，我们回到拒绝“红包”协议这件事情上来，如果没有一些配套的措施，没有严格的问责机制，那么我是不是也可以理解为，宣誓的效果并不那么乐观。

章　丰：一定是这样。如果在宣誓和一纸协议的背后，没有强有力的刚性约束，没有严格的问责机制，那么它一定是一纸空文。你刚才举了很多行业的例子，他们都有对廉洁的宣誓和所谓的承诺的行为，其实国家在《职业医师法》里对收"红包"这样的现象是可以严厉问责的。我去查了一下，《职业医师法》上面讲得非常明白，如果医生利用职务之便，索取非法收入或谋取其他不正当利益，情节严重的吊销职业证书，如果构成犯罪的，依法追究刑事责任。但在实际操作过程当中很难执行，因为能够收"红包"的医生，往往是医院的职业骨干，而且"红包现象"处在灰色地带，你很难界定出患者背后的自愿性到底有多强。如果在签单拒"红包"的背后，把"拒绝"的"拒"变成"惧怕"的"惧"，让他签单惧怕"红包"，有很严厉的追责机制在等着他，比如收"红包"可能会对他的职业产生重大风险，甚至牵扯刑责，那么这一纸协议就不会那么没有约束力。在道德层面的宣誓之外，引向一个严厉的法律后果，在这种情况下，可能医生收"红包"的现象能够得到一定程度的有效遏制。

主持人：所以还是需要司法介入。"红包现象"说到根子里是一个什么问题呢？全国政协委员、丽水市人民医院副院长雷后兴，早在去年"两会"期间就说过一句话，说医院要生存，不是政府掏钱养，就是百姓掏钱养。他认为问题出在"医改"上。医生也要挣钱，如果政府不投入，医院只能创收，百姓永远"看病贵"。

章　丰：这位雷院长讲出了一个比较核心的问题，就是"医改"的政府投入，这一点没有错。其实我们公平地讲，这几年中国的"医改"还是在朝着健康的方向快速推进，这三年来我们国家"医改"取得的成绩还是比较大的。按照卫生部披露的数据，现在基本医疗已经覆盖到了96%的人群。但是毫无疑问，现在医疗资源的供给仍然存在不足。第一个问题是过度医疗，我们有一部分群体享受了过度的医疗资源，这是一个公认的不合理现象，它需要被逐步消灭。但对更多的普通社会公众而言，他得到的优质医疗资源的供应严重不足。从这一点上看，雷院长讲得没错，我们必须要加大优质资源的供应。政府的投入是首要的责任，必须坚定不移按照现在医疗体制改革的目标，加大政府投入。但是还有一点，回到我们浙江民营经济特别发达的省份现状来看，应该尽最大的努力打破医院门槛，鼓励更多的民营资本介入医疗领域的建设和发展，在这个过程当中，让民营医院在盈利医院的模式下面有所为、可以为，让他们在政府投入的背后起到良好的补充作用，共同来为全社会提供丰富的有差别的优质医疗资源。

主持人：让老百姓有更多的选择权。所以对于这样一份拒收拒送“红包”的双向协议，您的一句话总结是？

章　丰：我的一句话——除了桌面上的协议，我们还需要桌子底下扎扎实实的医疗改革。

主持人：所以，如果签字有用，还要规则干吗？拒绝“红包”，尚需“医改”给力。

孩子们那些事

从“零择校”说起

主持人：我相信，孩子的很多问题都会让父母操心很久，其中困扰家长最多的就是孩子的上学问题。学区、择校，我不知道已经有多少家长为此头疼过，又有多少家长正身陷其中。在择校的问题上，很多家长已经看到了最新的进展。我们不妨先来做一个梳理。

今年2月，浙江省教育厅发布被称为“史上最强的控制择校措施”，2012年起，浙江公办中小学的择校率将控制在5%以下，录取学生信息、家长姓名、户籍关系、家庭地址等结果向社会公布。此后，各地开始制定具体方案。目前，杭州市公办中小学控制择校的方案已基本确定，今年开始，杭州公办中小学全面取消择校生，公办小学、初中的择校名额，今年一个都不留。公办学校招生不再采用摇号形式。招生结果向社会公布，公布录取学生姓名，接受社会监督。杭州市的择校方案已经上报省教育厅备案，如顺利通过，具体操作信息将在清明小长假后向社会公布。

杭州市最新制定的控制择校方案有三个特征：首先是执行力度更大，态度坚决，不提“5%以下择校率”，直接将择校率控制为零。对每一所公办中小学规定，没有择校生，也不得收取择校费。其次，出于安全和隐私保护等因素考虑，调整招生信息的公布范围，招生后不公布学生家庭地址，不公布家长姓名，只公布录取学生姓名。此外，当报名人数超过学校招生计划时，不会采用摇号形式，按照“住户一致”优先原则，按规定的先后顺序录取，未能录取的学龄儿童由区教育局按相对就近原则统筹安排至附近学校就读。

主持人：具体细则将会在清明小长假之后有一个回应。从目前来说，请允许作为家长的我，在听到这个方案的时候，先打第一个问号：以后真的不会再出现择校现象了吗？章老师刚好是正在纠结的家长之一。我想问一下，当您看到这条新闻的时候，您的第一反应是什么？是释然，还是多了新的困扰？

章　丰：首先当然是释然，因为没校可择了，就不用花心思。第二，确实每个人还是会有疑问，5%本来就是让大家觉得比较困难的事情，因为择校由来已久。那么到了杭州市，干脆就一刀把它切到0%。真正在执行的过程当中，从教育管理部门到学校，他们能够扛住这种压力，在社会各界的共同参与和配合下，真正把这个"0%"变成现实吗？可能每一个家长心里还是会有点嘀咕。

主持人：其实择校这件事情是由来已久，久治不愈的，我可以称它是顽症。那么既然是顽症，我们就必须得下猛药。从目前看到的方案来说，应该算是挺猛的一剂药，因为放眼全国，没有过零择校的现实。

章　丰：对，好像全国都没有像杭州市那么大的决心和力度。为什么说它是由来已久的一个顽症，因为择校本身虽然带来了一些教育的不公平，但它有一定的合理性。凡是存在，一定有它的合理性，因为我们教育资源的分布真的不均衡。如果所有学校的教育质量都差不多，哪个家长愿意去择校？因为我们在生活条件好了以后，在有能力的情况下，我们总是想给孩子创造更好的条件，创造靠近优质教育资源的机会。这是择校的第一个原因，现在也仍然存在，土壤并没有消失。第二个原因，是教师和学校的冲动。即便不能收择校费，学校还是有掐尖子生的冲动，因为每个学校的重高升学率，是校长拿出去展示教育绩效的最重要指标。现在请问，这个评价体系改变了吗？也没有改变。还有一点就是我们的特权意识。我觉得在教育的土壤里面，我们的特权意识不可能突然就消失了，因为整个社会的特权土壤并没有消除。所以作为一个顽症，无论是家长的冲动、学校的冲动还是社会的特权冲动，其实都没有完全杜绝。在这种情况下，要真正做到零择校很难，确实需要下一剂猛药。

主持人：所以基本上是一个愿打、一个愿挨的这样一种土壤。所以我说，既然要下猛药，从目前的方案来看，至少零择校确实挺猛的。

章　丰：我觉得其实也没有更多的办法。在教育厅的指导意见下面，在零择校的背后，我觉得它无外乎抓住了一个关键点，就是公开。我仔细看了报纸上披露的消息，是做到三个公开。第一，学校每个班有多少名额全部公开，所谓不留后门，能招几个全公开。第二，招生整个过程的政策是住户一致，一表、二表、三表是怎样的标准，全部公开。第三，招生的最后结果公开到学生姓名为止，也是全部公开。我想如果真的能彻头彻尾做到三个“公开”，倒不失是一剂猛药。因为公开、阳光是最好的防腐剂，公开可能也是给自己创造一个被监督、被推动环境的最好办法。

主持人：现在我们不妨连线杭州市十三中的教导主任马景秀，来听听学校方面的看法。马老师您好，我们最近看到杭州市出台了一个零择校的方案，我非常想听听，作为学校，对这样的一个方案到底是持什么样的态度。

马景秀：如果说这个文件是下发下来的，它应该是有几个方面的考虑。一是为了减轻学生的负担。因为不管是民办择校还是公办择校，都是要通过考试进去的，这样无形当中加大了学生的负担。二是考虑到学生享受教育公平的问题。三是防止教育腐败。所以如果真的是教育局下发了这样的文件，我想对消除这三个方面的问题，应该是有一定的帮助的。

主持人：其实作为家长来说，有一点非常担心的是，学校方面真的可以做到吗？

马景秀：那肯定是百分之百、不折不扣地贯彻这个文件。文件这样下来，肯定有一些保障机制、实施细则会出来。如果是零择校，就会公布一些学生的公开信息。因为涉及学生的利益和家长的利益，他们自己也会相互监督。当然作为学校，也会欢迎社会，欢迎媒体随时监督。我估计这应该不是大问题。

主持人：好的，谢谢马老师。在马老师跟我们的连线当中，我们听出来，其实学校方面的决心还是很大的，并且说，只要上面出台规定的话，一定会贯彻好，执行好。但我其实还是有点担心，就算是以小人之心度君子之腹。择校费可能是没有了，但有没有可能会变相收取赞助费、助学费等这些费用？

章　丰：从浙江省 2 月份的指导文件到杭州市目前披露的信息来看，它会在制度设计上，把赞助费和支持学校教育的其他形式的资源，跟招生名额的兑现截然剥离开来。那么最后这仍然是学校执行的问题，当然也有社会公众和媒体监督的问题。我倒是觉得，更应该动脑筋的，或者咱们更应该再琢磨一下的，是择校背后试图求解的问题。零择校的政策并不能完全解决真正的教育公平问题。

主持人：我们可以理解为，择校费只是一种表现形式而已。如果我们没有办法找到内在体制的求解之道，那所有停留在表面上的兜兜转转，都是无解。

章　丰：其实零择校背后所要达到的一个终极目标，确实是实现教育公平。而教育公平这个话题，又确实是一个非常大的话题。在我看来，这一次的零择校至少切中了一个非常重要的环节，就是教育资源的均衡配置。如果真正要破解教育均衡的问题，核心是两条。第一就是，回到我们“两会”期间讨论的一个话题，公共财政对教育的投入，尤其是对基础教育的投入，真的不能再耽搁。第二，在教育均衡的配置过程当中，能够真正地营造一种公平的氛围，在优质的教师资源上，在人才软件的配备上，怎样让现在形成优势的名校资源，更好地向其他的普通学校倾斜和分配。因为接下去会有问题了，如果不择校了，那么怎么样把就近到学区里面入学的那些孩子稳住，真正把他们培养好，这恐怕也是一个很重要的问题。如果说不择校了，大家就近入学了，但是教育质量差距非常大。你可以想象，它背后的反弹会非常厉害。这种反弹在我看来，也许有一天又会让择校政策开倒车。

主持人：谈到教育资源的均衡化，说起来很简单，其实这条路很长，并且比较难走。所以您刚才也提到，当教育资源的优势和劣势特别明显的时候，作为家长会怎么想。我的孩子如果在这儿上学，我势必要考虑到他以后升学的问题，他以后前途的问题。所有的家长都会这样想，对吗？孩子以后的前途，可能没办法得到保障。

章　丰：对。所以在击中教育公平这个顽症的时候，除了择校这个进口要把住之外，还有非常重要的一点，就是出口。也就是说，升学的指挥棒要跟零择校的教育公平引导政策配套起来。这一点现在已经在做了。杭州市现在明确的政策是,八所重高有50%的名额要拿出来,按照生源的比例,均衡分配到所有的初中学校,也就是民办学校和公办学校,所谓的重点公办或者叫优质公办,和普通的公办学校,这里面的学生按照比例能够拿到的杭州前八所重高的保送名额是一样的。所以这就是在招生的出口导向上,消解了人们去择校的一种冲动。

主持人:我看到广州市教育局长有这样的一个说法,说解决择校问题的终极目标,并非彻底消除择校现象,而是使择校成为一种人才个性发展的需要。如果校际之间软硬件的差距缩小到可以忽略不计了,家长择校自然会开始考虑孩子个性发展的因素。这是教育发展的逻辑,也是教育发展的趋势。

章　丰:说得太对了。如果有一天,我们是因为个性而择校,我们的大学也是因为个人的特长而进行招生的话,那一天,孩子们的教育才能真正回归到本来的意义。

主持人:来,一句话总结我们关于择校费这个话题的观点。

章　丰:我们就表达一个祝愿吧,但愿今后孩子们不再择校,而是选择学习的快乐。

拿什么拯救男生危机

主持人：最近，上海正打算要建一所男子中学，这引起了广泛热议。男子中学意欲何为？章老师，您有一个儿子，而且在前两天的节目当中，您已经向我们坦白说，目前正面临着择校的困扰。您看，现在多了一个选择，男子中学。小章同学要不要试试看？

章　丰：恐怕我不会让孩子去试一试男子中学。男子中学其实真的不是新鲜话题，在100年前，在上一世纪的中国，因性施教早就已经是一个来到公众视野的教育现象。只不过有个非常有趣的现象，100年以前，我们的因性施教是成立女子中学。那时候为了什么，为了给女性平等的教育权，可以讲是为了拯救女孩。100年过去了，在我们的“东方大都会”上海，现在为了拯救男孩，又出来一个因性施教的现代版教育示范。所以这真的不是一个新鲜话题，但在这个话题背后，学校和家长对男子中学抱有的期待和焦虑，还是很有意思的。

主持人：我们原来知道的是因材施教，现在是因性施教，而且这次的因性施教是冲着男孩来的，因为男生危机。男生什么危机？阴盛阳衰，男孩女性化。我特地去留意了一下身边的男孩子，男孩真的有那么娘吗？已经到了需要我们去拯救的程度吗？

章　丰：我的观点是不需要。我注意到，在媒体对上海男子中学的报道过程中，无一例外会引用一个男孩女性化的典型人物，就是选秀节目里著名的“伪娘”刘著。在这里我有两个观点，第一，我真的是很反对他们把刘著作为一个“伪娘”的标签，贴到这一代男孩身上。在我看来，这更像是一个媒体的阴谋。第二，我一直都不觉得男生有危机。其实如果一定要说男生危机，是男生的应试危机，就是他们在现在应试教育的门槛面前，真的是碰到了一点点问题。似乎和女孩子的竞争过程当中，男孩会遇到一些小小的挫折，或者说是群体性的挫败。但所谓阴盛阳衰的男生危机，其实我并没有看到。

主持人：当这个话题出来以后，网上有一个叫“午夜战神”的网友，表达了这样一种担忧。他说，进男子中学的青春期男孩，周围都是同性，会不会适得其反，会不会培养出更多的“伪娘”和同性恋？固定的环境或许反而是一种束缚。我特意询问了办公室里所有的男孩父亲，这是他们同样的担心。因为当你把他们的性别进行弱化的时候，他可能更加不知道自己是一个男子汉。

章　丰：本来，刚柔相济是人类社会发展的一个基本规律。把男孩子们圈养起来，一定不是一个具有大范围推广意义的样本。我今天还看到一条非常有趣的新闻，今天杭州本地的报纸报道，杭州市长河中学出台了一个规定，高二的男生和女生之间，日常接触不能近于50厘米。学校里的一位老师接受采访的时候说，现在春暖花开，为了防止孩子们过于亲密，给他们打个预防针。这位老师真的太可爱了。已经是21世纪了，出台这样的规定，用心可以理解，但是把孩子们隔绝开来，把男孩子圈养起来，我始终都不觉得这是让他们形成正确性别意识的好办法。

主持人：我们一起来看个调查。《东方早报》上有一组关于设立男子中学的调查，看看大家的意见是怎么样的。有很多选项，第一个是赞成，第二个是反对，第三个是怀疑，第四个是好奇，第五个是保留。赞成的是82人，然后占比最大的是反对，反对的理由是觉得教育不改，男校只是噱头。“噱头”这个词用得非常有意思，因为现在很多教育其实都是卖概念。

章　丰：男子中学概念的兴起，确实折射了我们家长，包括社会上一些人对男孩在某一阶段成长、发展的一种焦虑。这种男生焦虑或许不能单纯通过设立男子学校的方式来解决。我们其实应该去挖一挖，到底应该用哪些手段，来真正培养出男子汉，来综合解决这个问题。在我看来，男子中学值得尝试，但是不必期待。我们真正应该期待的，第一，应试教育体制的转轨。因为在应试教育的门槛面前，女孩子和男孩子相比，的确容易出现阴盛阳衰的现象。所以我们应试教育的体制真的得改。第二，就是家庭教育。因为男孩子并不是在学校里面培养起来的，他更多的时间是在家庭里面。而在独生子女成长的过程当中，男性的角色往往是缺失的，因为父亲跟男孩子相处的时间，远远没有母亲那么多。所以，家庭教育也是非常重要的。

主持人：您还是老实交代一下，在家里陪儿子的时间是多少。

章　丰：现在好一点。以前做报纸的时候，跟儿子在一起的时间真的非常少。所以我觉得，自己肯定是一个不太称职的父亲。像我这样不太称职的父亲，恐怕有很多。正是我们这些不太称职的人，造成了男孩子成长过程中言传身教的缺失，让孩子们在妈妈的管理下，在举手投足之间，少了一点阳刚气。

主持人：我其实特别想推荐一本书给大家看，就是《好妈妈胜过好老师》。这本书也值得男同胞去看一看。在这本书当中有一段话，我可以给大家念一念："世界上没有一个国家的教育体制，能完美到可以解决每一个学生的个体问题。每个孩子都是一个独有的世界，他的成长取决于和他接触的家长和教师给他营造的，直接包围着他的教育小环境。这个小环境的生态状况，才是真正影响孩子成长的决定性因素。"你看，他是把家长放在第一位的。在这里我特别想说，其实父亲对孩子性格的影响是非常重要的。

章　丰：学习并且反省。但是我还想给你补充一个观点。你刚才讲到好妈妈胜过好老师，我再给你加一个：好社会胜过好学校。因为孩子们并不是在真空里面长大的。所谓在学校里希望塑造孩子们的阳刚之气，其实勇敢、担当、正义这些品质，更多的是社会教给他们的。如果这个社会没有足够的阳刚之气，那在校园里成长起来的小男子汉们，身上会有阳刚之气的投射吗？所以，好社会胜过好学校。

主持人：我们现在不妨来连线一下，上海 21 世纪教育研究院的副院长熊丙奇先生。我们来听一听，他对上海建男子中学这件事，持什么样的态度。您好，熊老师。我们现在正在聊男子中学的话题。有人提出了男孩危机，您觉得建立男子中学对化解男孩儿危机有用吗？

熊丙奇：我觉得这是起不到什么作用的，因为我们现在的教育体系之中，实际上对学生的要求就是他的学科成绩好，进行的是知识教育，忽视了对学生的人格教育和心理教育。在这种情况下，我们单纯地推出一所男子中学，还是存在原有的灌输模式，而最核心的关键问题是，要整体改变我们的教育平台体系。

主持人：那么您觉得办男子中学对教育多元化有没有帮助？

熊丙奇：如果从办学多元化的角度来说，我觉得是没问题的。我们可以探索一下办男中、办女中，这些都是多元化的存在。如果说他在整体解决了评价体系的问题之后，针对男生的特点推出个性化的教育，这是无可厚非的。教育就是多元的，他的需求是多元的，教育的形式和内容就是多元的。我们应该在整体的多元平台形式之下，来思考对学生的多元选择。

主持人：谢谢熊老师。

章　丰：其实熊丙奇给出的观点，和我们前面谈到的观点有很多雷同的地方。其实谈到这里，我特别想讲一个观点，拯救男孩，最终是为了拯救男人，因为男人是由男孩炼成的。但是我恰恰有个观点，我觉得男人是不需要拯救的。社会经济发展到今天，其实男女之间性别平等的意识在不断增强。更重要的是，社会已经从依靠肌肉的年代转到依靠智慧的年代，依靠精神力量的年代。女的可能会多一些阳刚之气，而男子汉身上可能会多一些女性的柔软气质。性别的弱化一定是社会进步所带来的必然后果，但性别的弱化不代表性别意识的弱化，也不代表男子汉担当意识的弱化。只有在一个开放的、交融的社会环境里成长起来的男孩，在一个健康的社会，在健康的教育环境下成长起来的男孩，才是我们真正希望见到的健康的、阳刚的男孩。他们成长起来以后，才是我们心目中真正的一代男子汉。

主持人：好不容易到了混搭的年代，现在又开始给他们一个单飞的环境。当然现在对于男子中学到底会有怎样的成果，我们现在说什么都太早，不妨让他们先试点。像章老师说的，我们可能并不需要对他们抱有太多的期待，但是希望他们能给我们惊喜。一句话来总结我们这个环节的观点。

章　丰：社会无硬气，教育不改革，男校始终是个噱头。

主持人：其实不仅对男同学，对所有的孩子都一样，并不是穿上了西装就会变成绅士，也不是生了孩子就会做父母。同样，不是你成立了男子学校，就一定可以培养出真正的男子汉。每个孩子都是一块玉石，关键在于，你拿的是锄头还是刻刀。

孔融让梨我不让

主持人:不妨先给大家来做一道题:如果你是孔融,你会让梨吗？这是目前在互联网上热议的一个话题。为什么从远古一直流传下来,教育孩子们谦让是美德的孔融让梨,在当下会引起如此大的热议？

“如果你是孔融,你会怎么做？”当这个问句变成语文考题,上海一名小朋友的答案是:“我不会让梨。”改卷的老师在这个回答上打了个大大的红叉,认为孩子答错了。可是孩子的家长不乐意了,认为“这道题没有固定答案,凭什么说真话就错了呢？”家长还把考题晒上微博,请网友评理,也因此引发不少争议。有网友认为,这位小朋友敢说出自己的心里话,很诚实,应该表扬,也有一些网友站在了改卷老师一方,认为孩子应该学习“孔融让梨”的精神,如果学了课文却学不会让梨,那课文不是白学了吗？也有网友认为,这是一道开放性的考题,自己怎么想就怎么答,无所谓对与错。那么,您觉得“孔融让梨我不让”是对还是错呢？

主持人:到底是对还是错？章老师,我想这不仅仅是一个选对或错的选择题。

章　丰:错还是对,我觉得还是应该首先问孩子们。所以我接到编导给我的选题以后,我回去跟我小学六年级的孩子探讨了一下。我问小章同学,你会怎么答？他说,我不会让。然后我告诉他,老师给你打了叉叉,你会怎么看？他说,我想在老师的叉叉上,再加一个叉叉。我是这么跟他说,我同意你的选择,这是你个人选择的权利。但是作为父亲,我要告诉他的是,答案无对错,境界有高下。我试图说服他,作为一个孩子,孔融让梨的境界本身还是值得我们学习的。

主持人：您可以告诉我，小章同学为什么也会选择不让吗？

章　丰：非常简单，因为小章同学觉得，一个四岁的小孩子，不可能在他那个年龄，做出如此高尚的谦卑礼让。他觉得这违反人的常性。

主持人：所以您看，其实当这道题拿到家长手里的时候，那位孩子的家长也同样问过孩子，说你为什么不让？孩子给出的答案和小章同学是一样的。因为孔融只有四岁，他怎么可能选择去让？所以很多人就开始拿孔融说事了，说孔融在四岁的时候就是个奇童，他可能会让。还有人说，孔融小的时候就是一个城府极深的小萌童，他年龄稍大以后，竟然抛妻弃子，落得个众叛亲离的下场。亲们，你们还让梨吗？

章　丰：对。孔融真的是一个神童。《三字经》里面就讲了，融四岁，能让梨。其实孔融真的是一个非常厉害的角色。他是孔子的第二十四生，在东汉名士里位列"建安七子"之首。就像你说的，这是一个在历史上非常有争议的人物，非常早慧，是个神童，但是一生非常坎坷，恃才傲物，一直抨击时政，最后得罪曹操，满门抄斩。所以在这样一个非常有争议的人物身上，在他四岁的时候给出的人生选择，尽管过去了那么多年，但今天作为一道语文题来到我们面前的时候，仍然非常值得我们琢磨。

主持人：可是我在想，不管孔融长大以后是个什么样的人，我们难道有理由对他四岁让梨的美德提出质疑吗？网上有一位网友叫"李大白"，他说现在很多人说孔融让梨是虚伪，我想知道，泰坦尼克号沉没的时候，让妇孺先走是不是虚伪。没有谦让的教育，哪来谦让的行为。

章　丰：我同意这位网友的观点，就是道德需要弘扬，方法需要改进。中国人提倡温良恭俭让，其实美德之所以称为美德，是人们要集体去追求的一个目标。但是你把道德上需要弘扬的标准变成一道语文题，变成一个标准答案来到我们面前的时候，这种教育方法是值得我们质疑的。同样是道德教育，我们不应该给出一个标准答案，而是应该给出孩子们思考和讨论的空间。在美国也有一个类似孔融让梨的故事，叫做约翰争梨。讲的是一个美国的妈妈，把家门口的草坪划成几块，让孩子们去修剪草坪，谁修得又整齐又平又快，谁就有资格拿到最红、最大的苹果。所以“约翰争梨”在现代社会成了一种孩子们竞争的方式。用讨论的方式、自主的方式对孩子们进行德育教育，也许更接近我们这个时代的性质和人性本身。

主持人：您说到约翰争梨，其实西方的学者也把孔融让梨拿到美国的孩子们当中去试，结果发现，当孩子选小梨的时候，他仅仅是为了博得大人的青睐，最后居然养成了撒谎的习惯。于是那些家长就鼓励选择小梨的孩子说，你具有友爱精神，同时赞美选大梨的孩子说，你具有好胜心。所以我想说的是，不管是约翰争梨还是孔融让梨，其实考的并不是孩子，而是大人如何去听取孩子的内心。

章　丰：对。我觉得这道考题真正考的其实是大人，因为教育是由大人设定规则，由大人主导气场，从而对孩子们进行投射和教育。谈到这里，我想起台湾著名的文化学者龙应台，她写了一本书给她的大儿子安德烈。在安德烈的成长过程中，他妈妈发现很难和他沟通，后来就用书信往来的办法。她跟她儿子的书信集结成一本书，叫《亲爱的安德烈》。这本书里有一段话让我感触很深，我们可以跟观众做个分享。龙应台对她的儿子安德烈说：“恐怕每一代的年轻人都比他们父母想象的要更复杂，要更深刻得多。所以我不会碰你，安德烈。我会学着问你，了解你。成年人在自己的惯性思维里，又掌握着制定游戏规则的权力，所以太容易自以为是了。问和了解，都需要全新学习的过程。你也要对妈妈有点耐心，帮助帮助我吧。”

主持人：刚才章老师跟我们分享的这段龙应台的话，其实可以引起很多家长的深思。我们要不要那么自以为是，我们要不要那么急于求知，我们要不要让孩子在芝麻绿豆大的事上告诉他，你要让。

章　丰：我觉得现在教孩子们谦让，还不如先教他们分享。这里我再拿我的小章同学来举例。他四岁的时候，在武林门幼儿园上学。他们老师有一个特别好的课程，我们家长都很喜欢，叫做分享课。其实非常简单，就是每个礼拜规定一天，小孩子上学的时候可以带着自己的玩具和爱吃的小零食到课堂上去，和其他的同学分享。透过这样一个非常简单的环节，让孩子首先学会分享而不是独占。我觉得在分享的基础上，再教会他谦让，可能会更靠谱。我在今天出版的《东方早报》上看到，上海复旦附中的一位高中语文老师也写了一篇评论。他说，教育的认知目标是有阶层性的。其实很好理解，一个孩子总是从记忆开始的，然后是理解、判断和应用，最后才是创造和发挥。其实孩子在那么小的时候，特别是小学阶段，更多的可能应该是大量阅读，不设框框的大量阅读，在阅读的基础上，逐步激发和培养他的阅读兴趣。在这个基础上，伴随他人生经历的成长，再去对道德进行判断，进行思考，进行发挥和创造。

主持人：其实有时候真的是大人有点急于求成，在对孩子进行超越年龄的教育，希望他分享，希望他在还不懂事的时候就谦让，这真的是很难。今天我跟章老师更多的是站在为人父母的角度上来谈这个话题。下面呢我们马上来连线杭州市青少年活动中心的主任黄建民，也是一位资深的教育专家。我们一起来听听，他站在教育者的角度，是如何来看待这道题的。您好，黄老师。我想问一下，关于孔融让梨这道题老师给打叉的做法，您是怎么看的？

黄建民：从他的本意来看，实际上是想通过学这篇课文，让孩子知道什么是谦让。但是出的题目，与其说考学生，可能还不如说是考老师。因为当学生回答“让”的时候，这是必然的。但是学生出现了“不让”这样的答案，这个时候老师就很难评判。孩子让和不让，其实更重要的是，我们在社会分配当中，在财富的获取过程当中，是不是在法律规范的前提下。与其说培养孩子让和不让，还不如先培养孩子知道怎样按照顺序，按照规则来办事。

主持人：还有人说，其实在这种情况下，应该先鼓励孩子把自己内心的真话说出来。

黄建民：对。所以这道题本身在道德上不存在对和错，只不过是说了一个事实。你不能说，不让是错的。不能这样去评判他。

主持人：好的，谢谢黄老师。

章　丰：刚才黄老师在接受采访的时候，讲到了三个主题词。第一个主题词是，没有对错。第二个，他认为道德教育应该建立在规则意识教育的基础上。第三，他提到应该首先认可孩子讲真话。回到这个问题，最本质的层面就是应该先有诚实。我们应该先尊重孩子，培养孩子具有诚实的品质。这里我想起韩寒说过的一句话，他说，人生的第一次说谎，总是从写那篇作文开始的。因为我们现在的语文教育，真的无法让孩子们选择诚实说话，而是被过度修饰，甚至有的时候被带到说假话的歧路上去。

主持人：我始终觉得，我们现在说真话的情况没有那么糟糕，尤其在中学生群体当中。但是我昨天看到了一组数据，确实是让我有点心惊。数据是中国青少年研究中心在 4 月 11 日公布的，特别耐人琢磨。90.2%的中国高中生对自己是中国人感到很自豪。与此同时，48.7%的中国高中生表示，假如自己能够选择，我希望出生在别国。一边是自豪，一边他希望自己是外国人。

章　丰：我觉得只能用一句话来解释，就是我们的中学生真的已经学会了习惯性撒谎，或者说自我矛盾地来表达自己。中学生是从小学生开始的，也许就是孔融让梨这样一套标准答案，在小学阶段就开始引导他们学会违背自己的本心，说不诚实的话。这里我又想到著名的教育学家陶行知老先生说过的一句话，他说教育最基本的目的，是培养真人。真，真实的真。他觉得所谓的真人，就是应该说真话，追求真理。

主持人：其实在《相对论》当中，我跟章老师已经讨论过很多关于教育的话题。我记得在男子中学那期当中，您跟我们分享过一个观点，就是好社会胜过好学校。如果我们现在的社会环境是一个说真话的环境，我们还需要拿孔融让梨来说事吗？

章　丰：对。你说到的就是社会的示范效应。整个教育体系解决不了培养一个孩子的全部问题。教育永远是由三个板块构成的，一个是学校教育，一个是家庭教育，另一个更大的，是社会教育。所以孩子们的内心，孩子们的价值观，其实是社会道德坐标在这一代孩子们身上的投影而已。只有健康的家庭，心智成熟的父母，只有在道德上蒸蒸日上、阳光透明的社会中，孩子们的学校教育里才会比较少地出现孔融让梨这样的是非判断，多一些让孩子们能够潜移默化、心领神会的道德滋养。

主持人：所以我们再回到孔融让梨这道题当中来。不让梨的问题，是到底应该实话实说，还是有标准答案？不让梨的判断，是该尊重个性，还是应该认为教育有瑕？一句话来总结您的观点。

章　丰：一句话——先有诚实，再谈美德。

主持人：聊到这儿的时候，让与不让真的没有那么重要了。重要的是，在当今价值多元化的社会当中，我们如何用更多的现代元素，去对经典教育样本进行重新解构。孔融让梨，这不是留给孩子的一道是非题或选择题，而是留给大人的一道论述题。

“理想”大学迷失何处

主持人:今天是特别的日子,5 月 4 日。对于这个日子,您是不是也有特别的感受?

章　丰:我在共青团系统工作了很多年,所以每年到了青年节,特别有感触,也会收到很多原来在一起从事青年工作的同事的互相问候。其实我倒是很想问一下电视机前的青年朋友,按照我们国家的规定,14 到 28 周岁的青年今天可以放半天假。你放假了吗?

主持人:而且在每年的青年节,大家可能都会讨论一个议题:我们这个社会究竟需要怎么样的青年?也有很多人关于青年会发表自己的一些观点。最近有一位北大的钱理群教授,他就发出声音,批评现在部分大学里面,青年有一些不良习气。我们先来看一段画面。

5 月 3 日,在武汉大学老校长刘道玉召集的“理想大学专题研讨会”上,北京大学钱理群教授语惊四座。他说:“我们的一些大学,包括北京大学,正在培养一些‘精致的利己主义者’,他们高智商,世俗,老到,善于表演,懂得配合,更善于利用体制达到自己的目的。这种人一旦掌握到权力,比一般的贪官污吏危害更大。”这段话被参会嘉宾发上微博后,迅速被转发 3.5 万余次。参加本次会议的嘉宾大多是教育界有影响的专家和学者,包括上海师范大学前校长杨德广、北京师范大学前副校长顾明远、南方科技大学校长朱清时、厦门大学教授易中天等等。他们不仅讨论当下高等教育的问题所在,更是努力为改变现状开出药方,描绘出自己心中理想的大学。厦门大学教育研究院院长刘海峰幽默地指出,大学生世俗化很厉害,过去杜甫说“在山泉水清,出山泉水浊”，现在一些学生在校园里泉水就已经浊了。南方科技大学校长朱清时指出，文凭泡沫让高教背离了教育的本意，不仅忽视了学生的成人成才教育，连专业课都是一个“混”字！在以培养优秀人才为己任的刘道玉看来，知识能力的过度开发会抑制人的能力和发展。他更质疑北大清华几乎招去了所有的状元，认为如果继续争状元，北大清华就没有前途，没有希望。

主持人：说这段话的人都是在教育界非常有地位的人。首先我们来说发出这段声音的钱理群教授，他的这段话非常振聋发聩。

章　丰：对。这种经过了多年的教育实践，最后在他的高龄之年发出这样呐喊的人，我们叫他“两头真”。他们真是一群有见识，能够说真话，而且敢说真话的人。你刚才提到这位发言的主人公钱理群先生，其实他跟杭州很有渊源。他的外祖父是最早创办杭州私立安定中学的人。它是杭州第一所私立的中学，就是现在杭七中的前身。杭七中培养了钱学森、尉健行这样的知名校友。另外，他在学生当中是一个非常有影响力的教师。在知识分子当中，是一个非常敢于讲真话的人。钱教授今年应该已经有73岁的高龄了，他最活跃的时候是在1980年代，在北大的讲坛上面。当时，透过北大的讲坛和在其他学校的讲演，钱理群教授可以说是整整影响了1980年代的那一代青年人。

主持人：他曾经也被学生们评为“十大最受欢迎的教授”之一。

章　丰：对。他有一段话，我觉得今天拿来分享，仍然讲得很漂亮：“如果说小学和初中是一个人的春天的话，那么大学就是一个人人生当中的盛夏时节。”他认为一个人16岁到26岁是最好的年华，因为26岁以后你可能有家庭负担等等，16岁以前你受制于你的家庭，没有形成完整的价值观。而在这10年黄金岁月里面，大学四年是一个人最能够完整支配自己的岁月。所以他在大学里面，一直不停地呼吁孩子们真正要静下心来，学一点真本事，学会讲真话。

主持人：我们刚刚在片中还看到了另一位刘道玉教授。其实这个人在教育界更是一个不得了的人物。我们都知道邓小平当年提出，我们要恢复高考，不拘一格降人才。这个建议其实就是来自当年还是教育司司长的他。

章　丰:对。刘道玉是中国教育改革30年一个绕不过去的人物。就我本人而言,他也是我最钦佩的、敬爱的教育家之一。由于各种各样的原因,他在30多年的高等教育这样一条路上,其实也是一波三折,坎坎坷坷。但是这丝毫都不影响刘道玉在教育界对我们思想界的影响力。他这个人身上,有很多非常有意思的时间节点。第一个是48岁,他是新中国成立以后第一批培养起来的大学生当中,担任全国重点高校校长中的最年轻的一位,当年是48岁。然后到了54岁那一年,因为各种原因他下课了。下课以后,他在60岁那一年去担任了小学校长,武汉外国语实验学校。他是第一个大学校长当完了,再当小学校长的人。他真正想做一个教育家,但是由于各种各样的原因,他这个学校最后也是无疾而终。70岁的时候,他从一个教育的实践者转化成一个教育的批评者。他有一篇对中国教育非常有影响的文章,就是清华百年校庆的时候,他写的《大学需要有反思精神》。他把清华的校庆跟美国麻省理工学院的150年校庆做比较,他认为校庆最重要的不是炫耀自己有多么牛逼,而是要去反思这100年清华教育存在的问题。然后等他到了80岁那年,也就是今年 4月22日,召开了这个叫做"理想大学"的研讨会。《理想大学》是他正在着手写的一本书。在这本书里面,他试图用他将近80年的人生阅历和50年的从教经历,来思考中国到底需要怎样的理想大学,来塑造一代青年学者的身心。

主持人:还有一位易中天教授我们大家也都很熟悉。他也对刘老师做校长那个时代的武汉大学做了很好的描述,说整个学术氛围非常宽松,大家想怎么说就怎么说。校长、书记的家门,你敲敲门,随便就可以走进去。这个感觉才是一个学术的氛围。

章　丰:武汉大学在1980年代"开风气之先",与易中天描述的那个最好的年华相比,现在的大学的确存在很多让我们看了比较堵心的事情,比如说过于功利化,比如说我们在行政化带动下,在产业化跃进的过程当中,对大学精神的折损。所以才有了4月22日钱理群教授等真正的教育家,在他们这个年龄,在他们这个阅历上面,发出的对教育和对青年学子成长的质问。

主持人：微博上有一个"太虚山人"，他说现在这些大学天天在喊世界一流，天天在喊教育理念，其实都是在干违背自然规律的事情，正在走向没落。有一个叫"骑马问路"的人则说，他不完全赞同老教授的说法，他说整个社会浮躁，学生能不受影响吗？他们又不是活在真空里，利己和利他常常是转化的，也可能发生在同一个人的不同时期。

章　丰：刚才我看到网友各种各样的观点。当然我觉得，把某类学生放大为整个学生的状况，会有失偏颇。但是我觉得更多网友表现出来的对大学向下趋势的担忧，才是我们应该讨论和关注的重点。在我看来关键就两条：第一，功利主义；第二，行政化。当一个非常功利的、世俗的、成功主义的、金钱主义的标签，被赤裸裸地贴到大学人才培养的最重要指标上面的时候，真是刺激了大家的神经。其实这是学生和老师身上暴露出来的很功利的一面。校园的发展，整个学校的规划，现在也有很功利的一面。应该讲现在我们高校扩招是件好事，让更多的人有接受高等教育的机会。但是另一方面，我们也看到，这真是一种"大跃进"式的扩招。校园非常之大，各种楼堂馆所也是让人目不暇接。我们的高等教育，真是以这样的速度走到了世界前列吗？硬件快速膨胀的过程当中，软件不但没有跟上，甚至是被摊薄了，我们的大学精神是在往下走。在这里，人们最愿意讨论的还是在中国近代高教史上最有名的例子，也就是西南联大。这是为躲避战祸而来到西南一隅的一所临时性联合大学。这座大学筚路蓝缕，学生在庙里面上课，教授穷得要典当自己的藏书才能够给家庭维持温饱的水准。但就是这样一所学校，在战火纷飞的岁月里培养了两位诺贝尔奖获得者，17 位"两弹一星"元勋，还有 172 位中外院士。试想这样的大学精神，这样的大学对人才的塑造效果，现在哪一个中国的高校能比得上？在漂亮的楼堂馆所背后，谁能拿出这样的成绩单？

主持人：还有很多人提出了各种各样批评的意见。我们还是以易中天教授的说法来论短长。易教授说，现在的大学已经是量化考核，考核让大学教师们丧失了学术底线；现在的大学就是养鸡场，天天数你生了几个蛋，没完没了地让你填表，然后还问，你为什么就没生出一个创新型的蛋呢？然后易教授就反问，这怎么生得出呢？

章　丰：对，我觉得问这个话的人非常扯淡，因为在这样一种行政化体系下面，在创新精神和自由的学术氛围被遏制以后，想创新根本就是缘木求鱼。我看到今天的报纸上还有一则最热气腾腾的新闻，清华的一位博士在微博上实名曝光了山东省国土资源厅的厅长。这位厅长是他的同班同学，博士班同班同学，但这位仁兄从来没有一天出现在课堂上。他就质疑这位厅长博士生的博士学位到底是以怎样的方式取得的？清华大学出来的回应是，他是论文博士。好了，今天教育部出来回应，2008 年论文博士已经被取消了。中国一流的高等学校清华大学，在一个省一级的国土资源厅厅长面前竟如此低声下气，我认为可怜、可悲、可叹。

主持人：浙江农林大学的党委书记宣勇也曾经写过一本书，叫《大学变革的逻辑》。我们来连线一下宣书记。宣书记，作为您个人来说，您赞同钱教授的说法吗？

宣　勇：钱理群先生的判断，反映的是客观事实。大学不是象牙塔，大学也是社会存在的一个部分，所以社会的流弊在部分青年学生当中得到反映，我觉得这并不奇怪。在同样的时代、同样的大学，也会涌现出一大批优秀的大学生代表。就是在这批学生身上，我们同样可以看到现在青年学生天下为公的情怀，也可以看到他们现在敢于担当责任，包括自我牺牲的勇气。像这样的学生，我们浙江农林大学就有很多。比如前不久 90 后大学生沈慧刚狮口救人，还有全国道德模范刘霆背着母亲上大学等等。而且我了解，在全国道德模范的评比当中，大学生占了不小的比例。所以我相信学生当中良莠并存，这是任何一个时期、任何一个国家的大学都会出现的现象。但重要的是，我们是否能够继续保持对大学的使命，保持我们对自有价值观的完整无缺的关注，我觉得这是问题的核心所在。

主持人：您也在网上和博友们热烈讨论大学应该怎样去行政化。我很想知道您最主要的观点是什么？

宣　勇：我的观点是，大学要坚守外儒内道，这是关键。在大学跟社会接触的外部，你必须去适应社会的潮流、社会的制度、社会的文化。但是从大学内部来讲，确确实实需要坚守大学自身的精神、大学自己的使命。所以我想，钱理群先生提出的这个问题，意义恰恰在这个地方。他现在对大学生的批评，应该引起大学教育从业者的高度重视，特别是要思考，在我们这样一个开放的社会系统当中，大学到底怎么办。

主持人：就像宣书记所说的，大学是社会的一部分，没有办法完全割裂。那么在这样的状况之下，究竟怎样的大学才算是一个理想的大学？

章　丰：我觉得这个问题很难给出统一的答案，就像一千个人心中有一千个哈姆雷特，一千个人心中有一千个理想大学。不过我觉得，清华校训那八个字是最能够体现大学精神的：独立精神，自由思想。只有在这八个字的指引下，让大学沿着去行政化，沿着真正的去功利化的道路，还原理想高地，还原他面向未来的原本姿态，我们的大学才能跟这个时代同步前进，为这一代的青年人提供更丰富的、更健康成长的土壤。

主持人：请章老师用一句话来总结今天的观点。

章　丰：一句话——大学之困不在校园，而在社会，但每一个身处高等学府的人，都应该拿出一份勇气和智慧来重建大学，改革社会。

谁更需要氨基酸

主持人：距离高考还有不到一个月了，所以近段时间，各种高考新闻的关注度都在不断升温。最近我在微博上看到一组关于“打吊瓶迎战高考”的图片，并且疯狂转发，疯狂热议。您看到了吗？

近日，一组高考学生集体在复习时打吊瓶的图片受到热议。事情发生在湖北孝感一中，学生们打的是补充能量的氨基酸。学校解释说，学生集体“挂吊瓶，打点滴”并非学生在过于繁重的课业负担下被集体折腾病了，更不是校方导演、强制下的为了高考“轻伤不得下火线”，而是在执行国家对高考学生氨基酸补贴的相关规定。氨基酸有促进大脑发育与人体健康的功效。一些学生也表示，他们都是自愿输液，一个人只交10元钱，他们认为打氨基酸有好处，高考压力很大，精神好一点，肯定会考得好一点！但是众多网友质疑：学校这样做，会不会反而是对高考学生的再度加压？湖北省教育厅表示，没有听说过关于高考的氨基酸补贴政策，目前已介入调查。

主持人：介入调查的结果，我们可能还需要等上几天。有网友在看到这组图片的时候，发了这样一个评论：古有“头悬梁，锥刺股”，今有“打吊瓶，迎高考”！史上最刻苦的“吊瓶班”，你hold住了吗？其实站在家长的角度去看，我真的觉得那些孩子很可怜。虽然说应试未见得是件快乐的事，但也没有必要搞得如此悲催。章老师，反正我在高考的时候从来没有经历过这些事情。您呢？

章　丰：我也没有享受过氨基酸的补贴。但是我还记得，我大哥当年参加高考的时候，我父亲一度给他提供一种补脑的神秘液体。我记得大哥吃了好久，最后大概也是如有神助。我没有享受到这种待遇。我今天到时候打个电话问问我哥，当年他是不是真的被补脑神液给补到了。

主持人：请问您哥考上了什么大学？

章　丰：我哥还真是考得很好，考上了北大。看来补脑神液真有用，所以这么多家长才会一窝蜂去打氨基酸。

主持人：其实除了氨基酸和您哥的神药之外，有一组最新报道这样说，每年的中考和高考之前，都会有一些杭州的考生家长，专门到医院去配一种叫利他林的药。这种药在家长中间传得很神，说叫"聪明药"。后来杭州市中医院西药房的主任就出来说话了，说利他林主要是治疗孩子多动症的。我们很理解家长的苦心，但有时候家长真的是聪明反被聪明误。

章　丰：湖北孝感吊瓶班的新闻看完以后，我梳理了一下，就有一个总体的观点：学生没错，老师糊涂，教育有病。

主持人：我身边的一个同事也享受过氨基酸，他觉得没什么，不过就是一瓶氨基酸。包括发这组微博的同学，自己都在微博上说，一开始的意图真的只是好玩儿，请不要再用你们丰富的想象力扭曲我们上大学的心。我们只是打一瓶氨基酸而已，请不要再讽刺我们，说那些寒心话了。只是一瓶氨基酸。

章　丰：对，只是一瓶氨基酸。今天《都市快报》有一个报道，那位记者也是湖北孝感人，他讲了一句话，说我妈说别人都打了，咱们也要打，不能输在这个事上。为什么我讲学生没错，因为学生肯定有一种强烈的"羊群效应"的驱使。所有人都在做一件事情，一般人不足以抗拒群体的示范效应。在高考面前，在那个非常焦虑的时刻，每一个家长和同学大概都会有这样一种在群体示范效应下的补充氨基酸的冲动。也许这种心理和暗示的效应是最大的，所以学生和家长真的不值得我们过多质疑，他们真的没有错。

主持人：学生没有错。但是您一定要知道，高考毕竟是我们人生当中比较重要的一场考试。您知道 2012 年最新的高考励志口号是什么吗？一共有十条，我挑几条给大家念。第一条说，只要学不死，就往死里学。有一条说，没有高考，你拼得过“富二代”吗？有人说，考过高富帅，战胜“官二代”。最后一条是，吃苦受累，视死如归。您刚才讲到“羊群效应”和父母的从众心理。我想请问您，假设您的小章同学今天就在这个课堂当中，您真的可以很果断、不假思索地说，咱们不打这瓶氨基酸吗？

章　丰：我可以。即便每个人的爱心是共通的、可以理解的，但作为家长和老师，除了爱心之外，应该有科学的精神。新闻一出来，很多营养学专家就讲话了，这样补氨基酸，不如吃一个鸡蛋。因为氨基酸其实就是一种大分子的蛋白质，又分成必要补充和非必要补充两类。氨基酸的分布非常广泛，用打吊瓶的方式来补充氨基酸，应该是因人而异的。而且我注意到一个细节，在空气非常浑浊和拥挤的高三教室里面，密密麻麻摆了30多个吊瓶，这种输液的方式其实是很不安全的。背后有没有猫腻？吊瓶里装的什么药？我们暂且要期待调查的结果。但就营养学的常识和卫生的常识来说，我觉得教师就是不合格的。所以说教师有错，学校有错。

主持人：也有人说了，氨基酸打下去，可能打的并不是营养，而是一种迷信。现在我们马上来连线21世纪研究院的副院长熊丙奇，也是一位非常著名的教育家。我们来听一听他对这件事情是怎么看的。熊老师您好，我想知道一下，您觉得这种打吊瓶的方式真的有用吗？

熊丙奇：显然有问题，对身体健康是无益的。如果要增强体质，最好的办法是保持健康饮食，然后是比较良好的作息计划，要劳逸结合，这样才能保证旺盛的精力。现在让他疲劳作战，然后打着吊瓶来复习，实际上是在摧残他们的健康。结果是他们可能拼高了几分，但实际上会对未来的人生发展产生非常大的负面影响。现在高等学校的升学率已经达到了75%以上，但高考的焦虑和十年前相比，却有过之而无不及。原因在于，我们的目标从能进大学变成了必须进好大学。我觉得还是应该推进高考制度的改革，应该是多元竞争的模式，而不是所有的学生都被逼上一条路。如果仅仅为了上大学而教育，那其实是反教育。

主持人:熊老师的观点是希望孩子们不要一味在高考上厮杀。但我们也由此看出,对孩子来说,高考的压力太大了。我在人民网上看到一条评论,说当高考复习给学生带来过重的压力以及负面健康影响的时候,人们不从教育的层面反思,反而给学生挂上吊瓶了事。一言以蔽之,“史上最刻苦吊瓶班”其实不是学生病了,而是咱们的教育病了。要对症下药,吊瓶不应该挂在无辜的学生头上,反而是病得不轻的教育本身,才需要挂吊瓶打点滴。

章　丰:跟熊老师的观点和《人民日报》相呼应的,还有最近在网络上热传的一个声音,他是云南省教育厅厅长罗崇敏。他在微博上也是个名人,腾讯微博粉丝200万,是一个非常有个性的官员。他在五四青年节这天到西南大学去做了一个演讲,在演讲里面他就猛烈抨击了我们现在的教育和高考制度。我们以前聊过在国旗下演讲的那个中学生,这回是教育厅厅长出来说了。他其中讲到一句话,说人类社会的最大危机不是经济、政治、生态危机,而是教育危机。我认为他绝非危言耸听。而且他在整个发言的过程当中,也非常直言不讳地指出,初三和高三这两年,都是被应试教育所浪费和耽误的时间,他认为应该取消高考。

主持人:我们同时也听到这位罗厅长说了一个数据,说起了新中国成立60多年来没有一个人获得诺贝尔奖的尴尬,提到了恢复高考以来,137位状元里没有一个人成为行业的领军人物,或者是国际大师的尴尬。可就算有这样的尴尬存在,我们真的要取消高考吗?难道高考不是我们现行的社会体制之下,相对还比较公平的一种考试吗?

章　丰:可能公众都会有这样的疑问,我个人一开始也有这样的疑问。首先,简单来看取消高考,一定是个不靠谱的命题。高考是我们这个社会中,在整个人的奋斗路径设计上,相对来说比较公平和完备的体系。1978年恢复高考,我认为这是中国社会最大的制度改良之一,给很多底层和贫寒的人士提供了向上的通道,促进了社会对人才的发掘成长,促进了阶层的流动。所以,对高考本身,怎样的诅咒都可以,但怎样的赞美也都不过分。罗厅长的所谓取消高考,你仔细去看新闻,其实他不是说从此以后没有高考,他只是反对16

年一张考卷，决定人生的高考。他提出来，应该是多元化的、多次的高考。要给孩子们从“一考定终身”变成多元化考试，以及高校对学生择优录取的多元化的机会。所以，他与其在讲取消高考，不如说是怎样来优化和改革高考。

主持人：其实说到这里，我们可以看到发生在浙江的实例。从去年开始，浙江工业大学、杭州师范大学试点三位一体的招录方式。我们可以看作是对高考制度的一种探索。

章　丰：我曾经跟教育厅的主管官员一起聊过三位一体的高考。因为作为一个学生的家长，我现在也会面临同样的问题，我也相当关注高考这个在整个国民教育体系中起到指挥棒作用的考试。最近的消息应该是，2012 年的浙江省高考中，三位一体的试点范围扩大了。原来是 2 所学校，这次扩大到 14 所学校，一共有 1000 个名额用作三位一体高考的试点。什么叫三位一体？其实很简单，关心的家长都应该知道。除了高考成绩之外，还有高中会考成绩。会考成绩是学生在高一、高二的时候，经过多次考试形成的综合学习成绩的评价，而且会考的难度不是那么大。第三就是高校组织的单独测试。我觉得三位一体很科学，除了对现有高考制度的借鉴和遵守，也给学生多元化、常态化的评价机制。高考、会考和学校组织的单独测试，三个成绩加在一起，毫无疑问，他对学生的评价会更多元、更柔和、更合理。浙江能够做出三位一体这样的高考改革，也体现了整个浙江社会的成熟度，以及高于体制设计的成熟度。可惜这样的高考，在全国范围内还没有形成气候。

主持人：其实关于教育的话题，我们已经讨论过很多回，比如异地高考，比如国旗下的演讲，比如孔融让梨，再比如这次的打吊瓶迎战高考。每一个案例当中，我们都看到教育制度的一些瑕疵。我们非常希望改革的步子能够迈得再大一点，再快一点。请章老师用一句话来总结观点。

章　丰：一句话——给教育部来一瓶氨基酸，为高考改革加油。

主持人：下个月的六七八号，浙江 32 万名考生即将走入高考的考场。非常希望每一个考生都能轻松自如地发挥出自己的最好水平。在这儿，我只想以一个过来人和一个家长的立场来说这样的话：从今天开始，好好吃饭，好好休息，调整好心态。记住，高考是很重要的一场考试，但并不是我们人生当中唯一的考试。加油，祝福你们！

我们一起经历的高考

主持人：今天是2012高考的第一天。分布在全省81个考区，12000多个考场的31.58万浙江考生，他们还好吗？

今年高考将加大对作弊的惩处力度，全国各地相继出台严厉规定，比如摄像头360度监控，手机手表禁入考场，水杯笔袋必须透明，一些地方甚至规定考生只能带准考证和身份证入场“裸考”，因此，今年高考也被认为“史上最严”。浙江也和往年不同，考场都新装了视频摄像头进行全程直播监控。

杭高老师李军良：装这个视频摄像头主要还是为了规范考场的纪律。

今天浙江有31.58万考生参加高考，语文的作文题依旧是大家热议的话题。今年浙江高考的作文是根据一段关于《坐在路边鼓掌的人》的文字，针对网友的三种评论，写一篇文章。

主持人：《坐在路边鼓掌的人》。看到这里，我的第一感觉就是想恭喜章老师，还有恭喜《舒口水》的舒老师，押对考题了。

章　丰：还真是。因为在《相对论》和舒老师的《舒口水》里，我们曾经不约而同先后都谈到过这次高考作文里用到的材料，就是《坐在路边鼓掌的人》。那个帖子引起了我们非常温暖的讨论和回忆。

主持人：其实这篇《坐在路边鼓掌的人》是台湾作家刘继荣写给女儿的文章。故事讲述的是，作家上中学的女儿因为成绩平平，同学都管她叫23号。她的班里总共有50个人，每次考试女儿都排名23，久而久之便有了这个雅号，她也就成为了名副其实的中等生。而在刘继荣的眼里，女儿是个快要成为英雄的人。但女儿歪着头想了想，认真地说，老师曾经讲过一句格言，当英雄路过的时候，总要有人坐在路边鼓掌。她轻轻地说，妈妈，我不想成为英雄，我想成为坐在路边鼓掌的人。这个考试题目是说，网友有三种评论，一种是肯定，他也想成为这样的人；另外一种是质疑，如果大家都在路边鼓掌，谁去做英雄；第三种是觉得两种说法都对。根据这些情况来写一篇文章。虽然说评论员对这个话题都很关注，但我真不知道学生对这个话题会有一种什么样的心情和感触。

章　丰：我觉得什么样的心情和感触都没有错 孩子们一定有自己的价值判断。在我看来，这是个很不错的作文题目。你知道，每次的作文题目都会引起大家的关注。在我看来，一个好的高考作文题目，应该贴近孩子们认知阶段的特点，也就是说，是一个他们的生活经历所能支撑的价值判断。在这样一个基础上面，来考察孩子们运用文字的能力，这会是一个比较公道的做法。所以我觉得，咱们应该在这里给《相对论》做个广告：家有考生的家长和家庭，真的应该注意收看《相对论》。因为我们通常对新近发生的新闻热点事件，会有自己的一整套判断和逻辑演绎。其实你看多了以后，也许明年的高考仍然能够在我们接下去的《相对论》当中找到素材和观点。

主持人：所以我在想，如果真的是看过《相对论》和《舒口水》的人，今天拿到考题的时候，会不会就偷偷笑出来，说太好了，这个太熟悉了。其实我相信，今天对高考作文抱有期待的人，除了参加高考的学生之外，可能更多的还是你我这样已经离高考很远的人。所以我们现在说，虽然高考只是考生的高考，但是全社会都感觉要去参加高考一样。我在网上看到云南省教育厅厅长罗崇敏发了这样一条微博，他说，要优化高考，不要神话高考。高考要安全有序，公平公正，完善服务，但绝不能全民高考，草木皆兵，如临大敌。什么爱心高考、驱鸟高考、交管高考、吊瓶高考，完全没有必要。“吊瓶高考”大家应该很熟，因为在《相对论》中也讨论过，是湖北孝感一所中学，因为要迎接高考，所以大家打氨基酸，打吊瓶来迎战。

章　丰：对。所以你看，在全民高考之下，大家真的很忙，全社会都搞得鸡飞狗跳。《新京报》昨天有一篇文章非常有趣，标题叫《高考临近，孔子很忙》。

在北京的国子监，大量高考考生的家长在高考之前都到国子监去祭拜孔子，希望给自己家里的考生求一个好的兆头，所以孔子也很忙。我在这里也很想问一下衢州的观众，衢州的孔庙里，不知道孔子这几天忙不忙。

主持人：其实岂止是孔子很忙。拿杭州为例，今天如果大家在路上经过的话，应该都会有这种感觉。我们的出租车很忙，因为组成了爱心车队要接送学生；交警很忙，给学生拿忘掉的准考证；另外还有家长很忙，这已经司空见惯了。每一次考试之前，都看到家长在场外焦虑等待。还不够忙吗？

章　丰：有忙的也有闲的。你看杭州这几天有好多地方是静悄悄的。为了配合中高考，杭州推出了一条“静音护考”。哪里很安静呢？首先是工地静悄悄。很多靠近考场和居民区的工地都被勒令停工，所以这里的工地静悄悄。我们还看到一个非常有趣的新闻，洒水车都是静悄悄的。媒体报道，这两天为了高考考生在考试过程当中不被洒水车欢快的音乐打断思路，有关部门命令洒水车不许发出声音。所以这两天走在街上要格外小心，因为洒水车可能不声不响就过来了。但是最让我哭笑不得的一个新闻，是“这里的池塘静悄悄”。《姑苏晚报》报道，江苏某小区为了让孩子们能够在高考前睡一个好觉，居然把一口池塘里的青蛙都给毒死了。所以你看，青蛙短暂的一生有各种死法，但现在又多了一种死法：“高考死”。

主持人：有一位叫“文文静静”的网友说，青蛙好冤，假如那些没有被青蛙吃掉的蚊虫去咬高考生怎么办？其实你会发现，除了不许蛙叫、不许鸣笛、不许打牌，甚至还有人说不许邻居的马桶冲水。所以我在《北京晚报》上看到评论说，每年总会有一批高考家长突然患上了声音恐惧症。他们的听觉比平时往往敏感数倍，不能容忍有一丝杂音传到考生耳朵里。究竟是什么造成了这种恐惧症？我想在中国教育在线发布的《2012高招调查报告》当中，我们或许可以找到答案。

日前，中国教育在线发布《2012高考招生调查报告》。调查数据显示，2012年高考报名人数下降至900万人左右，是2008年以来连续下降的第4个年头。与2008年最高峰时的1040万报考人数相比，已经减少了约140万人，但录取人数仍然连续增长，从 2008 年的近 600 万增长到 2012 年的近 700 万，录取比例增长 20%。海南、吉林的录取比例都超过 90%，而陕西、山西垫底。此外，各地考生上大学难度的差距也不小，如北京考生上北大的机会是河南考生的 46 倍，上海考生上复旦的机会是河南考生的 95 倍。

根据趋势分析，由于高考大扩招正式结束，以及放弃上大学人数上升，今后几年高招录取比例将不会再出现爆发式增长。

主持人：所以，恐怕是《调查报告》当中提到的教育资源分配不均等一系列有欠公平的教育问题存在，才让高考“被神话”，让我们的考生和家长变得有点神经兮兮了。

章　丰：我们的开场短片里面讲到，这是史上最严格的高考，因为它第一次采用了《国家教育考试违规处理办法》，是在高考前不久由教育部正式出台的，而且有 360 度的摄像头全程监控。但是我始终觉得，这是技术层面对考场纪律的一种公平追求，其实让家长更焦虑的，也是我们在节目当中多次探讨呼吁的，是制度层面的公平。高考制度经历了 60 年，除了中间“文革”中断的 10 年，余下的 50 年里，高考真的造就了很多寒门学子向上生长的机会。所以高考到目前为止，是中国规模最大，也是相对来说最公平的考试。但是时代在变化，我们对公平的诉求标准和观念的水位在不断上升。所以今天，其实我们对高考的公平有了更多的期待。除了考场上纪律层面的公平，那只是扬汤止沸、釜底抽薪的办法。除此之外，应该在高考制度上给考生设置更大的公平机会。比如刚才高招报告里面讲到的，凭什么上海考生上复旦的机会是河南考生的 95 倍？这就是我们探讨的异地高考，就是在这样一个制度的层面上，一种地方利益与整个高考制度的博弈，它是高考制度在全国层面上实现更高程度公平的一种阻碍。所以到了今天，其实要在制度上寻求更多关于高考公平的突破。

主持人：在这份高招报告当中，我们还注意到，有一点引起了大家足够的关注，那就是生源问题。报告上说，今年全国报名人数是 915 万人，比去年减少 18 万人，连续第 4 年下降。4 年时间，超过 300 万人放弃高考。于是有舆论就提出“考大学时代是否还在”的质疑，直指高校面临生源危机。这样的危机究竟是怎么产生的？我们马上来连线知名的教育学者熊丙奇先生，一起听一听他的分析。

熊丙奇：高考人数的下降，主要原因是这几年高中应届毕业生的人数在逐年下降。除此之外，还有其他因素导致了高考报名人数的下降。其中第一方面的原因就是出国留学。这几年调查显示，出国留学的学生以每年20%的速度增长，去年我国出国留学的人数达到了32万。第二方面的原因是，一部分学生认为，现在上大学的回报率比较低，大学生就业比较难，因此，与其上大学，还不如直接找工作。针对生源数的下降，以及越来越多的学生选择出国留学，我们国家的教育部门和学校应该暂时采取相应的对策。

主持人：好的，谢谢熊老师。接下来我想给大家补充一个浙江的数据。大概是从2008年开始，浙江参加高考的考生人数出现了一个坐滑梯的现象。2008年的时候是39.8万人，2009年的时候是34.8万人，到了2010年的时候是30.08万人，那么到今年只剩下了24.2万人参加高考，几乎每年都要减少几万人。

章　丰：跟浙江的情况对应，全国的情况都是这样。考生的数量下滑，一个重要的原因就是大量的人弃考。按照现在统计部门给出的数据，4年时间，一共有300万人弃考。与此同时，这4年时间里，每年到国外去读高中和大学的学生数量，每年以20%的比例上升。去年已经达到34万人，今年有关部门预计会突破42万大关。其实在我看来，考生在用脚投票。投谁的票？投我们高招制度和高等教育质量的票。所以网络上还有一个观点叫做，考生数量下滑，倒逼高考改革。我觉得的确真的已经到了这样一个具体的阶段，因为我们的考生和家长已经用脚做出了投票。而考生数量的持续下滑，今年看起来相对进入一个平缓的时期，这也给我们的高考招生改革和高等教育质量的调整留出了一个相对平缓的空间。所以要赶紧抓住这个机会，把我们高等教育的招生制度和教育质量尽快提升起来，用好的高招制度，用优质的高等教育把考生留住，让更多的中国孩子在自己的家门口得到真正优质的高等教育。

主持人：所以现在我们面对的情况就是，一边是让人纠结的高招制度所带来的一系列现实问题，一边是我们变得神经兮兮的考生和家长。我们现在究竟应该怎么办？

章　丰：一句话总结我的观点——高考60年，少些过敏，多点公平。

主持人：其实我作为一个过来人，因为深知高考的意义，所以懂得每位考生现在也许有些过敏的心情。但是我还想说一句话，在金榜题名前，千万不要在心理的考场上提前落榜。迎接挑战，从容前行，你可以的。

高考状元　需要怎样的掌声

主持人：这两天各地高考的成绩陆续公布了，于是各地的高考状元也新鲜出炉了。

今年浙江高考学子中，宁波镇海中学的翁凯浩以757分荣膺理科状元，文科状元则是湖州长兴中学的杨纯子，总分733分。

高三的学习生活很紧张，唱歌、跳舞、看小说，这三个法宝就是她的“减压器”。这个暑假，她还想一圆自己的唱歌梦。有人总结说，尖子生都有颗文艺心，看来还真有几分道理。河北的高考文科状元何思雨，是一个擅长琴画书的小才女，理科状元张士欣，则是一个爱看“甄嬛”的大男孩。湖北省的理科状元柯曦，课余最喜欢读散文。而在海南的理科状元周怿的心目中，三毛的作品就是她寻找正能量的理想国。

主持人：所以其实你可以想象，对于这些新鲜出炉的高考状元来说，他们这两天的生活，一定是被鲜花、祝福，包括可能被各种奖学金所包围着。那么在这群包围的力量当中，一定不要忽视媒体的力量，可能很多媒体也会去采访他们。所以我看到有一位网友特别有意思，他叫西门不暗，说了这样一句话，说高考状元媒体每年都要炒作，一年有11个月是在批判应试教育，到了6月份就搞高分崇拜。

章　丰：所以从这个角度讲，媒体其实也够分裂的。11个月和最后高考那1个月，追逐的对象、评判的口径完全不同。西门不暗是我很熟悉的一位网友，他是《南都周刊》的执行主编。所以他对媒体同行的批评，其实发人深省。但是我还是想讲一句话，首先，不管怎样，我们应该给这些高考状元，这些通过自身努力站到分数之巅的孩子，给他们鼓个掌。因为对他们而言，有这样一个分数，是他人生当中非常漂亮、值得骄傲的一笔。媒体的这种介入，我觉得既不要捧杀他们，但是也不要因为对高考状元宣传的这种反感而棒杀他们。

主持人：其实那些高考状元，在他们的生命当中恐怕除了勤奋好学，就是好学勤奋了。所以对于今天他们获得这个荣誉，取得的高分，我们真的是需要来赞一个的。但是现在真的有件事情让我们非常纠结，你看一方面，教育部从2004年开始就说了，不要对高考的考生进行排名，不要去公布高考状元；但是另一方面，你又听到这样一种声音说，既然有高考，那就有第一名，有第一名为什么不让说？如果不让说，那为什么就不取消高考？所以状元啊状元，到底能不能说？

章　丰：对这个问题，教育部前发言人叫王旭明，他现在是语文出版社的社长，在新浪上专门写了一个博客，题目就叫《有状元，但不能说》，这是他的态度。其实他的态度和我们教育部门的态度一样，有状元但不能说，我觉得是有它的合理性的。因为高考制度尽管有各种各样的弊端，但是你得承认，它在这30年来为我们国家的人才发掘，为我们寒门学子的向上晋升，起到了不可替代的通道作用。所以高考制度一定是一个优劣相伴、毁誉相随的制度。在它演进的过程当中，高考制度目前仍然不可能有一个完善的方案作为替代。但是在这种高考唯分数论的制度下面，高考状元作为一个自然的现象，的确值得我们抱有一种不能说的态度。因为我们在对高考状元大说特说的时候，其实是在强化我们高考唯分数论的制度导向。其实我们的教育部门也意识到了，这种唯分数论的制度导向需要来扭转，需要一个过程来演进和改善。但在这个过程当中，希望不要拿出高考状元来过多强化高考制度的弊端，应该在舆论的空间上，给高考制度的改良留出更多的民意土壤。

主持人：您提到了王旭明。其实王旭明说，他为什么不能说，是给出了这样的一个说法：说了就是不理智，不明智，不机智。而且您看，真的是8年时间了，应该说，教育部一直都是在要求对状元榜进行冷处理，而且非常真诚地希望大家不要去炒作高考状元了。那既然都是这个态度，你不能说，然后教育部也不让说，为什么有些人、有些媒体还要说，偏要说，而且说得乐此不疲，并且在相关职能部门的这样一种要求下面，还是 hold 不住呢？

章　丰：因为大家都要求一道状元符。你看状元在我们传统的文化传承里面，状元真的是一个非常华丽的字眼，跟我们原来开科取试的传统联系在一起，也跟我们原来“朝为田舍郎，暮登天子堂”的底层人士向上的社会通道联系在一起。为什么这么多人要求一个状元符？其实背后就是两个字：利益。为什么考生所在的中学要把状元符贴在校门口？它是为了标榜自己的教育质量，在生源争夺过程当中，给自己留一个更好的口碑基础。大学为什么要抢着贴状元符？也是一样的道理。它为了标榜自己对一流人才的吸纳作用，强化自己作为知名高校的竞争力。教育部门，包括地方的教育部门，为什么有的时候也会参与到状元秀里面来呢？因为他们会把它作为自己在应试教育阶段的一种政绩的标榜。有的时候家长也很愿意说，为什么愿意说？这也是为了体现他教子有方的社会成就感。那么当然我们还可以看到各种教辅机构在那里，把自己所有的高分考生来一个大大的罗列，这也是为了吸引更多的人来到民办的教育机构里面，延续自己的生财之道。

主持人：所以也就不难理解，为什么现在有些学校、有些老师、有些家长包括教辅机构都是超忙。他们在忙什么？高校当然是在争夺状元。家长们是在忙着找各种各样的秘籍，找偏方：那些高考状元究竟是什么作息？他们究竟在喝什么营养品？然后他们究竟在看一些什么参考书？然后有些老师在忙什么？居然开始买卖状元考生，包括高分考生的一些课堂笔记。那教辅机构就忙着去找那些状元，说你来做我的代言人，然后来赚钱。所以有人现在就称这个为“后高考经济”。

章　丰：其实真的是可怜天下父母心，也是可怜了我们那些考生和即将要成为考生的那些孩子。只要高考唯分数论的评价机制不改，那么他们始终都是会成为后高考时代的被消费者。

主持人：所以我们现在马上来连线一下著名的教育学者熊丙奇先生，我们一起来听一听，他觉得现在的高考状元究竟有多热闹。您好，熊老师。

熊丙奇：你好。

主持人：我想请问一下，现在据您了解，高考状元的热度究竟有多热？

熊丙奇：应该讲过去10年来，虽然教育部门和社会舆论都在呼吁，要给高考状元热降温，但实际上，高考状元热一直是高烧不断。每一年到高考成绩公布的时候，各地都还是在炒作高考状元。因此我觉得目前的高考热是有增无减。

主持人：那么究竟应该给出怎样的一剂退烧药？

熊丙奇：我觉得这几年，有些地方和教育部门曾经出台一些规定，禁止炒作高考状元。但是这样的禁止起不到任何的效果，原因是在我们目前的高考制度之下，学校用单一的分数作为标准来录取学生。因此高考科目的分数高低就会成为社会关注的焦点，高考科目的总分第一名必然就会成为基础教育部门以及社会舆论的聚焦点。所以状元热退烧，最关键的问题是要改革我们的高考制度，就是要打破现在的集中录取制度，改变现在单一的评价体系，真正推行高校的自主招生，建立起多元的评价体系。

章　丰：熊丙奇先生跟我们的《相对论》特别有缘，我已经记不清他是第几次接受我们的连线了。凡是我们讲到教育的话题，我们通常第一个就会想到连线熊丙奇，而且他作为教育研究者给出的观点确实非常中肯。他刚才讲到了高烧不退，讲到了愈演愈烈，真的是需要一剂退烧药，他也讲到了给出退烧药的方向。在我看来，高考的高烧不退，第一剂退烧药一定是三个字：平常心。在我看来，每一个高考状元背后，一定有他自己的精彩之处。在如此激烈的高考竞争下面，能够摘得高考分数的桂冠也是非常不容易的。但是我想对高考状元的这种神话说上一句，四个字：不可复制。你哪怕把他的考试秘籍和课堂笔记都拿来，但是每一个孩子都是独特的，每一个孩子的学习方法和成长路径都是不可复制的。从某种意义上讲，家长一定要有一颗平常心，考生也应该有颗平常心。在这样一个分数的竞争过程当中，能够站到领奖台上的总是少数人。所以“平常心”三个字可能是一剂最灵，也是最立竿见影的退烧药。

主持人：所以我的理解就是，作为家长来说，你可以很艳羡邻居家的小孩变成了高考状元，但是你千万不要强求自己的小孩一定也要成为高考状元。我不知道大家有没有去关注过曾经的高考状元，现在的生活状况怎么样。我昨天看了很多资料，我看到了 1997 年浙江的文科状元叫裘芳，她现在在北京的《参考消息》工作。她说了一句话，我觉得真的是像章老师说的，她是平常心。她说，高考状元只是体现我们的应试能力，不代表其他东西，也并不意味着其他能力就特别强。所以其实你可以看到，有很多例子已经证明了，高考状元在各行各业领域当中，不见得创新能力就特别强。我又要提到云南省教育厅厅长罗崇敏，他曾经就对媒体直言说，改革开放以来，30 多年的高考出了 1000 多个状元，到现在没有一个成为国家精英级人物，也没有一个人成为行业领军人物或者国际大师。

章　丰：讲到这个话题，我想起前段时间《相对论》做过一期节目，叫理想大学研讨会。这里面有一位北大的教授叫钱理群，他就讲过一段发人深省的话。他说北大清华如果再在状元的争夺战上花那么多精力的话，北大清华将不再是他所尊敬的名牌高校。我印象当中，我们杭州天长小学的周校长，在媒体采访过程当中，讲过一个所谓的前 10 名现象。作为一个教师，他也非常关注孩子们的成长规律。前 10 名现象其实也是被社会各界所公认的人才成长规律，也就是说，最后在各个行业里最拔尖的人才，往往不是第一名或者第二名，而是在 10 名左右的那些孩子。他在找准自己人生的目标以后，能够在以后的人生当中，不断取得一个又一个更大的成绩和惊喜。

主持人：所以刚才您也听到，熊老师在接受我们采访的时候，也提到要让高烧退下来，根治的方法可能还是《相对论》一直在说的高考的教育改革，一定要改。

章　丰：没错。我觉得发烧病人，首先要给他一剂退烧药，否则他真的会烧糊涂了，会利令智昏。但是最后你要把病真正治好，显然退烧药是不管用的。退烧药只能治表，而真正要治本的话，恐怕高考制度的改革必须要有刮骨疗伤的勇气。所以刚才熊老师在连线的过程中也提到了这个观点。他一再强调高考招生制度的改革。我印象中，我们也多次在节目里提到浙江省已经在推行的高考招生改革，以及我们国家的中长期教育发展规划。其实讲穿了就是一句话，要把原来唯分数论，一考定终身的高考，改成什么？三句话，叫做分类考试，综合评价，多元录取。我们浙江省现在所谓“三位一体”的招生考试，就是这样一种典型的做法。尽管只有 17 个省内高校，1000 个招生名额，但高考分数在这 17 所高校的 1000 个招生名额里面，只占 50%，另外的 30%是由高中的学业水平、测试成绩所决定，还有 20%是由高校自主招生环节的测试来决定的。所以高考状元秀对高考状元的过度消费，这样一股热潮要真正退烧，根本办法还是要坚定不移地推动既定的高考招生制度改革。所以从这个角度讲，今天面对热热闹闹的状元秀，我的一句话就是，一颗平常心，多元成才路。

主持人：所以我其实特别喜欢《京华时报》上的一句评论，说中国教育发展真正需要的，恐怕不是花大力气把这极小的“顶尖”装宝镀金，做得更闪亮，而是如何把那广大的、沉默的底座建筑得更均衡、更方正、更扎实。您还记不记得，今年咱们浙江省高考的语文测试题是《坐在路边鼓掌的人》。我想说，当我们在给英雄鼓掌的时候，请也给予那些坐在路边鼓掌的孩子热烈的掌声。

互联网时代

杜甫为啥忙

主持人:今年是杜甫诞辰1300周年。您还记得吗?如果没有网络上那组“杜甫很忙”的图片,您真的还记得吗,章老师?

章　丰:我当然会记得。但是这一组图片让我们看到,1300年之前的杜甫,在2012年真的非常忙碌地回到了我们的视野。

主持人:我们一起来看看各种关于“杜甫很忙”的图片。这两天应该说,网友还在陆续不断地对图片进行补充。我们刚才看了这组图片,怎么说呢,就图本身来说还是蛮有创意的,但有些图的底线实在太低了一点。

章　丰:我也是这个观点。总体很欢乐,但是个别的cosplay还是值得商榷。

主持人:所以我们来听一听,对“杜甫很忙”这组图片,各方的观点是怎样的。河南省诗歌协会会长马新朝说,杜甫精神是民族之光,绝不容许杜甫形象被侮辱,恶搞杜甫不能没有文化底线。有一位网友说,还真把恶搞古之圣人当成娱乐了。中国从来就是一个尊祖的族群,现在哪有点继承中国传统文化思想的样子。看社会现状,哪里有点礼仪之邦,哪里有点五千年历史文化积淀的样子。说得很宏大。

章　丰:我觉得这两位有点反应过度了。其实我个人更赞成《人民日报》上面的一篇署名董阳的评论,他的标题叫《杜公有灵当莞尔》。“莞尔”这个词现在用得比较少了,出自《论语》。翻译成现代的话讲,就是淡定的微笑。我觉得可能这个态度,比较能够代表社会上大部分人对“杜甫很忙”被涂鸦的这种反应。所以你看,事实上作古了那么久的一位先代圣人,突然在2012年的这一天，在网络上那么红。我在猜想，杜甫他到底会有种什么样的感觉。他可能也会觉得很不错，我居然可以在微博上那么红。有网友在网络上以杜甫的名义，给这些青年人写了回信，我不能背诵，但是确实，在网友替杜甫给这一代年轻人回的那封信里面，杜甫老人家还是很感谢网友，让他体验到在盛唐时代没有体验过的、丰富多彩的生活。

主持人：今天章老师在聊这个话题的时候，感觉挺欢乐。但是您一定要看到，在这个社会当中还有很多人对这件事情确实很焦虑，已经把它上纲上线到民族精神上去了。那么我们究竟要带着一种什么样的心情来看这个问题？大家在看图的时候，会有什么样的反应？让我们来看一组调查。可以看到，“没什么，不影响人们对杜甫的崇敬”这个选项，大概占到了77%的比例，“不应该，是对传统文化的淡漠与不尊重”占到了17%，还有一个选项是“说不清”，占到了6%。所以大部分的人还是觉得，这不会影响对杜甫的崇敬心理。所以由此看来，没有太过焦虑的必要。

章　丰：我觉得确实没有必要太过焦虑。对文化的世俗化或娱乐化的解读，你还是要看它解读的程度和它解读的起因。这一组“杜甫很忙”的涂鸦，实际上是从念高中的孩子们在课本上的涂鸦开始的。他并不是像我们理解的那样，抱有一种对传统文化的诋毁心态，来发起一场消解文化的运动。我觉得出发点有根本上的不同。

主持人：起因很简单，就是孩子们在上课的时候，开始涂插图，您肯定做过吧。

章　丰：我承认当然做了。当然，除了杜甫老人家，李白我也没放过。其实孩子们为什么会去涂鸦，我觉得特别好理解。第一，他好奇心很盛。每个孩子都有强大的好奇心和创造力，尤其是调皮的男孩子。他们在课本里面，给这位非常适合 cosplay 的杜甫老人家，赋予很多新鲜的形象，这本身是一种无伤大雅，而且挺欢乐的行为。第二，我觉得可能有相对严肃的一点思考在里面，孩子们去涂鸦杜甫，其实背后也是一种宣泄。问题出在哪里呢？杜甫没有错，教材里收了那么多杜甫的诗也没有错，但我们的教法错了。我们也都是从高中过来的，我从小就特别讨厌语文课里面让我们划分段落，让我们归纳大意。我觉得一个孩子在成长过程当中，他对美的感知，对人文精神的感知，真的不需要通过段落的划分和必须保持一致的中心思想的归纳来体现。我个人始终认为，我们语文课的教法有很大的问题。正是这种僵硬的教法，让孩子们产生了抵触心理，从而有宣泄的愿望。

主持人：我从学生时代过来，也特别理解这种心情。在《华西都市报》上有这样一段评论说，与其说在消费"杜甫"这一古老意象，不如将他们的所作所为理解为对不如意教材的一场迟来的集体性反弹。对教材的戏谑，归根到底还是对教育方式的某种回应。

章　丰：但是你仔细去探究，教法也没问题。为什么？因为最后是指挥棒在起作用，我们现在的整个应试教育，尽管素质教育讲了那么多年，但是总体而言，应试教育还是要求大量机械性的死记硬背。如果指挥棒放在那里，我相信每一个称职的语文老师都还是会强迫孩子们按照指挥棒的要求，给他很多死记硬背的任务。杜甫的诗写得再好，如果你在我不开心的时候，一定要让我背出来，我也会对他老人家咬牙切齿的。所以他其实也是宣泄的一种方式而已。

主持人：我们说出发点真的是没有恶意，就是很单纯的一种情绪压力需要得到释放。刚才章老师已经给我们交过底了，其实除了杜甫之外，他对李白也没有放过。章老师，您知道为什么您的涂鸦没有引起那么大的社会反响吗？因为你们就是在那个圈子里自娱自乐。因为现在有网络，所以你会发现，现在其实不仅是学生在玩涂鸦插图，更多社会上的人比他还要热衷。

章　丰：我看到网络上有一篇评论，标题是《恶搞"杜甫"，不过是现实和网络的合谋》，我觉得这个标题讲得特别好。其实是现实和网络的一个合谋，这中间起最重要作用的，是网络。所以当孩子们在课堂里涂鸦杜甫的时候，很快就透过互联网的平台，变成了一个全民的网络狂欢，我觉得这是非常正常的。广州社科院的社会科学家李江涛讲了一个观点，社会现代化的过程，往往也是文化世俗化的过程。我很赞同他的观点。随着整个社会现代化的进程，特别是经济总量的快速增长，我们有很多的传统文化必然要经历世俗化的过程。它会表现成多元，价值的多元，也会表现为对权威的消解。但其实我们不要害怕，一个文化在现代化的过程当中，尽管经历了世俗化的检验和解构，最后主流文化仍然会充满生命力地存活下来。而网络上的那些“快闪”行为，很快会变成亚文化，或者随着新一波互联网热点的到来，快速离开我们的视线。

主持人：刚才我们给大家梳理的一些恶搞的东西，曾经都是很火的，大家很追捧，很风靡的。现在还有影子吗？没有了。可能‘杜甫很忙”这一组图片，再过几天就销声匿迹了。

章　丰：对，这就是我的观点，我始终是这样看的。其实这个话题背后，家长可能会比较纠结，特别是念高中的孩子家长，他们觉得，哎呀，我们的孩子在那里涂鸦杜甫，他们用这种游戏的心态去对待严肃的语文教材，去对待我们的经典，会不会以后变得玩世不恭，在高考的指挥棒面前会不会铩羽而归。我觉得其实完全没有必要担心。我们小的时候也在涂鸦杜甫，涂鸦李白，但是等我们到一定年龄以后，经过了很幼稚或很欢乐的行为变化，总有一天，我们会理解杜甫，会理解他“无边落木萧萧下，不尽长江滚滚来”的悲壮情怀，也会体会到他“安得广厦千万间”的忧国忧民的情怀。而这个文化最精髓的部分，随着我们慢慢地、不断地加深体会，会越来越真正发自内心地爱上祖先留给我们的这份灿烂文化。

主持人：您有没有想过，可能因为这组恶搞图片，让您想起了今年是杜甫诞辰 1300 周年，如果没有，您真的记得吗？另外，有多少人因为这组恶搞图片，重新去翻杜甫的诗？

章　丰：对。娱乐化的解构会带来一些对先贤的不公，但是也的确能够触发到一些人，在杜甫诞辰 1300 年的时间节点上，因为一幅涂鸦，回过头去翻一翻离开我们视线已经很久的，杜甫的那些特别漂亮的词句，去理解他在那个时代里面的一份壮阔情怀。我觉得，娱乐事件照样能够传播严肃主题。

主持人：《中国青年报》上有一篇文章叫《“杜甫很忙”风靡互联网：一场快

闪式网络狂欢》，他说无论如何，恶搞也是一种个性解读，另类表达，不妨对这种网络文化宽容以待。

章　丰：其实我个人比较愿意用淡定的微笑去对待杜甫被涂鸦。相比之下，我对现在层出不穷的穿越剧、宫廷剧里，对历史丝毫不加节制的戏说更担心。杜甫的诗建立在一个坚实的价值基础上，但我们历史的文脉本身已经很虚弱了，如果出现在大众传媒和荧屏上的，仍然是以戏说为主的历史，由此带来对整代人集体记忆的抹杀或消解，才是真正值得警惕的。

主持人：尤其是穿越剧，可能很多人对历史并不特别了解，接受穿越剧先于接受历史课本，然后他会觉得，那一段历史就是那样子的。

章　丰：所以我一直认为，这种网上的合谋和狂欢，对杜甫的涂鸦和层出不穷的 cosplay 秀，完全不值得我们太过焦虑，更没有必要上纲上线。但是在大众传播和学术坚守上面，我们对传统的文化和历史仍然要抱有一份足够的敬畏之心，在新的历史阶段，在现代化中国的建设过程当中，要有一种责任感，坚守传统文化，葆有我们的尊重和弘扬。

主持人：创意无限，传播要有度。一句话总结一下关于"杜甫很忙"的观点。

章　丰：轻松涂鸦，严肃思考，传承诗意中国。

主持人：在传承的过程中，其实你会发现这并不是那么容易的一件事情，需要很大的勇气。在坚守的过程当中，在发展的过程当中，其实还有很多难题在等着我们。但是让我们一起来努力，把传统文化传承下去，坚守下去。

李琢被微博

主持人：在刚刚过去的双休日里，成都计生委办公室主任李琢的微博事件有了最新的进展。李琢的微博并不是他本人所写的，而是和他办公室一墙之隔的他的同事孟立联所写。目前孟立联已经被公安机关带走，接受调查。我们来对新闻事件做一个回顾。

今年 4 月 12 日晚，一个署名“李琢 19961003”的微博以第一人称方式，说自己作为“成都市计生委办公室主任”收红包、帮领导代写论文、要搞垮竞争对手等内容，被网友惊呼为“现代官场现形记”，当晚粉丝便激增至 1.4 万。不过，当事人李琢否认该微博是自己所开。而经过调查，该微博是李琢的同事孟立联一手操刀。孟立联和李琢在同一个办公室相邻而坐。1964 年生的孟立联，据说比较有才，但仕途不很顺利，失意的老孟碰上得意的“办公室主任”李琢，一场看似荒诞的“微博事件”就这样开始。网友戏称孟立联是在“微博举报”，微博中最吸引眼球的部分，主要包括领导贪污、送礼、生活作风问题三个内容。“李琢微博门”事件发生以后，成都市计生委宣传处以“皮之不存毛将焉附”作为回答，意即该微博既然是冒充之作，里面的内容也不值一驳。但《南方周末》记者对微博中所涉的部分信息进行考据，发现在 126 条微博中有 10 条都提到了会务活动，除一条与事实有出入外，其余会务活动都在各级政府网站上得到了证实。微博中提到了一次去遵义的“公款旅游”，记者发现也确有其事。微博里提到的 25 名官员也基本都确有其人。目前，孟立联已经到公安机关接受调查，多数网友认为：写微博的人是“假”的，却不能就此完全否认内容是假的，此事应该彻查。

主持人：5 个月，126 条微博，什么感觉？让我们看到了一个现代版的《官场现形记》,很原生态,很活色生香。

章　丰:我听到有网友在微博上调侃,说领导干部真的应该学会“织围脖”。你看,不管你织不织“围脖”,微博都会找上你。所以在这一次假李琢的“微博门”背后,躺着中枪的有 25 个官员。所以网友的调侃,还真的是有那么点道理。但其实在我看来,网友的调侃其实并不是调侃。当微博已经成为互联网的热门应用,而互联网已经成为民意汇聚的大广场的时候,如果我们的官员真的还像李琢自己本人讲的那样,我 50 岁,我不玩微博,我从来不手机上网,那他真的 OUT 了。因为当民意汇聚在互联网上的时候,我们的官员要做的,是来到互联网上,跟我们的网民,跟民众建立起一个通畅的交流管道。今天出版的《学习时报》上有一篇文章,标题叫做《面对网络,应有素质危机感》。我觉得这一次的“微博门”真的给领导干部的网络素质危机提了个醒。

主持人:其实领导干部里面,像李琢这样对网络完全不闻不问的也是少数,很多人可能有一个小号,专门用来“潜水”,看大家在说什么。但是我们不得不正视一点,现在网络的力量的确是不容小觑。所以我们注意到这样一种现象,原来此类“官场现形记”通常可能是由情人揭发出来的。或者是小偷,比如偷到了某领导家里,然后警方逮到了小偷,顺藤摸瓜查出来。但我们不妨把这次微博事件看成是一种同僚举报。其实这应该是举报体制中的一种常设机制。于是我们在网上听到有人说,举报事实真实,冒名者应该有功。还有网友说,政府应该奖励老孟这样的官员。

章　丰:我觉得网友下这个结论,给这个建议,恐怕为时过早。我的核心观点是,李鬼要查,李逵也要查。这次在微博上,是李逵碰到李鬼了。这个孟立联本身是不是真正出于举报这样一个正义的动机,还要有待于公安机关对他的调查和确认。但是即便他真的是出于正义的举报动机,他冒用办公室主任的名义,在互联网上,在微博上做这样一个举动,仍然是不值得提倡的。如果他真要举报,应该用自己的微博实名,干吗把自己一墙之隔的办公室主任拖下水。如果很多举报内容不属实的话,那毫无疑问,他作为一个传播谣言的人,应该受到相应的处理。但是反过来,网友的呼声也是很有道理的,就是李逵也要查。我刚才注意到，成都市计生委讲了一个观点，皮之不存，毛将焉附。我觉得不对。皮可能是一套假皮，但毛也许是真毛。所以微博反映的事实是不是真相，有关部门应该及时地、负责任地给公众一个交代。

主持人：所以有媒体在说，孟立联给人的感觉是，他是不合群的，然后可能是因为怀才不遇，才会去做这样的事情。就像刚才章老师的观点一样，不管他处于什么样的一种动机，毕竟他让我们看到了一个原生态的官场现实。所以在东方网上有这样一条评论，说我们不妨把冒充的微博视为一种特殊的举报。该追究冒充人法律责任的就去追究好了，但请不要将脏水和孩子一起泼掉，需对微博中的内容来一个顺藤摸瓜，一件一件逐一核实。是冤枉的就给予平反，确实有问题的，就要进行调查。在微博事件暴露出来以后，腾讯微博也做了一个调查，我们一起来看看。调查的名字叫：你相信"李琢微博"内容是真实的吗？到目前为止我们可以看到，2796个人选择相信，觉得是真的，只有27个人选择不相信。为什么比例会如此悬殊？

章　丰：我觉得这反映了人们的官场想象和反腐的民意。在微博上，这样一条有待于确认的反腐信息，或者叫做所谓的微博举报，为什么有那么多人乐意围观？这种在网络上反腐围观的社会民意基础，在我看来最主要的一条就是弱者的想象。因为你知道，在现在社会转型的过程中，当官民的权利和义务不对等时，在信息对称和利益对称的问题没有解决之前，其实在我们的强权背后，有一大批沉默的大多数的弱者。弱者往往会把一种不相信作为自己的武器，把相信谣言作为他们用脚投票的一种方式。所以你看，有那么多人愿意去想象微博反腐背后的真相，这体现了围观背后的一种反腐民意。

主持人：很多人看到这个调查的时候会觉得，公众有一种坏消息心理，可能公民需要强大起来。但是我想说，你怪得了公众吗？多少传言曾经是传言，但是被查证以后它们确实是事实。这样的事情，我们听得还少吗？给大家梳理几个。

2010年年初，网友在天涯社区发帖，展示曾任广西四个市的烟草专卖局局长，后为广西烟草专卖局销售管理处处长的韩峰的网上日记，日记共计145

篇，记录了韩峰经常喝酒、玩女人等事情。之后韩峰受到调查，最终因受贿罪被判处有期徒刑13年。韩峰也承认，日记里面记录的事情都是真的。2010年7月，《南都周刊》曝光了长沙市开福区房屋产权管理局前副局长曾新亮的两本工作日记，早在2006年，曾新亮的两本工作日记被人发现，之后被大家争相复印和传阅，广泛流传在这个城市被拆迁的上访者手中。在其日记中，有“要造势、打击和判一批”、“要主动出击，注意方法，请公安按敌对势力办”、“对组织策划上京闹事的，采取劳教处理”等文字。2011年6月20日，溧阳市卫生局局长谢志强由于误将微博当作QQ，在微博上大肆与一名已婚女子调情，并相约开房，遭网友截图并发送到国内知名论坛上，成为网上“最热局长”。迫于网络舆论的压力，谢志强向当地纪检部门说明情况。之后，谢志强被停职检查。

主持人：随着网络的发展，那种“我不说，全世界都不会知道”的时代已经过去了。按照我的理解，像这样的微博事件可能迟早都会发生。这是不是也从某种程度上倒逼我们的官员要对自己的生活和工作负责，使之尽快透明、阳光起来。

章　丰：对。微博上曾经有一个说法，叫“微博是人生的监控器”。其实每一个开微博的人，都相当于自己在脑门上装了一个摄像头，特别是乐意晒自己生活的人，真的像给自己的人生装了一个监控器一样。现在这个监控器对准了官员，对准了原来不够透明的部分。所以你看，这段时间微博对官场进行倒逼的监督、敲打很多。上个礼拜有两个非常热的女人来到微博上，成为了热点。一个是湖南湘潭的所谓“湘潭女神”，90后的区经贸委副主任。这个官方已经出来回应了，任命已经被搁置了。还有一个是山西文水县的“文水仙姑”。那位女企业家吃了15年空饷，稳稳当当地坐在副县长的位置上面。现在有关方面也已经开始回应，对她进行调查。其实微博是给不透明的官场安装了一个监控器，现在开始产生强大的反腐和监督作用。

主持人：但是我们也听到有一种观点说，其实官员也是普通公民，他们的隐私也需要得到充分保护。

章　丰：没错。官员作为一个公民，一个普通的公民个人，他是应该受到《隐私保护条例》最基本的保护。但是不要忘记，他不完全等同于普通人，因为他掌握着公权力。在我印象中，我们官员的财产公示问题，这几年一直被炒得沸沸扬扬。有很多体制内的官员也是拿隐私来说事，说我也是中华人民共和国公民，为什么我的隐私要向老百姓申报？我觉得他大错特错了。在这里，我愿意跟观众朋友们分享一段恩格斯说的话。恩格斯曾说："当个人隐私和重要的社会公共利益、政治生活发生联系的时候，个人隐私就不是一般意义上的私事，而是属于政治的一部分。它不再受隐私权的保护，而应该成为历史记载和新闻报道不可回避的内容。"这里其实已经讲得非常明白了，学理上叫公务员隐私的法定丧失。所以在微博时代，在要求政治充分透明的年代，官员他不完全等同于普通人。因为掌握了公权力，所以他必须让渡一部分隐私，接受从网民到现实社会的围观和监督。

主持人：所以在民意汹涌的互联网，尤其是今天说到的微博大平台上，你可以发现，这真的是非常考验执政者的能力。那么我们究竟应该怎样来善用微博？一句话来总结我们这个环节的观点。

章　丰：一句话——微博辟谣和微博反腐，一样都不能少。

主持人：其实，关注就是力量。理性围观，才能改变我们的社会。

招聘为何“被标题”

主持人：前两天，浙江人事考试网上发布了一则事业单位的招聘公告，引起了众人的围观和热议。究竟是谁在招聘，在招聘谁？

6月12日，浙江人事考试网发布一则事业单位招聘公告，舟山市审计局招聘3名审计人员，“年龄要求”一栏里竟然写着“1977年6月7日出生”。公告被网友截图贴到网上，引起质疑。对此，浙江省人事考试办表示，这是工作人员疏忽，遗漏了“以后”两个字。之后公告修改，“年龄要求”一栏里写着“1977年6月7日以后出生”。

这则新闻于次日由浙江在线刊发，标题是《事业单位招人只要1977年6月7日？人事考试办公室：工作疏忽》，但在6月14日被网易、腾讯等网站转载时，标题却被改为《浙江一事业单位招聘要求1977年6月7日出生》。一石激起千层浪，随后网民在众多跟帖中纷纷质疑这是赤裸裸的“萝卜招聘”。

主持人：刚看到这条新闻的时候，公众好像集体患上了质疑综合征，直指萝卜招聘说事。因为近些年来，在我们身边看到的各色“萝卜”太多了。比方说今年2月20号，有网友发帖说，湖南涟源市经济开发区招聘公务员，入选的15位考生当中，有13个人是关系户，而且在考生成绩单后面的备注特别有意思，有“市领导打招呼”、“家境好”等。再比方说今年4月13号，三亚某事业单位公开招聘的时候，入围面试的最高分是40.5分，而最低分居然只有4.55分。如此悬殊的一个成绩差异，让人家又觉得其中的问题非常大。所以虽然这次招聘已经把“以后”两字做了澄清，说是因为网站编辑的失误导致了疏漏，但纵然有这样的解释，貌似也没有平息公众的情绪。

章　丰：按照我的常识判断，这绝对是属于编辑失误，把“以后”两个字去掉以后，变成了一个疑似的“萝卜招聘”。但是我觉得这背后有一点值得我们反思，那就是在互联网时代，当一个新闻被曲解，或者一个错误被公众发现，并且在互联网上发酵的时候，我们应该用怎样的速度去做回应。以前我们聊得很多的是，对新闻热点事件的回应有一个“黄金 24 小时”原则，那个时候是以日报的出版周期 24 小时作为衡量标准的。如今在互联网时代，学者又提出“4 小时黄金回应周期”，也就是在 4 个小时之内，如果不能对舆论形成的热点做出及时回应的话，责任方往往就会失去对一个新闻在舆论引导上的主导权，或者是这种必要的姿态。你看这次它最后能够变成百度新闻里的一个热词，也反映了我们相关部门在舆情应对上面的麻木和迟钝。

主持人：所以其实我们也可以看出，现在相关部门的回应速度，真的是很逊色于网友的传播速度。那么在这段没有回应的真空时间当中，我想大家的心理活动可能都是一样的：我想相信，但是我又不敢相信；我不愿意去相信，但是又没有任何部门来给我一个真相。所以我在这边可能很多事地再较真一回：回应速度还没有赶上趟的时候，相关部门在态度上是不是可以来做一个弥补呢？让我非常遗憾的是，在人事考试网上并没有一个特别的主页说明，我们对此事也没有看到一个很郑重其事的道歉，只是说它把这个信息更正了，“以后”两个字给加上了。所以我想起在“两会”期间曾经讨论过关于信息公开的话题，章老师曾经给我们的观点是：谣言止于公开，谣言止于智者。

章　丰：对。如果事实本身缺席、态度本身缺席的话，那么被谣传或者被曲解、被传播就是一个不可避免的趋势。在上个礼拜六，网络上也有一条消息引起了我的关注，跟信息公开有关。上海财经大学和清华大学做了一个全国政府财政透明度的调查，其中全国 31 个省级财政单位的合格率是零。也就是说，31 个省级单位在财政公开上面，现在都是不及格。所以我一直有一个感触，那就是，如果政府信息公开的姿态和能力继续落后于互联网时代主导的民意的话，那么像“萝卜招聘”这样的被误传、被放大的一种趋势就很难被扭转，而且会越来越多，愈演愈烈。

主持人：但是除了这个回应之外，我们也必须要看到一点——在这次事件中，其实“标题党”确实成了一个非常大的诱因。这条新闻其实是浙江在线在6月13号首先刊登的。我们把原标题调出来给大家看一下。原标题是《事业单位招人只要1977年6月7号？人事考试办公室：工作疏忽》。而到了6月14号，被几大知名网站等在内的众多网站转载的时候，标题竟然改成了《浙江一事业单位招聘，要求1977年6月7号出生》，然后就没有下文了，于是引起了网友的热议。接下来我们马上来连线中山大学传播与设计学院副教授、中山大学全媒体研究院秘书长张志安博士，我们一起来听听他对“标题党”的看法。张老师您好。

张志安：你好。

主持人：我想请问一下，在互联网时代，您怎样来看待“标题党”盛行这样一个现象？

张志安：这是一个令人非常无奈的现象，它有一定的合理性，但确实也需要批判和反思。我们中国的主要商业网站到目前为止并不具备新闻的采访权，它们的传播优势主要还是发挥编辑和整合的优势。在这种情况下，商业网站对编辑的考核，很大程度上也是由它的点击率决定的。而读者或者网友在看网络新闻的时候，也会比较倾向于看那些具有吸引力的标题。所以网络页面的表现形式本身是以一个标题出现的，跟报纸不一样，它是由标题主导阅读的呈现方式。基于这些原因，商业的机制，网站的编辑权，读者的阅读习惯，网友的阅读习惯，都使得网络编辑在编辑新闻的时候，比较倾向于能够把这个新闻里面的惊人之语，或者是最具有价值、最有关注度、最吸引人的某一个细节、某一段话，或者是某一个特别突出的事实，把它选出来放到标题当中。所以“标题党”的做法本身，它是一种网络新闻生产机制的体现。但是它由此就带来了一个问题，它会越来越多地让读者在看“标题党”新闻的时候有一种受骗上当的感觉。看到这个标题，你会以为它是一个非常惊悚的事实，但等你点击进去看以后，才发现这个事实在整个报道当中是非常具体的细枝末节，甚至不是这篇报道的主要内容，甚至在标题中看到的内容跟全文阅读是不一致的。所以有很多网友就会感觉到自己受骗上当。那么今天在微博时代，这种“标题党”还会带来一个更大的问题，就是很多的新闻在微博上进行转发的时候，也只是转发了这个标题和非常短的一点点信息，然后在微博这样一个爆炸式、浸淫式、病毒式的传播格局下，这样的新闻就很容易导致以讹传讹。所以我觉得，这是需要我们批判和反思的。一定要避免信息的误传，避免标题的文题不符。所以专业的基本原则还是要坚持。

主持人：好的。谢谢张老师。张老师在连线当中跟我们提到为什么会出现“标题党”，有一个非常关键的词，是因为网络点击率。

章　丰：其实不光是网络的点击率。现在我们有个说法，形象地说叫“万恶率”。你看网络点击率、电视收视率、报纸阅读率，其实是一个普遍的现象，就是媒体在这个充分竞争的时代，在这个争夺眼球和注意力的时代，为了让自己在市场上更叫座而使用的手段。张志安博士是一位青年学者，也是我在互联网上非常熟悉的一个朋友，他在媒体传播理论上非常有自己的见解和研究。他刚才对媒体，特别是互联网“标题党”盛行的分析，我认为还是非常切中要害的。

主持人：其实传媒业面临的问题，不仅仅是现在才开始出现，也不仅仅是在中国才有。在19世纪末美国的新闻竞争中，以煽情为主要特点的黄色新闻就曾经风靡一时。由于大胆采用粗劣的黄色新闻，《新闻报》在一个月内的销量就猛增12.5万份。但最后你也会发现，黄色小报的最后出路就是穷途末路。所以现在，其实当传媒业发展到今天，我们的读者和受众很聪明，他们是会用脚来投票的。

章　丰：没错，读者一定会用脚来投票。“标题党”可以忽悠读者一次，甚至两次，但是次数多了，就像狼来了一样，最后读者和网友会不买这个媒体的账，因为在你这儿经常上当受骗。也就是说，媒体的市场竞争有一个自然的淘汰规律，最后一定是优胜劣汰，所以不必过度焦虑。也许在这个阶段，“标题党”盛行是有它的媒体发展阶段和社会心态的支撑，但是我还是想讲，如果让媒体的市场选择规律来发生作用的话，它的时间往往比较长。其实每一代人接受知识和信息的黄金时间都是有限的。也许这个浮躁的“标题党”时代会葬送一代人的媒体传播素养，葬送他们的很多价值判断。所以我觉得不能完全只等待市场规律发生作用。行业的自律，包括相关部门必要的执法检查，以及媒体的这种追惩机制，在“标题党”盛行的时代，还是应该被严肃地确立起来。

主持人：在我们反思这个问题的时候，其实也要看到另外一个问题。现在在互联网时代，每个人都有可能既是受众又是传播者。我在中青网上看到了这样一篇文章，说谁都有可能是“标题党”的幕后推手。与以往不同，网络时代的读者不只是信息的接受者，也是传播者，甚至是发布者。一系列引人关注的新闻报道，其来源往往是某个网帖或者微博。此时已经很难说，谁是误导的始作俑者。

章　丰：中青报这篇评论讲得还是比较到位的。现在和我们历史上任何一个传播阶段都不同的一个最大变化是，互联网，尤其是移动互联网，像微博这样的社交产品，它提供了“人人都是记者”这样一种可能性。新闻发布的门槛被极大降低。同时由于方便的转发和评论机制，每个人的传播能力也得到了空前的释放。在这种情况下，人就是媒体。他既可以是传播者，也可以是接受者。在这个过程当中，和专业媒体相比，每一个公众的媒体素养、自我约束能力和专业训练是不一样的。在这种情况下，的确可能会有更多人成为“标题党”的制作者，尤其是推动者。所以在这个时代，我一直有个看法——作为微博时代、泛媒体时代的社会公众，要想有一个对自己而言更富有营养、筛选成本更低的媒体传播环境，恐怕自己也要有足够的内心意识，要有足够的耐心，要有足够的媒体传播责任和素养。

主持人：我可以再给大家看一个调查，看看标题对大家的吸引力到底有多大。《中国青年报》也曾经调查过，有六成的受访者曾受到耸人听闻的新闻标题误导。上个星期，《中国青年报》还对 11394 人的样本进行调查。调查发现，受访者当中有 20.1%的人平时看新闻只看标题不看正文，66.3%的人会在看完标题后快速浏览正文，只有 11.2%的人会详细阅读正文。

章　丰：有的时候我也会自己对照一下。即便我以前是做媒体的，有的时候也难免浮躁，在看了一个标题以后就有转发和评论的冲动。其实我很想问问电视机前的各位观众，如果你在读网络的时候，尤其是你在读微博的时候，你真正能够透过标题，把正文仔仔细细看完的概率有多少？有多少帖子是在你看到标题，看到导语的时候，就迫不及待想要转发？所以我觉得，在这个内容浮躁的时代，要有一个好的心态，一个平和的心态，这是每一个在这个大传媒时代的人的必要素养。所以这个话题，我的一句话就是——“标题党”时代，学会做一个理性的围观者。

主持人：其实不管面对怎样耸动夸张的新闻，只要我们遵循常理、常心，并且冠之以人之常情，总有一天，我们会等到新闻的真相，并且葆有一颗平常的心。

公民课

转型中国社会组织建设因何重要

主持人:我们要聊一下社会组织,这是章老师今天执意要说的。章老师,社会组织真的感觉距离有点远。

章　丰:其实不会。可能大家对社会组织的概念稍微有点陌生,其实社会组织就在我们身边,每个人都会有跟社会组织打交道的经历。比如最简单的,很多人都参加过公益捐赠,做过志愿者。接受我们捐赠的基金会和志愿者的管理组织,它就是一个社会组织。

主持人:我们为什么要在今天来讲社会组织?因为在"两会"之后,中央马上召开了全国民政会议,温总理在民政会议当中,着重强调要构建社会组织。包括在"两会"期间,《政府工作报告》和全国人大代表都提起了这个话题。在3月10日的《中国青年报》专门刊登了叶剑英的女儿叶向真谈社会组织的一个小故事,她说她自己非常想成立一个社会组织,专门来推广传统文化,但是一直找不到挂靠单位。结果广东的一位普通的老汉,花了7年的时间,一直在申请登记失败的过程当中,最后终于把一个民间助学的社会组织给合法化了。所以章老师,我们为什么要提到这个小故事,当政府层面要做,而老百姓自己又很想做的时候,这是不是就是一个非常好的契合点?

章　丰:对。社会有需求,政府也有需求,但政府做不了那么多事情。在转型中国,政府需要精兵简政,需要合理的划分职能,有一些职能必须要拿到社会上,有人来做。而在民间,从叶帅的女儿一直到你刚才讲的广东老汉,他们都有服务社会、参与社会的意愿。两者结合在一起,这个话题确实应该一拍即合,到了该彻底破题的时候。

主持人：我可以先来跟大家分享一个今天浙江在线网站首页的头条新闻，标题是《1亿特困救助金4年只发了50万》。如果这件事情交由社会组织来做的话，它的效率和到达率真的会快一点吗？

章　丰：这里我还可以给你补充一条新闻，与这条新闻相映成趣。今天的《都市快报》中国新闻版头条说，整个2011年，处在体制外的社会组织所接收到的慈善捐赠金额，只有全国慈善捐赠总额的1.3%。你看刚才那条新闻讲到的是什么，是杭州市政府有那么大的一个面向民工的救助基金，4年用不出去。另外，社会上的草根慈善组织，一年只能得到1.3%的慈善救助。中间错位了，有钱的花不了，有能力想去花钱、去做慈善的却得不到资源。这就是非常鲜明的对照，反映出了我们社会组织发育的现状。

主持人：我们现在马上来连线希望工程创始人，中国青少年发展基金会副理事长，南都公益基金会副理事长兼秘书长徐永光先生。我们一起来听听，他对把政府职能转嫁给社会组织这件事，有一些什么样的切身体会。徐理事长您好，您觉得在现阶段，为什么要将政府职能逐渐交由社会组织来打理？

徐永光：民间慈善公益的体制，实际上目前政府色彩还是比较重，因为基本的这些公共服务，它带有一种垄断性和普惠性。如果是由社会组织来接手这些项目，虽然政府也会给予资金支持，但这些服务就会带有一种竞争性，同时又有差异性。这样进行分工之后，政府就只需负责抓好基本服务，那些非基本的服务通过市场的竞争，能够使服务效率提高。

主持人：好，谢谢您。民间社会组织的培育才刚刚开始。

章　丰：对，这句话我也感触很深。作为希望工程的创始人，他是中国最早一批从官办慈善体制中杀出重围的人，也是为中国义务阶段的教育做了非常大贡献的一位创业人物，带有一定的传奇色彩。而且他作为一个浙江人，我相信他对我们整个浙江的社会组织发育情况，应该也有他自己的一种期望值在里面。毕竟经历了20年的历程，我相信他这份感触真的是非常由衷的。

主持人：我们既然谈到了浙江是民间组织大省，《相对论》的记者也专门打了很多的电话,做了调查。有这样一个数据,截至到 2011 年年底,经过全省各级民政部门核准登记的社会团体总数约为 1.5 万个,民办非企业单位总数约为 1.4 万个,省民政厅核准登记基金会总数 222 个,全省各类民间组织总数近 3 万个。其实咱们浙江的民间组织应该说发展的还算不错。

章　丰:对,从全国范围内相比,应该说浙江省民间组织的发育还是不错的。从数量上讲,这也跟浙江的市场化发育程度有关,因为民间有这样的冲动。其实跟 3 万这个数字相对照,还有一个数字,说出来恐怕你会更有感触。我国中共中央编译局里中国最著名的政治学者于可平讲了一个数字,他说中国现在没有登记的,但是在活跃状态的民间组织应该超过 300 万个。

主持人:我们罗列了很多数字给大家听,其实我们把这个数字再拿到国际上去比,哪怕是跟香港比,你也会发现是有差距的。我在这儿突然想到了,我们其实在昨天的《相对论》当中讲到鲸鱼事件,大家来回忆一下。胡老师当时在看到鲸鱼搁浅的时候说,鲸鱼如果搁浅在国外,大部分是社团发起自救,但是我们这里却是武警部门在做这件事情。

章　丰:对。其实胡老师确实在这头抹香鲸的边上,给出了一个非常生动的关于社会组织的命题。从胡老师的这一番对比来看,我们可以得出非常丰富的信息。第一,军队、武警和社会组织,哪个更便宜?毫无疑问,当然军费的开支要比我们给一个社会组织的支出昂贵得多。第二,在这头抹香鲸被割肉的时候,如果有一家社会组织参与或者出现的话,结果就会不一样。第三,这个社会组织在抹香鲸边上可以起到两个作用,也就是说,你可以看出社会组织的两个基本功能,第一,动员的功能。它能够把一些有意愿关注动物保护的人,透过大家的一个共同体,透过一个动物爱好者的组织,把大家组织和动员起来,形成公共力量;第二就是教育功能,因为可能不是所有的人都去参加保护抹香鲸的行动,但是这个组织的存在,会在政府之外发出另一种声音。它会告诉我们,当一头巨大的抹香鲸搁浅在滩涂上的时候,我们应该怎样去看这件事情。社会组织不能包打天下,但毫无疑问,如果一个社会离开了丰富的社会组织,它的缺位是非常明显的。这头鲸就让我们看到了一种社会组织的缺位。

主持人:我现在所关心的是,政府的职能该怎样去转嫁给社会组织?

章　丰:我觉得非常简单,就是三条,六个字。第一是放权,第二是立法,第三是支柱,就这六个字。只要有这六个字,我相信政府的职能向社会组织转移只是一个决心问题。

主持人:下面我们马上来连线原民政部社会福利和慈善事业促进司司长,北京师范大学壹基金公益研究院的院长王政耀先生。我们一起来听听,关于政府职能转嫁到社会组织上这件事,他有些什么好的建议。王院长,您好。我想知道的是,政府的事务性管理工作,应该怎样有效地转移给社会组织?

王政耀:一方面是我们要明确,公共服务的其中一个主体是社会组织。第二方面,从形式上讲,政府的财政预算应该拿出一部分,来直接向这些组织购买服务。第三方面,当然就是政府要介入,进行一定的监督,对社会组织提供的公共服务进行质量评估、标准制定,以及行业架构的建设等等。在这些问题上,政府都要和社会组织达成相当多的合作关系。

主持人:好,谢谢您。所以其实我们刚才听到的是王院长给章老师的六字方针加上了一个新的注解,就是评估和监督。

章　丰:对,他给出的注脚真的很完整。政府除了前面要做的工作之外,如果站到裁判员的位置上,就可以更好地扮演一个监督、评估的角色。这样的话,我觉得我们的社会事业会更加健康。

主持人:其实我们看到,王院长的身份是壹基金公益研究院的院长。提到壹基金,我相信大家可能会有比较大的感触。去年李连杰在央视的《面对面》中,曾经说这个基金可能没有办法再继续下去了。我想说的是,在这个过程中让我们非常感动的一点是,这件事情做起来非常非常难,但是他们一直在坚持。

章　丰:对,我认为这是最重要的一个元素。今天这个话题对我们每一个电视机前的观众，对我们每一个人而言特别有意义的就是，社会组织的发育需要每个公民身体力行的参与。这是我们每个人来关注社会组织最大的意义所在。

主持人：您讲到了身体力行。我想到了汶川大地震的时候，有很多志愿者给我们留下了到地震现场去的身影。

章 丰：真是让我们非常感慨，仿佛又回到了那个大悲大喜的年代。有人说，2008年是志愿者元年，其实我更愿意把它称为是中国公民的元年，因为我觉得在如此巨大的灾难面前，真正的一代社会新公民成长起来，他们具有法制的精神、独立的人格、慈善的情怀，还有参与的能力和意愿。只有这样一大批现代公民在复杂的、转型的中国成长起来，我觉得才是我们社会组织发育、社会和谐发展，乃至大国崛起的最重要的力量。

主持人：所以章老师，包括电视机前的观众朋友，有没有留意到黑屏上给的那一幕字：当每一个人都立志成为志愿者的时候，志愿者的势力势不可当，是群体的力量。来，一句话给我们今天这个社会组织的话题做一个总结。

章 丰：说这句话之前，我想到了一本在国内的政治学界和媒体界影响力非常大的书，是青年学者熊佩云写的，叫《重新发现社会》。我想套用他这本书的书名来做总结，一句话——身体力行，重新发现社会。

主持人：让每个人都身体力行吧。

种树时间　一堂生动的公民课

主持人：春天是草长莺飞，适宜种树种草的季节。青岛在3月份发起了一个项目，真的花大力气去种树。这事儿您也听说过，对吧？

章　丰：对，从3月1号开始，轰轰烈烈地种了1个半月。

主持人：结果1个半月下来，不仅仅是种了树，还种了很多人心里的恐慌，引起了一场风波。为什么会有恐慌？我们先来看一段画面。

近日，因为种树而成为热点的青岛市政府通过微博发声，承认工作不细致，并向市民致歉。质疑青岛种树工程，有人谩骂有人撒气，27岁的青岛姑娘潘琦却以市民身份，调查成本，致电政府并追问种树方案的决策过程。网友几乎一致赞许潘琦脚踏实地的公民精神，呼唤"中国出现更多这样的年轻人"。

主持人：我们来看《南方都市报》的评论《傲视人类的青岛森林》。他说，种树是门艺术，但青岛种树主要靠胆大。铲开草坪种树，大树下面种树，人行道上种树，公交站种树，立交桥下种树，这个种法让很多人怀疑。可是光怀疑是不够的，青岛人站出来了。您对这件事情怎么评论？

章　丰：我更关注后面那句话，就是青岛人站出来了。其实千里之外的青岛爱花多少钱种树，跟我们浙江人真的没有太大关系。而且各有各的种法，我们对他的很多评价也不一定能切中要害。引起我个人兴趣的是，在1个半月的时间里面，政府在轰轰烈烈地种树，同时那些爱青岛、关注自己家乡的年轻人，通过各种方式，尤其是在互联网上发表意见，开始站出来。最终到了昨天晚上，开始影响到政府的决策。政府部门终于站出来和网民沟通，并且有一个良好的表态。

主持人:不仅仅是表态,还说有一些地方我们要改进。有一些百姓很喜欢去草坪上放风筝的地方,我们就把大树拔了,还是种上草坪。这是一种非常良性的互动。这其实和一个人的努力是绝对分不开的。恐怕这个女孩子在这件事情之前,也没有想到会引起那么大的反响。

章　丰:对,这女孩也引起了我很浓厚的兴趣,我昨天晚上跟她微博上互粉了。粉了以后我很注意地读了一下她的微博,真的挺打动我。这个女孩应该是1985年的,跟我一样都是属牛的,我觉得很亲切。我身边也有很多这样的同事,很多80后的女孩。你去看她的微博,她的微博名字叫"潘UU",潘是她自己的姓,UU是她家里那条狗。很多女孩儿家里都会养一条狗。然后看了她的一些微博标签之后,会让人觉得特别亲切。比如她叫"烘焙爱好者",平时有空的时候喜欢烤个饼,烤个蛋糕。还有一条她的标签叫"间歇性旷工患者",就是不太按时上班的人,因为她是一家报社的娱乐部记者。以前我的同事里面就有好多这样的女孩,一边认真工作,一边不断抱怨,看到小长假来了,两眼放光。而且还有一条是她自己讲的,对社会政事向来不关心。除了在那些特别重大的灾难面前会被激发出参与的欲望,平时她其实是一个生活在自己小圈子里的,很典型的80后城市女孩。但恰恰就是这么一个女孩站出来了。所以我们去看她这一次的公民行动,让我有特别深的感触。

主持人:可能很少有人像潘琦这个小姑娘这样,开始去考察,去访问,然后给政府的相关部门打了很多电话去沟通。

章　丰:她发现原来我有这个权利,我可以向政府部门去表达对家乡建设的意见。这是我认为在公民精神里面特别重要的,就是权利的觉醒。很多人真的只是认为自己有批评的权利,或者在网络上吐槽的权利,他没有通过对法律的学习,通过和政府部门打交道,去唤醒和发觉自己身上所蕴藏的真正属于公民的权利。潘琦一开始行动的时候,《中国青年报》采访她,跟了她3天,问了她3次,你为什么要去做这件事情。3天,她给出的答案是不一样的。第一天她说,因为我爱青岛;第二天她说,因为我看到那些不合理的种树现象，我很愤怒；第三天她说，因为我发现了，我有这个权利。她身上还有一点也非常打动我，就是她学会了平和理性的沟通与表达。因为你知道，现在我们在意见的产生过程中，意气用事的意见和跟风式的意见比较多。但是潘琦在微博上能够引起那么多人首肯的原因，是她第一份6000字的长微博。除了她扎实的调查工作之外，她的每一项表述都是非常平和的。她在昨天晚上发的最新微博里，总结了自己参与青岛种树意见表达的第一阶段过程。有一段话她是这么说的：“你若想别人尊重你的权利，第一步，选择尊重别人。这是幼儿园开始学习的道理，是哲学课里无须辩证的真理，却是现实中被忽略掉的基本原则。”

主持人：什么让我们忽略掉了？

章　丰：就是那种尊重别人、平和理性沟通的姿态。

主持人：在我们周围，有很多事件能够说明这个问题。有人愤怒，有公民站出来表达意见，最终我们政府的决策也受到了影响。比如南京的行道树。

章　丰：对，南京的行道树也是一次非常成功的案例，在微博上汇聚民意，最后政府出来做了沟通，达成一个相对良好的结果。这一次青岛种树的过程中，潘琦身后还有非常多的网友。有一个网络上很有名的“作业本”，他其实是个草根微博。30多岁的一个小伙子，其貌不扬，但他的微博写得非常好，有250万的粉丝，在微博上绝对是个大腕了。他也在微博上陆续跟着潘琦他们一起发出了很多声音。他其中有一条微博讲的一段话，非常发人深省。他说，“‘一件事’，如果处理不好，就会变成‘一个事件’；一个事件如果继续处理得不好，就会变成‘一次事故’”。所以你看，现在的政府和民众学会及时呼应和沟通，这是一件多么重要的事情。如果现在政府还觉得“我的城市我做主”，那真的是错了。这个城市是属于市民的，然后才是属于市长的。

主持人：在日常生活中，我们也看到过这样的例证。比如在广州地铁建设中就有一个名人。

章　丰：对，广州有两个非常有意思的公民。一个是“口罩男”。广州市政府在亚运会期间，为了整理广州马路上面的路沿，提出用花岗岩砌。但是他认为，这是浪费纳税人的钱，水泥就可以了。然后他自己戴个大口罩，到各个场合去征集市民对这个话题的意见。最后市政府听取了他的意见，节省了最起码 5000 万元。地铁"举牌哥"更有意思，而且"举牌哥"是高一的学生，16 岁。地铁公司提出一个 1 亿元的，对地铁一号线站点的统一整治规划，他个人提出了不同的意见。然后他利用放学以后的时间，自己做了横幅和标牌，站在地铁口征集周边市民的意见，最后地铁公司约见了他。但是最后的下文怎样，好像有点不了了之。这个行动非常重要，而且你注意，这是一个 16 岁的高中生发起的。如果有这样的少年公民成长起来，今后我们的国家和社会就会非常健康和有活力。

主持人：是。在当代社会中，我们究竟该怎样做一个合格的公民？一定不仅仅是抱怨的人。

章　丰：我觉得我们每个公民都要唤醒自己的权利，学会权利和责任之间的平衡。政府要学会怎样面对和呼应，跟公众开展良好的互动。讲到这里，我想起青年学者刘瑜写过一本书，很多人都读过，叫《民主的细节》。她说，很多后发的民主化国家，之所以民主进程受挫，一个原因就是权利意识和责任意识的不均衡发展。人人都觉得国家是欠自己的，却很少有人各司其职，按规则办事。大多数时候，民众往往在政治冷漠和破坏性参与之间摇摆，或者说在子民和刁民的角色之间摇摆，却少有日积月累、点滴改良、沟通协调式的公民式参与。我觉得这段话讲得非常切中当代中国公民建设和我们社会发展的要义。

主持人：一句话来总结青岛种树和潘琦，您会怎么说？

章　丰：一句话——学习小潘好榜样，学习做一个有行动力的公民。

主持人：把小潘的一句话拿来跟大家一起分享。她说："喊一句公民权利，说一句公民觉醒，容易；要配得上，太难。"究竟该怎样做才能配得上？这也是值得我们每一个人去思考的问题。

为城市留住“书香”

主持人：在刚刚过去的周六，省委常委、组织部长蔡奇在微博上发起了一次《周末夜话》。从 20 点到 21 点半，一个半小时的时间中，蔡奇和广大网友一起探讨了关于民营书店的出路问题。所以章老师，在周末的夜晚，您和蔡奇夜话了吗？

章　丰：我是众多在上面围观的网友之一，因为我关注网友老蔡。他在互联网上不习惯人们称他的职务，说他首先是网友老蔡，也有人叫他蔡叔的。网友老蔡有个非常不错的传统，就是每个月他会挑一个周末，设定一个主题，跟网友展开非常平等的讨论。从去年 7 月 4 日开始，他已经连续做到第 11 期了，其中大量牵涉到官员微博、政务微博、大学生村官和乡镇换届这些话题，而前段时间，他又在谈论方言的保护和弘扬。最近一期谈的是在这个时代里面怎么给民营书店应有的尊严，谈得非常热闹。

主持人：像章老师说的，其实每次话题都很热闹。我们注意到，周六这次民营书店的话题，评论和转发的数量达到了 31 万。那么为什么要在上个星期六发起民营书店的探讨呢？蔡奇自己说了，他说书店一直被认为是城市的文化地标。但这几年来，越来越多的实体书店正消失在城市的地图当中，比如光合作用、北京的第三级书局、广州三联书店、上海万象书店等一批名店相继倒闭停业。数据表明，倒闭的实体书店近 5 成。这不由引起人们的忧虑，到底是怎么了？真的到底是怎么了呢？我们一起先来听听书商的直接感受，连线杭州枫林晚书店创始人朱升华。

朱升华：民营书店这几年确实处于非常大的危机状态，这一两年关了很多书店。杭州的民营书店也是，我在 1997 年的时候，在门口看到 7 家书店，当时杭州有 1000 多家。到目前还能够生存或者能开的书店，确实屈指可数，是让读者比较纠结的一个事情。究其原因，一个是网络书店对传统书店的冲击实在太大了；第二个，由于这几年的房租和人工成本的增加，让传统书店光靠卖书来支撑生存，已经成为不太现实的一件事情。

主持人：这位是杭州枫林晚书店的老板朱升华，他也参与了这次《周末夜话》的讨论。章老师有没有印象，其实在 90 年代那会儿，湖滨六公园一带是有很多书店的，比方说临湖的三联书店，对面有外文书店，然后在街角十字路口还有一家现代书屋。现在现代书屋和三联书店已经不见踪影，然后你再听刚才朱总这样一说，会不会有一点心酸的感觉？

章　丰：我相信每一个爱书的人，读书的人，当他看见一间间书店在城市里消失的时候，心中一定是恋恋不舍的。我们来到了互联网的时代，网络对实体书店的冲击显而易见。互联网的整个仓储成本非常低，检索非常方便，又有透过各种各样的读书跟社区的机制，能够激发人们互相对同一本书的关注，勾连起人们互相对书的交流和购买的愿望。所以网络的出现，是实体书店必然要遇到的一个最大挑战，也是一个必须正视的现实。

主持人：我给大家举个例子，就很明显地可以看到网络书店和实体书店的差距有多大。同样是在 2011 年，京东商城第一季度的图书音像销售额达到 1.8 亿元，增速达到百分之百。而同样是在 2011 年，根据有关部门统计，杭州只剩下十多家品牌民营书店，而且一半以上都处于亏本经营的状态。

章　丰：我觉得这是一个必须要面对的事实。但上帝在关上一扇门的时候，一定会给你开另外一扇窗。所以实体书店其实自己也应该反思，有没有跟上时代变化的趟？我原来一直做报纸，我们也跟书店一样，在互联网的时代遇到很大的挑战。有一个传统媒体的负责人，他说过一句话，我觉得很有道理。他说，人人做饭的时代，厨师始终还是个行当。也就是说，随着互联网的发展，很多人都参与到媒体的制作中来，很多互联网企业都参与到图书的销售中来，但实体书店和传统媒体仍然是作为专业化的分工存在，它仍然是个行当。

只不过在人人做饭的时代，厨师不能像一个普通的进厨房的人一样，只能提供色香味非常平庸的产品，那样就一定会被淘汰。人人都做饭了，厨师就要换花样，做出更加专业、精致的东西来。实体书店在互联网的环境里恐怕也是如此。它必须从自己的经营理念和方式上迅速做出改变和转身，适应互联网时代的变化。

主持人：所以只需要书商来进行反思吗？我也想替实体书店的这些人来说句话。他们确实处于非常尴尬的境地。他没有办法像网络书店一样，从出版商那里拿到足够低的进价，一方面你也要看到，他没有像国营书店那样受到体制的倾斜。他的租金很高，税收很高，而国有书店还拿着一些民营书店根本没办法拿到的，垄断性的图书资源。他们在夹缝中容易吗？

章　丰：这里有两个问题。首先是国营书店也遇到了极大的挑战。但是国营书店更多的是单纯来自互联网的挑战。跟民营书店相比，它拿到了大量垄断性经营的资源，包括政府在地段的配套上，在经营场所方面给了极大的从历史到现实的照顾。相比之下，民营书店几乎承受了这一轮技术发展和市场竞争带来的所有弊端。所以对民营书店的关照真正能够体现一个政府对实体书店的态度。政府不能把民营书店和实体书店仅仅当作一门生意，它有它自己的规律，是一门生意，但不仅仅是生意。书店提供了城市的文化空间和对阅读品位的引领，它实际上是一个准公共产品。

主持人：小书店的倒闭，也不只是在中国存在，其实全世界都碰到类似的问题。我们不妨来看看全世界的政府都是怎么做的。比方说韩国，出版物零售有最低价格的限定，不能低于9折来销售。比方说法国，政府每年从连锁书业企业上缴的税金当中拨出资金来扶持和保护小书店的生存和发展。再比方说英国，对出版物不征收增值税，图书零税政策已经执行了一百多年。现在再来看看我们的城市，有多少人正在积极地出谋划策，要留住那些小书店。

对于民营书店的困境，今年“两会”上，著名作家张抗抗提案，建议政府通过减税、政府拨款资助以及制定法规防止恶性竞争，来对实体书店的生存与发展加大政策性支持（一、建议政府考虑对实体书店进行大幅度减税；二、建议各地政府把实体店纳入公共文化服务系统，但凡用于文化建设的政府拨款，也应向民营书店进行适度倾斜；三、建议设立图书公益基金等类似性质的民间或半官方机构，对资金流转困难的民营实体书店进行定期资助；四、面对网络书店的书价恶意竞争，政府可以依照国际价格法，制定相应的政策法规）。而杭州在今年3月份公布了一份由四部门联合制定的《关于扶持民营书店健康发展的暂行办法》，只要是杭州市内经营两年以上的人文类和学术类民营实体书店，都可以向杭州文广新局申请每年最高额度为30万元的扶持资金，资金总额为300万元。此外，如果民营书店有特别重大的项目，也可参与申请，并得到300万元以外的专项资金扶持。不过，有出版商和读者认为，300万资金要扶持60多家民营书店是杯水车薪，民营书店要想取得长远发展，关键还是要创新发展，突出特色。

读者：你体现出你自己的风格，然后让读者来进你这个书店，不管是进行阅读还是哪怕就是随便逛逛。

浙江古籍出版社社长杨林海：你有特色了，你才会吸引更多的出版社来给你供货，吸引更多的读者到你这里来买书。

主持人：说出了大家的心声。但是我想，实体书店在等待的过程中，确实急需改变自己的经营思路。比如杭州新华书店的总经理许悦就说，既然无法在价格、便利度等方面超过网络书店，那就要用更贴心、更贴近大众需求的服务，更人性化的经营模式来赢得读者的心。我的理解是，这是要在体验度上大做文章。

章　丰：对。许悦总经理提到了“贴心”。我觉得在互联网时代，实体书店有一点一定是互联网无法提供的，就是面对面的氛围。虽然互联网能够把人非常快捷地组织在一起，但它毕竟中间隔着一个鼠标，隔着一个冷冰冰的网络。只有来到书店里，在飘着咖啡香气和书香的一个地方，才能真正让人全身心放松下来。我相信人与人在互联网时代，哪怕有再便捷的沟通方式，也只有面对面，有人与人之间的气息流动，这些才是可以感知的。这种气息流动是互联网的便捷所无法替代的。所以实体书店真正要在互联网时代把自己的特点做足，一定要给用户创造更好的价值，就是面对面的体验。包括在书店的整个逗留过程中，提供更多的文化方面的辅助服务。这里可以做的事情非常多。有些也可以借助互联网，让面对面的体验做得更加充分和合理。

主持人：说到面对面的贴心服务，以及泛着咖啡香、书墨香的那种气息，其实台湾的诚品书店是一个比较好的典型。我们不妨一起来看看，诚品是怎么做的。

1989 年，第一家诚品书店在台北仁爱路圆环开业。诚品打破了传统书店的经营模式，不只卖书，而是包罗书店、画廊、花店、商场、餐饮的复合组织。成立 23 年来，诚品不仅成为台湾文化品位提升的指标，更一度引起艺文界探讨“诚品现象”。

主持人：我在想，原来书店可能仅仅从视觉效果上做文章，但现在的书店经营会让人很明显地感觉到，不仅从视觉上，而且从嗅觉、触觉包括味觉上，都在拉近和读者之间的距离。

章　丰：诚品书店在台湾，我也去过。前不久我专程到台湾，打了个的跑到诚品书店，我想去感受一下。确实就像这个片子里说的一样，除了图书之外，它的确给人很丰富的各种感观的信息。其实诚品书店是一个非常典型的混业经营业态。它已经不仅仅在经营图书，而是像一个大型购物中心那样，具备从读书人角度延展出去的丰富服务。所以诚品书店也是这次《周末夜话》讨论的热点。大家都觉得，可能诚品书店提供了一个很好的混业经营的思路和走向。

主持人：除了实体书店自己琢磨着开拓经营思路，我们可不可以把思路拓得更宽。比方说，能不能采取线上线下相结合的经营模式。美国的巴诺书店就做了一个比较好的榜样，它在 2009 年推出了一款电子阅读器，吸引了微软 3 亿美元的投资。这或许也是以后一个很好的方向。

章　丰：在互联网之前的时代，我们强调商业竞争的丛林法则，不是我吃了你，就是你吃了我。但是在互联网来到人间以后，用马化腾的话讲，提供了一个天空法则。也就是说，不再是一个平面上的此消彼长，而是由于互联网的存在，营造出了丰富的产业层次。在足够的海拔空间里，在天空的空间里，可以配置多层的丰富业态。你刚才提到巴诺的例子，就是一个很典型的传统书店借助互联网来生存的例子。两者通过阅读介质，甚至通过股权的方式，很好地融合在一起。这种竞争最后带来了整体合作和整体共赢。所以实体书店不要把互联网放在自己的对立面，就像我们做媒体的，不会把新媒体放在自己的对立面。只有在竞争中互相融合，才能给彼此更大的空间。

主持人：其实老蔡网友算是给民营书店的出路起了一个非常好的头。请章老师用一句话来总结一下我们这个环节的观点。

章　丰：算是我的一个期待——为读者创新价值，为城市留住书香。

主持人：我突然想到有本书叫《独立书店，你好！》，其中有这样一句话，当网络书店越来越吸引读者眼光的时候，消失的不仅仅是传统的人文小书店，消失的其实更是一种生活的态度和方式。你想一想，有多少书店一直留在我们的记忆中，而消失在我们生活中的又有多少书店？其实我们在路上走着的时候，还会不经意地偶遇它们。让我们再来看看那些书屋，然后再来想想，我们的城市到底用怎样的方式，才能留住那抹淡淡的书墨香。

“最美女教师”:诠释师德和社会良知

主持人:佳木斯“最美女教师”张丽莉这两天一直牵动着大家的心。她为了救学生,致使自己的双腿遭到车轮碾压,导致高位截肢。这位29岁的女老师至今还躺在哈医大的ICU(重症监护室)病房中。节目一开始,我们先去看一看她。

这两天,在哈尔滨医科大学附属第一医院ICU病房外,因截肢失去双腿的女教师张丽莉牵动着很多人的心,素不相识的市民送来了花篮和祝福。

哈医大副院长王永晨:目前为止张丽莉生命体征基本还算平稳,但从检验和检查的结果来看,病情有进一步恶化加重的趋势。

事情源于5月8日晚上,在黑龙江佳木斯市第四中学门前,一群中学生正准备过马路,一辆客车突然失控,连撞两车后向学生们冲来。危急时刻,29岁的女教师张丽莉一把推开了身边的学生。

黑龙江省佳木斯市第十九中学老师李金茹:这时候有几个要过道的孩子,就眼瞅着要被(车)夹到中间了,然后丽莉老师用她瘦小的身躯,用屁股顶住一个孩子,手里拉着一个孩子往外拽,然后身体就被车轧在下面了。

周围目击者说,当时张丽莉是面朝着汽车,完全有时间避得开,但她却选择了救人,并因此身受重伤,双腿高位截肢,以后再也无法站上讲台。张丽莉被人们称为“最美女教师”,同时她也被授予黑龙江省“三八红旗手”的荣誉称号。

主持人:我想,在当时那个几乎可以说是以微秒来计算的时刻,如果丽莉老师有半点迟疑、半点顾虑,甚至半点转念的话,也许不幸就会发生在她的学生身上。我每次看到视频的时候,真的是很心酸。

章　丰：是的。我觉得张老师最能打动人的，就是在那样一个时刻，不假思索做出的抉择。这是真人性，真善良，真壮烈。

主持人：在那一瞬间，排山倒海的力量和大爱喷薄，其实全都是来自平时点点滴滴的积累和细水长流。很多学生也回忆起张老师，说她平时就是一个很有爱心的老师，学生因为很早到学校，没有办法吃早饭，老师就会准备饼干给他们吃。

章　丰：一定是这样的。崇高的人各有闪光之处，但他们一定有共同点，就是善良、质朴、平实的人生轨迹。她当时一触念的抉择背后，支撑她的一定是对学生那种发自内心的责任感和大爱。她首先是一个善良的好人，才有可能在这个时刻成为感动我们，做出壮烈牺牲的好教师。我也注意到，媒体在对她过往生活的有限报道中，体现出了她对学生，对学生家长，对这份教职的投入，体现出了对别人的照顾和关爱。这些真的是体现在日常的细节当中。正是这些动人的细节，积攒起一个更加能够打动人心的"最美女教师"。

主持人：你可以看到她的那些细节，比如她过马路的时候，如果看到学生和她一起在边上，她就会拉着同学说，来，孩子，我们慢慢走，要小心一点。你想一个老师，她可以拉着孩子的手过马路。另外我们也听到，她刚结婚不久，因为要陪学生去练跑，不小心流产了，但是没休息几天她就来上班了。就是这样一个处处彰显着爱的力量的老师，在那样一个瞬间，她突然之间就帮学生挡掉了车轮。

章　丰：同样是在危难面前，这位"最美女教师"让我想到另外一个人，就是数年前汶川地震的时候，引起巨大非议的"范跑跑"。"范跑跑"北大毕业，是中学语文老师。在地震来临的一瞬间，他率先冲出教室，没有去顾及他的学生。在接受媒体采访的过程中，他对自己的行为并没感觉后悔，觉得完全是出于一个人的本性。现在把"范跑跑"和张丽莉对照起来看，同样是教师，"范跑跑"坚持认为应该把趋利避害的人性摆在前面，而这位张老师却真的把别人的生命放在她自己之前。其实每个人都不是生而崇高的，所以我觉得这位"最美女教师"身上体现的，是她对自己所从事的职业，对师道的最高尚的诠释。

主持人：我跟大家分享一位日本哲学家讲的话，他说所谓美，是在事物照理想一样实现时所得到的感觉。所谓照理想一样实现，就是指这一事物发挥其自然的本性。所以有如花在显示其本性时最美丽一样，人在显示其本性时，便达到美的顶点。所以你再想一想，像张丽莉这样的老师，像这样"最美"的人，在我们身边只有这一个吗？

去年7月2日，杭州白金海岸小区，两岁女童妞妞从10层高楼坠落。这一瞬间，邻居吴菊萍踢掉高跟鞋，伸出双臂接住了孩子。这个出于本能的行为，挽救了妞妞的生命，但也令她当场昏迷，左手臂多处骨折。这惊险的一幕，感动了亿万人，网友们赞誉吴菊萍为"最美妈妈"。

去年11月10日，衢州市衢江区第四小学的两名班主任老师陈霞和姜文在发现翁家兄妹没有来上课的情况下，和一名体育老师找到学生家中，因此救出了煤气中毒的一家三口。三位老师因为强烈的责任心和爱心而被称为衢州"最美老师"。

在2008年汶川大地震中，四川江油公安局民警，29岁的蒋小娟，为一名地震后的孤儿喂奶，被称为"最美女警察"。

2006年7月10日，河南电视台都市频道23岁记者曹爱文，在一次采访落水少女的报道现场，挺身而出，趴在女孩身上做人工呼吸。看着没能醒来的女孩，曹爱文流下了眼泪。网上众多网友将其称之为"当今中国最美丽的女记者"。

主持人：最美妈妈，最美女记者，最美警察。我想用人民网的一条社评来诠释这些最美的人的崇高行为：我们生活的时代中，仍然有善的因子、爱的种子广布民间。他们没有豪言壮语，但每天都在给世界发送温暖；他们没有怨天尤人，总是给社会传递正能量。

章　丰：正能量，我觉得这个词用得非常精确。它给了我们一个共同来关注和感恩这位"最美女教师"的理由。女教师她挽救的只是几个孩子的生命，但对每个人而言，她给我们输送了这个社会最缺失、最稀缺的品质，就是利他的道德感。这种道德感让更多的人相信这个世界向善、向真、向美的阳光一面的存在。这种正能量是我们现在的社会发展阶段，在人心滋养方面非常稀缺的东西。所以从这个角度讲，其实我们每一个人都应该感谢这位“最美女教师”。正是因为有像她这样的高尚人群，做出了那些动人的举动，使得我们相信人性本善，相信社会中有向善、向美的一面，可以由大家一起去呵护和弘扬。

主持人：其实除了这些最美的人在给我们传递正能量之外，社会上还有很多人在呵护这份正能量。比如张老师在转院去哈尔滨的时候，你可以看到佳木斯往哈尔滨的通道中，有上百辆出租车打着双跳灯来护送救护车。晚上到了哈尔滨的时候，冰城的的哥的姐也在迎接她。所以张丽莉的爸爸在微博上说了这样一句话：发生这样的事情，对我们来说是最大的不幸。但是有那么多人关心丽莉，我觉得是她最大的幸福。好心人为丽莉搭起了这座爱心之桥。

章　丰：除了表达对“最美女教师”的敬意，搭桥的人自己其实也是个受益者，因为对那种美的呵护和传递，他自己的心灵首先受到了潜移默化的滋养。所以我觉得这样一种传递美、传递善的对人性的呵护，真是一个多赢的结局。但其实我还是会不应景地想一个问题，人性的呵护之外，其实英雄，或者说是在道德上为社会做出示范和牺牲的人，除了人性呵护之外，更需要制度的呵护。我现在忍不住会想，张丽莉老师还躺在哈医大的 ICU 病房里，她还没有度过危险期。即便她渡过了危险期，面对今后漫长的无腿的人生，她需要更多的人去搀扶。而搀扶最重要的拐棍不是来自人性，而应该来自制度。只有在褒奖英雄的过程中，设计出足够的，能呵护她们未来漫长人生的制度，才是我们表达爱心的最佳方式。

主持人：除了人性呵护，更需要制度的保障。我们有时候觉得，对英雄有点“呵护过度”。比方说吴菊萍，当她伸手接过孩子之后，有多少媒体追着她去报道。后来因为公司奖励她 20 万元，就有媒体穷追猛打地问，你这 20 万元到底要怎么用？为什么不捐出来？本来很好的一件事情，让“最美妈妈”无端受到很多困扰。由此也让我们觉得，本来是很纯粹的一份爱心，经过媒体的穷追猛打以后，你会感觉有点变了味。

章　丰：其实吴菊萍真的是一个比较淡然的人。她在媒体和各界蜂拥而至的褒奖面前，还是保住了一份非常淡泊的心态。所以我相信她现在应该已经摆脱了作为美德者的困扰。你刚才提到一个很重要的话题就是，对美德的人性化褒奖是社会应该秉持的一种集体价值观。在壮烈的牺牲面前，任何一种褒奖都是不过分的。但是要注意，对她的家人和她本人而言，这种褒奖应该更多体现人性化。过度的赞誉和围观会给她的生活带来困扰，而且还有可能走到群体性逆反的误区里去。所以我一直觉得，让行善者、好心人用非常优雅，非常宽裕的心态来接受社会的褒奖，来和社会进行爱心互动，这是我们对"最美女教师"的后续关注中，大家应该共同秉持的心态。

主持人：所以我是否可以这样理解，不拔高，不溢美，不给这些最美的人增加额外负担，这样也许可以使我们这个社会涌现出更多具有平凡良心的人间正道。张丽莉老师的这颗向善之心，真的需要我们有度地去呵护。聊了很久，章老师对丽莉老师最大的感触是什么？

章　丰：一句话——折翼天使，书写师道美德；最美茉莉，绽放人性芬芳。

主持人：美丽的丽，茉莉花的莉。张丽莉老师在第一次见到同事的时候，是这样来介绍自己的。虽然说丽莉老师现在一直在ICU的病房中躺着，但我们依然可以感受到那种肆意绽放的师爱的力量。我们听到了很多赞美声，也听到了很多对老师的呼唤。这些呼唤来自学生，来自家长，来自朋友，也来自她的亲人。丽莉的爸爸在微博上这样祈祷：请求上苍，把我的女儿留给我吧！在这儿，我们也一起来为丽莉老师祈福：快一点，一定要快一点好起来。

身在异乡

主持人:这两天发生在新加坡的“中国法拉利车主撞车”事件,持续引发大家的热议。而新加坡的民众的排外情绪,也因为这一起车祸被进一步点燃。

5 月 12 日凌晨 4 点,一辆红色法拉利跑车在新加坡市区一交叉路口超速闯红灯,与一辆出租车相撞,法拉利车主当场死亡,52 岁的新加坡籍出租车司机和出租车内的一名日本乘客也在送医后不治身亡。据报道:法拉利车主叫马驰,31 岁,四川人。事发时,法拉利车内载一名年轻女子。马驰 2008 年到新加坡从事金融和投资活动,目前正在申请永久居留权。据说驾驶的限量版法拉利价格在 140 万美元以上。之后,在事故中丧生的法拉利车主马驰被认定负有主要责任。事故发生后,不少社会团体攻击新加坡政府的移民政策,称目前的政策正在让新加坡“变得拥挤而危险”,据报道,目前在新加坡有超过 100 万外国工人和技术人员,其中中国人占很大比例,新加坡当地互联网论坛上大量涌现攻击中国侨民的帖子,甚至称其为“富豪蝗虫”,社会舆论和互联网上的反华声音也此起彼伏。

主持人:法拉利、31 岁的富少车主、超速、闯红灯,甚至还有报道说,喝了一点酒。当这些关键词叠加在一起,我相信不管是哪国人,不管在哪个国家发生这样的事情,可能都会引起极大的民愤。

章　丰:对。其实新加坡人的愤怒是被漠视生命的交通违法行为所点燃的。从这次事件上我们可以看出,交通违法,对生命的戕害,对法律的漠视,无论在哪个制度下,在哪个国家里,无论你是哪种人,这样的行为都会引发公众的集体愤怒。所以说,这其实是一种普世的法律准则和人的行为规范。

主持人:刚好这个法拉利车主是马驰,中国四川人,所以在新加坡当地的互联网上,引起了很多新加坡民众对中国人的排外情绪,说要将中国人赶出新加坡。有一点很刺激我们,刚才短片最后也提到,叫做“富豪蝗虫”。

章　丰:我觉得“富豪蝗虫”四个字,出现在我们新闻报道的视野里,似乎是一个比较新鲜的词汇。这是一个词组,蝗虫是主语,富豪是定语。在被愤怒所点燃的新加坡人眼中,对中国侨民的印象就是“富豪蝗虫”。首先中国人是富豪,因为有钱。相当多的中国人在新加坡挣到了钱,但可悲的是被称为蝗虫,一种害虫。所以只能说,愤怒的新加坡人把中国侨民定位成有钱但没有赢得尊重的中国人。

主持人:记得最近一次听说蝗虫,其实是来自香港人对内地人的形容。起因是,当时有大量的“双非”孕妇涌到香港去生小孩。所以有报道说,有些香港人开始在香港街头唱蝗虫歌。甚至还有一些香港的纸媒会用大标题说:香港人忍够了。

章　丰:其实“蝗虫”这个词汇,无外乎就是两层意思。第一,蝗虫往往是成群结队的,是一种掠夺式的害虫,它会给一个地区造成掠夺式的后果。第二,蝗虫常常数量庞大,给所到之处造成强大的心理恐惧。这也是我们中国人走出去的时候必须正视的现实。中国的人口基数非常庞大,而中国人又有历史悠久的向外迁徙的传统。在全球化的过程当中,中国人由于数量庞大,无论走到哪里,都有可能承受比一般民族更多的,来自周围人们的心理恐惧。这也是每位中国人都必须要面对的,要引起足够警惕的事实。

主持人:章老师说到这里,真是让人从内心中感到一丝心酸和遗憾。难道对我们有意见的仅仅是香港人和新加坡人吗?在日本,曾经因为入室偷盗的中国人非常多,所以警察在街头就会贴满告示,说如果见到可疑的中国人,你就打电话报警。另外《南方周末》有个调查发现,意大利有一些底层的华人,因为无法融入当地社会,就采取有组织的犯罪行为,这极大破坏了华人在世界各地的整体形象。

章　丰：像新加坡这次的事件，包括世界各地的排华情绪，这些民族和国家确实都有一些反应过度了。因为中国人无论走到哪里，其实也给所在地带来了大量的劳动力资源，包括资金，包括智力支持。应该说，中国人对全球的经济和社会发展是做出血汗和智慧贡献的。但有一点我们必须反省，这种来自各地的蜂拥而起的集体排外情绪，跟中国人在走向世界、融入当地族群的过程中出现的偏差是有关系的。这种偏差包括对法律的漠视，对当地文化习俗的不够尊重，包括在处理和当地人的关系，特别是利益关系上没有做到共生共荣。像中国这样人口基数庞大的国家，全球化是一条必由之路。但如果我们不懂得尊重当地的习俗，不懂得树立起规范的、适应全球变迁的法律意识，不懂得富而有理、富而求仁的财富规则，恐怕未来我们遇到的排斥还会越来越多。

主持人：其实，我们不能只看到国人在国外遭受到排外，其实外国人进入中国时，同样也存在问题。比如我们注意到 5 月 14 日的新闻，北京警方宣布从 5 月 14 日到 8 月底，北京市公安局将集中开展清理“三非”外国人百日专项行动。媒体普遍认为，这次专项行动很可能跟当时英国人对中国女孩的猥亵行为有关。和新加坡人说“把中国人赶出新加坡”一样，当这个视频在网上出现的时候，我们听到了非常情绪化的、很激动的表达，说“让英国人滚回英国去”。其实当你看到这段视频的时候，真的是出离愤怒，用怎样的词去形容，去谩骂这个英国人都不为过。总之就是不知道该如何去表达心中的愤怒。

章　丰：我想每个人看到这段视频时，心里的愤怒应该都是一致的。这是非常典型的践踏人权事件，也是非常典型的违法犯罪事件。所以按照我国的司法程序，现在已经在对这个英国人进行司法调查。等待他的将是中国法律的制裁。我还是想讲，情绪可以理解，但真的不必把它上升到民族情绪的角度，去做过多的铺陈。在全球化的时代，在中国，国人还是应该习惯于站在法律的角度来就事论事，来依法地、平和地，同时又是非常冷静和严肃地看待类似这样的外国人在中国的暴力事件或违法犯罪事件，不必把它过度拔高到民族情绪的角度去做渲染和铺陈。这不是一个成熟的、融入全球化进程的现代大国应该保有的国民心态。

主持人：应该说，刚才我们给大家看的例子可能是一个非常极端化的例子。我们没有必要一竿子打翻一船人，应该大气一点。比方说，在苏州有一位西班牙驴友，用心肺复苏的方式救回了一个溺水的男童。昨天，他就成为了苏州首位被颁发“见义勇为”奖的老外。所以在外向程度越来越高的时候，我们跟外国人打交道的机会真的是越来越多。拿大家最熟悉的义乌小商品市场来看，据说现在固定的外商大概有两万多人。他们可能每天都在和中国人为了一颗纽扣、一双袜子，或者说一个饰品，发生生意上的小摩擦。我想问的是，当越来越多的外国人走到我们身边来的时候，我们的待客之道究竟应该是什么？

章　丰：我觉得真的应该思考这个问题了。随着全球化的进程和中国现代化进程的加速，大量的外国人进入中国，这也是一个兴旺发达的现代化国家的重要指征。你刚才提到的义乌，是浙江一个小小的县级市，它有将近两万名外来客商，有 2400 多家各种外商机构，85 个国家和地区的人聚集在这里，就像一个小联合国一样。在北京，每个月有 20 万名外国人。外国人多了，一定是什么样的人都有。对人的区分，应该更多地从人性的角度切入，而不是从人种的角度。在不同的国家，包括外国人在我们这里，也会给我们国家的社会管理带来一些新的困扰和挑战。这个时候真的应该思考一下，怎样去对待来到中国的外国人。我觉得最重要的一条，还是回到我刚才谈论英国人事件的观点上来。我们应该保有的一种基本观点，就是一个全球化背景下的现代法制国家的国民心态。这一次在对英国人的处理过程中，也有很多非常激烈的情绪，甚至有一些人会和以前积贫积弱时的治外法权、丧权辱国的心态勾连起来。那是万恶的旧社会，现在我们国家应该讲，跟国际法的整个体系已经衔接得比较紧密，所以外国人在中国，无论是经商还是进行民事活动、商业活动，都应该有跟国际法相衔接的中国法律体系去进行约束和梳理，去给予他们相应的保障，同时也给予他们相应的管理和法制指引。只有这样，我觉得才能让那么多陆续涌进中国的外国人更好地融入我们这个社会，共同来建设一个现代化的崛起中国。

主持人：当越来越多的外国人出现在城市中，来到我们身边的时候，也许有一天我们自己身处异乡，成为外国人的时候，我们究竟应该怎样来体现代中国的气质？

章　丰：一句话来总结一下我的观点——守法自信走出去，大气包容请进来，是现代中国的必修课。

主持人：既然章老师讲是必修课，那么我觉得无论如何，我们都要带着学习的心态，把这堂迟到的课给补上。今天的《相对论》把“新加坡撞车”事件和“英国人猥亵”事件揉捏在一起，其实是试图来梳理和阐述在全球化的视野当中的相处之道。希望我们为这堂必修课开了一个还算不错的头。

致歉！农民工

主持人:5 月 14 日,也就是本周一,一场专门向农民工致敬的颁奖礼在广州举行。为什么会有这样一次典礼？在典礼上又发生了什么？

5 月 14 日,由《南方都市报》、花城出版社共同承办的“中国制造·制造中国”中国农民工 30 年迁徙史论坛暨中国农民工致敬典礼在广州举行。接受致敬的 13 位农民工,是南都近百人的采编团队历时 1 年多,走遍全国 26 个省份 40 多个县市,从已出版的《洪流》一书及珠三角各地遴选而出的农民工代表。他们中间有早期农民工的拓荒者,有吃苦耐劳的中坚一代,也有 80 后、90 后的新生代。一些农民工代表在领奖时流下了热泪。广东省总工会巡视员、党组成员孔祥鸿脱稿发表了一番讲话。孔祥鸿说,尽管各级党政领导者、各级工会工作者都为农民工做了很多事情,但他仍然感到非常歉疚:有时就是帮农民工兄弟弄一张小小的火车票,他也无能为力;他也处理过不少关于拖欠农民工工资、权益维护的投诉,但是一些解决的办法、手段还远远满足不了农民工兄弟的需要和他们对政府、对工会的期盼。孔祥鸿说:“再过 10 年,再过 20 年、30 年,希望我们听到的只是对中国农民工伟大的赞美,而不是对他们的歉疚和叹息。”

主持人:提到农民工,我们或许更多会把他们和春运的两三亿返乡大潮联系在一起；或许我们更习惯把他们和经常拖欠民工工资的群体联系在一起。但真的第一次听到,把农民工和颁奖礼联系在一起。

章　丰:我觉得这个颁奖礼迟到得太久了。这是我们这个社会,我们这个国家,包括我们这些生活很光鲜的人们欠他们的。在向农民工致敬的颁奖礼上，我听到主持人杨锦麟说了两个主题词：一个是歉疚，一个是伟大。他说歉疚表达了在座所有人的肺腑之言，而伟大是这个时代应该给予农民工的一个最恰当的称谓。

主持人：我看到一个对农民工的形容，其实真的碰触到了我们心里的柔软之处。有个农民工说，他不懂政治，不懂经济，只想每天能够多挣10块钱，每个月就有更多的钱给母亲买点药，给儿子寄点生活费，他的母亲、老婆、儿子都要他养活。我们也听到一名54岁的下岗工人，说了这样一句耐人寻味的话：对待知识分子的态度，标志着一个民族的文明程度；而对待工人、农民的态度，则考验着这个民族的良心。也许我们真的有时候会遗忘这个群体，但是我们一定不能忽视这个群体给我们带来的巨大贡献。

章　丰：一个有良知的民族和国家，真的应该正视每一个公民在时代和国家进步的过程中付出了多少！之所以说农民工是一个非常伟大的群体，真的是因为他给这个时代贡献了太多，而他得到的太少。新中国成立以来，中国社会经历了两轮大发展。计划经济时代，工业积累是在农产品和工业品的"剪刀差"价格下完成的。可以讲是农民节衣缩食，奠定了现代化中国的工业基础。改革开放以来30多年，在真正的市场化和城市化进程中，漂亮的成绩单背后是农民又一次巨大的付出。第一是廉价的劳动力，也就是农民工进城，成为了产业大军里最底层，也是最重要的劳动力资源。他们以极其低廉的工资，支撑了中国商品在全世界的竞争力。还有更大的牺牲，来自城市化过程中，农民土地廉价地向城市让渡。我们的工业化和城市化，是建立在对土地资源高度消耗的基础上。农民为此让渡了自己的家园，但得到的东西是非常之少。所以说农民工是一个伟大的群体，他的伟大之处在于给国家和社会贡献了太多东西。所以，以怎样的一种心态去看待他们，真是在考验这个时代和这个国家的良心。

主持人：就是因为剪刀差的存在，才让城市化的推进过程越来越快。现在的确是时候偿还他们了。《凤凰周刊》的记者邓飞，也就是免费午餐的发起人，他在微博上写道，康晓光老师说，农民工作为劳动力，而不是作为人进入城市，经济衰退的时候，就赶他们回农村，生老病死的成本由农村来承担，城市享受一切成果，空巢老人、留守儿童，无数问题是需要我们来致歉的。所以这次颁奖礼除了向他们致敬之外，我们也注意到，有一个致歉。

章　丰：我觉得真是应该向他们说声“对不起”。但是光说“对不起”，我觉得并不是太管用。真正管用的是，知道农民工付出了多少，知道我们欠他们什么，然后应该加快还这笔债。我觉得农民工背井离乡、妻离子散式的进城发展，是我们欠他们最大的一笔债。没有人愿意背井离乡，尤其是中国人。为什么那么多农民工涌入城市？首先，我们欠他们一个宜居和宜业的农村。中国的土地资源非常有限，而农产品在整个国民分配的价值链里面又非常低端。那么多农民之所以愿意到城里，用打工的方式来改变自己的人生，起点就是他在农村里面，跟社会发展的整个权益相比，得到的太少，所以才会有大量的农民工涌入城市。当然这也跟我们经济发展之后，在城市里创造了就业机会有关。但不管怎么样，真正要还给农民工的，首先是一个适宜居住的美丽乡村，让乡村的水土不再是污染的，让乡村农业的发展水平不再是自给自足的小农经济状态，让他住在农村里也有基本的城市延伸到农村的公共服务。只有当农民能够就近就业，能够在自己的土地上过上相对比较体面的生活，那时候我们才算是还了农民工最基本的债。

主持人：您说欠他们一个宜居宜业的地方，所以他们会抛家弃子地来到城市里打工。“抛家弃子”可能会带来一个问题，就是留守儿童和空巢老人。然而，当他们举家来到城市的时候，你会发现有另外一个问题，就是他们的子女就学怎么办。我们说，再苦不能苦孩子，再穷不能穷教育。但是我们经常可以看到，在上学这个问题上，农民工孩子上学难，上学贵，这仿佛成了一个难解的方程式。

章　丰：民工子弟的入学问题，仅仅是农民工来到城市以后，在城市的公共服务覆盖上体现不公平待遇的一个指证而已。其实这个城市需要提供给市民一系列的公共服务，而农民工作为边缘化的人群，作为在城市和乡村之间被悬置起来的人群，他在城市里面得到的公共服务是非常之少的。而且我可以扪心自问，包括坐在电视机前的那么多观众也一样，当农民工来到城市里，跟你的小孩，跟你的家人在医疗资源、教育资源等方面，发生冲撞和争夺的时候，有多少人能够真正摸着良心说，我愿意让农民工子弟跟我的小孩一样，作为同样的中华人民共和国公民，享受同样的教育权利呢？对整座城市来说，给予支撑这座城市发展的农民工的公共服务，以及这种均等化的理念和措施，真是太少了。这需要城里的人用更平和、更谦卑的心态去对待农民工，也需要城里的政府拿出更多的钱来还给他们，让他们在城里享受到相对平等的公共服务，更何况这些财富本来就是农民工兄弟和我们共同创造的。

主持人：所以你看农民工的子女，包括农民工本身，他们的那种眼神告诉我们，他们是真的想和城里人融为一体，而你也真的会觉得欠他们的，会有愧疚。同样让我们心怀愧疚的，其实还有中国制造流水线上的那些病人。在这次颁奖礼上，有一位三期矽肺的患者罗友重上台领奖，他说了这样一个数据，说仅此一项工伤认定就耗时 1655 天。他泪流满面地在颁奖礼上说，我们还要努力地活下去。

章 丰：杨锦麟当时就站在他边上，这样把他介绍给在场的人，他说这位工友是尘肺三期，尘肺三期意味着什么，离死不远了。在一个致敬的典礼上，主持人当着他的面这样说，这位工友流下了眼泪。我想这种眼泪真是一个社会很悲哀的眼泪。流水线上的中国病人，绝大部分都是我们的农民工兄弟，他们在为这个城市、为各个产业付出青春、付出劳动力的时候，得到的却是和城里人不平等的劳动保护和社会保障。所以整个产业的发展，真的是欠了他们很多很多，包括他们未来的养老保障，以及对他们被过度使用的生命的呵护。所谓“五险一金”，所谓的劳动保护都在缺位，而农民工又是一个最积贫积弱的群体。所以如果真正要拯救农民工，要还给农民工应有的在城市里面发展的权利。我觉得劳动保护和社会保障应该要同工同权，不能再耽搁了。

主持人： 接下来我想来连线一下浙江三农问题的权威专家顾益康教授。顾益康教授是前浙江省农办副主任，现任浙大中国农村发展研究院教授，而且顾益康教授也在颁奖礼的现场。我们一起来听听，他对农民工是怎么看的。

顾教授您好,我想知道,咱们的农民工兄弟对浙江整个发展的贡献是怎样的?

顾益康:浙江招商引资,有这么多的中外企业到浙江来落户,他看重的就是这样一帮年轻的、能吃苦的劳动力群体。如果没有这样庞大的农民工群体,浙江也不可能成为中国制造领域一个重要的产业基地,如果没有这样一个农民工群体,浙江的城乡建设,特别是城市建设和基础设施建设就不可能这么快。

主持人:要解决农民工的未来发展,浙江究竟应该做到哪几点?

顾益康:我们要把握三个取向,一是要推进户籍制度改革,要破除农民工成为安居乐业市民的户籍障碍;二是解决农民工的住房问题、社会保障问题、子女教育问题和医疗问题等公共服务问题;三是加强《劳动合同法》的执行,也就是建立工资协商制度,并且通过分配改革,逐步改变农民工低工资、低收益的状况。另外我还强调,要给农民工的回乡创业、进城创业创造条件,要让农民工可以就业,也要鼓励更多的农民工去创业。

主持人:谢谢顾教授。我想再补充一组数据,这是浙江省农办提供的。目前浙江省农民工的总数在2100万左右,外省农民工是800万左右,主要分布在省内东南沿海的杭宁台温等城市。2011年他们的平均收入是2600元左右,收入区间在2000元以下的占40%,2000元至3000元的占40%,3000元以上的仅占20%。

章　丰:浙江是农民工大省,而且顾教授的分析里也给出了结论,说如果没有庞大的农民工,浙江不可能成为一个制造业大省,也就没有浙江今天经济发展的基础。在全国而言,浙江是城乡统筹做得比较好的省份。有一个让浙江人比较欣慰的数字是,我们农村的居民纯收入连续27年位列全国的省和自治区首位。而且按照赵洪祝书记在今年全省农村工作会议上面给出的说法,浙江现在正式进入全面推进城乡融合的阶段。这是浙江解决农民工问题的一个非常重要的演进路径,因为只有城乡真正统筹起来,做到户籍的一元化,社会保障和公共服务的一元化,农民工才有可能回到农村老家,在那里有安居乐业的环境。而留在城市里的农民工也才能跟整个社会同步，逐渐融入城市中。这一部分主要是大量新生代的第二代农民工，他们已经回不了农村了，已经在城市里面扎根下来了。这些人如何融入城市，是城市化、工业化和农村现代化“三化”融合发展过程中，最有必要也是最需要解决的重点问题。换句话说，就是让他们能够回得去，同时又能够在城里留得下来。如果浙江的农村改革和城乡统筹改革能够在未来十年或二十年走出一条路，也许才是对这次晚会最好的回应和注脚。农村的问题和农民工的问题是三十年社会发展的一股洪流，他们为社会付出了太多，牺牲了太多，现在真的到了反哺他们的时候。

主持人：很多事情确实需要时间，需要过程。我们不妨把这场“向农民工致敬”的颁奖礼看作是中国下一个30年发展的另一种起点和姿态。您今天挑了这样一个话题，一定对农民工问题的解决有所期待。您的意图是什么？

章　丰：一句话，所有坐在电视机前的观众朋友，都应该在心里有一个概念——关注农民工就是关注未来中国。

主持人：在颁奖礼上，广东省总工会的巡视员孔祥鸿说了这样一句话，再过10年、20年、30年，希望我们听到的只是对中国农民工伟大的赞美，而不是对他们的歉疚和叹息。历史的车轮早已经进入21世纪，我想说的是，在这个春天里，真的是时候让那些低头看地的人们抬头看天了。

这些人、那些事

7000 万豪华婚礼遭围观

主持人:现在我们来聊一聊 7000 万嫁女儿的新闻。大家都知道,山西的煤老板邢利斌花了 7000 万元嫁女儿,热闹过后引来一阵诟病。今天我们看到腾讯网专门做了一组报道,解释了大家集中关注并质疑的一些问题。我们还是先来看看婚礼的现场。

3 月 18 日,山西联盛集团董事长邢利斌在海南三亚为女儿举办大型婚礼,同时举办了这场被网友形容为"阵容堪比春晚"的演唱会,除了朱军、周涛担当主持,王力宏、周杰伦、萧亚轩、陈佩斯、朱时茂、韩红、李玉刚等明星悉数到场,据称婚礼总费用超过 7000 万元。

主持人:7000 万的婚礼,确实阵容很强大。

章　丰:对,非常豪华。其实从我个人来讲,与其去追究煤老板花 7000 万的热情,还真不如去追究一下,出现在这场 7000 万豪华晚会上的那么多"德艺双馨"的人民艺术家,为什么跑到那边去,到底收了煤老板多少钱。

主持人:貌似有点春晚的感觉。

章　丰:对,这就是一个煤老板版的春晚。

主持人:其实我在想这样一个问题,大家在诟病这个煤老板,我想先从父亲的角度去讲。请电视机前所有有女儿的父亲想一想,哪天你的宝贝女儿出嫁了,难道你会不想尽办法给她一个体面的婚礼吗?

章　丰:这个问题问得很有意思。天下父母心都是一样的,如果有一个宝贝女儿，自己又有这样的能力，其实从父亲的角度讲，为了给女儿打造一个非常华丽的婚礼，我觉得花再多的钱都不为过。但是注意他这个人的身份，第一，他是个非常富有的人，占有着大量的社会财富。第二，他是个煤老板。所以在这样一个煤矿起家的老板身上，7000 万元投入引起的社会反响，可能跟一个普通父亲引起的社会反响是不一样的。

主持人：因为是山西首富，又是靠煤矿来致富的，理所当然，很多人就把目光聚焦到他的财富原罪上。其实今天在腾讯网上有一个专题，做了整版的解读，把大家集中的焦点做了一个比较详细的分析。给大家列一列。原罪一，邢利斌租赁煤矿，违反了《矿产资源法》。它的解读是这样的，私人承包是普遍现象，比国有煤矿的竞争力要强很多。原罪二，大家都质疑他说白菜价买了优质煤矿，腾讯网给的解读是，邢利斌买的是当时负债累累、亏损连连的政府包袱，开风气之先。章老师，在今天的《相对论》当中，我们真的没有必要再纠结在这一堆财富原罪的追诉当中了，倒是腾讯给了一个这样的观点，引起了我极大的兴趣。他说，守法企业家把钱用于慈善固然值得称道，把钱用于奢侈也无可指责。可能很多人在看到新闻的时候会说，人家有钱，你管得了那么多吗，他该怎么花就怎么花。

章　丰：我不这么看。其实我觉得，富人在占有财富以后，确实有一个怎样去看待自己财富的问题。比如你我，我们的财富是在生活用度范围之内的，可能财富的个人意义更大一些。当一个人的财富积累超出了他个人的用度，甚至超越了他的常态经营所需以后，其实财富更重要的属性就是社会属性。你看在西方，在成熟的企业家队伍里面，他们的财富观对我们而言是很有启发意义的。比如 20 世纪美国二三十年代两个特别有名的大亨，一个是“石油大王”洛克菲勒，一个是“钢铁大王”卡耐基。卡耐基曾经有一个说法，说把自己的身份定位成“穷人的信托人”。他认为自己的财富是穷人托他保管的社会财富，并将为社会管好、用好这笔财富视为富人的责任。我觉得这才是富人对自己巨额财富所抱有的正确财富观。

主持人：讲到财富观的时候，我们通常喜欢拿西方富豪的观点来解读，觉得他们的财富观特别健康，特别阳光。据您了解，我们现在整个中国的富人群体的财富观是怎样的？

章　丰：因为中国企业家阶层的发育现在还处在一个比较原始的阶段，同时又快速出现了企业家队伍的分野，有不同的学历背景，不同的行业特征，所以其实现在中国企业家的财富观念是比较混乱的，也是比较个性化的。

主持人：说到财富，绕不过去的一个人，就是胡润。他对很多中外富豪进行了持续的研究。现在我们来听听《胡润百富》总裁胡润对中外富豪的财富观是怎样解读的。

胡　润：中国的财富观还在第一阶段，真正形成私有财产的概念也就是30多年的时间，然后产生了有一定的这种财产，那就是最近10年不到一点。所以这个钱应该都是很近的，人家的财富观可能还没去开发，这种现象很普遍。有些事情不是你可以在第二天就把它学会的，需要花很多时间去了解什么叫慈善，了解什么叫艺术，什么叫有文化了。所以我觉得这种财富观可能还得不断地改进。

章　丰：胡润先生根据对财富和企业家进行研究的结果给出的观点，跟我们的观点还是比较接近的，就是我们企业家对财富的认知以及对财富的运用，还处在成长和进步的过程当中。其实我觉得对一个企业家而言，确实应该有一个与时俱进的、现代化的财富观。在这个基础上，他对财富的运用才能更加得体、优雅，也才能得到更多社会公众的认同。

主持人：所以其实说到最后，当你拥有财富以后，可能很多人更关注的是你怎样去使用财富，怎样把财富用好。在中国慈善社会和谐专题研讨会上，郑宇民引用了台湾佛光山星云大师的一句话，说拥有不如享有，享有不如共享。有钱人其实就是社会财富的管理人。法律意义上财富私有，但在道德和价值层面上，超过个人生活需要的财富就是社会财富。所以在他看来，处置多余的财富惠及众人，是一种更高智慧的表现。

章　丰：星云大师的话让我想起了胡适先生曾经讲过的一句话，他说，积财不善用，如高卧积薪之上。你有很多钱，但是你不善于去打理钱的话，就像睡在一个高高垒起的柴堆上面，一颗火星就有可能让你葬身火海。所以拥有财富的同时，其实对企业家个人的修养也提出了更高要求。像我们这位7000万办一个婚礼的煤老板，他这次比较奢侈的手笔，某种意义上讲就相当于一颗火星。用《南方都市报》署名莫枫的评论标题来讲，《煤老板花钱点火傻到家》。我相信他大概也看过胡适先生这段话。所以企业家对自己拥有的财富，要有一种敬畏和谦卑的姿态，这样才能真正把财富运用好。

主持人：其实说到这里，因为富人群体普遍受到社会各界的关注，我有一点担心是什么，因为经济学界有句话，叫“资本是会飞的”。富人选择空间的余地比普通人要大很多，每次富人稍有动静，你就一味去关注他，去谴责他说，你为什么要这样用钱，你应该那样用钱，或者直接一上来就开始追溯你的财富原罪。这样下去，他们会飞的。

章　丰：对。这其实是现在转型中国面临的一个非常纠结的问题，真的需要各界都把自己的工作做好。从企业家的角度来讲，我们刚才一直在讨论，他应该有一个更加谦卑的财富观。从公众的角度来看，在财富原罪的追溯上，必须要秉持法律的底线。刚才那位煤老板也是一样，他对整个财富的攫取，一定有自己那种敏锐的市场意识在里面。当然也不能排除我们在体制设计的粗放阶段，被他钻了时代的空子。但是我们对财富原罪的追溯应该建立在法律底线上，而不是用舆论暴力去谴责他。还有非常重要的一点就是，这个社会在制度设计上，应该让富人在用脚投票的过程当中，让他有更多留在国内的理由，包括我们的环境设施，包括我们国内的教育质量，包括我们在《宪法》中对私有财产保护的重视，从而让富人真正免于恐惧，乐于尽责。其实我们之前也讨论过关于富人参与慈善的国家税收体制的设计。我觉得这些真的不能再等了，否则我们的财富精英用脚投票，资本都飞到国外去的话，对转型中国真的是特别大的损失。

主持人：所以我们从公众角度来看待富人和财富的时候，也不妨稍微理性一点。因为确实在我们身边有挺多抱有仇富心理的人，包括看到这个煤老板的时候，我相信大家在脑子里涌现出来的第一个念头就是，他为什么那么有钱，他为什么嫁个女儿花那么多钱？

章　丰：对。财富的积累必然是整个社会进步的一个非常重要的动力，因为财富的积累一定不是均匀化的，但是现在由于我们正处在转型时期，国内的财富分配过于悬殊，这是造成人们仇富心理的一个特别重要的社会土壤。随着整个收入分配体制改革的逐步到位，让人们在财富的收入分配上面更公平，让更多的中等阶层不断被培育壮大起来，那时人们对财富的焦虑感和仇富的冲动可能会有所减弱。

主持人：处于不同的体制当中，处于不同的财富积累当中，众人在对待富人的花钱方式时，其实有很大的差异。我可以举个例子。在网络上看到有一个英国媒体的报道，说比尔·盖茨的女儿 15 岁，正在举行一场赛马比赛。他为了让女儿能够安心赛马，就在马场附近花了 360 万美元租了一栋豪华别墅。我不知道外媒对这件事情是怎样评价的，但至少国内没有对比尔·盖茨的行为进行过多的诟病，说比尔·盖茨的财富原罪是什么。但 7000 万元花在女儿的婚礼上，你却听到了各种各样的质疑声。

章　丰：我觉得很好理解。第一，整个围观的人群看到 7000 万元，会有一种财富分配不均匀以后产生的被剥夺感。我们总是觉得，你的 7000 万元里似乎就有财富分配的不合理性。这是人们引起仇富和围观的重要原因。而比尔·盖茨有两个方面的原因，可以消解人们的这种围观。第一，经过几代西方企业家的成长，比尔·盖茨的财富运用已经建立在更高起点，也是更大范围的一种慈善意识和财富管理的基础上。比尔·盖茨有世界上最大的比尔·盖茨基金会，他在基金会上的一掷千金，远远超过给女儿租别墅的租金。第二，跟比尔·盖茨所处的整个舆论围观的环境也有关系。因为他的财富的获取相对来说比较透明。比尔·盖茨这一代人是财富英雄，更是知识精英。他们比较透明的财富获取和成长过程会消解公众在围观过程中对财富原罪追溯的这种冲动。

主持人：所以其实说到最后，大家一定会形成关于财富观的普遍共识。一句话，您在这方面的观点是什么？

章　丰：节目进行到这里，其实我们想给电视机前的中国先富起来的人群一个建议，就是美国“石油大王”洛克菲勒对自己财富运用的核心理念，叫作尽其所能获取，尽其所有给予。

主持人：所以其实对于富人来说，永远是花钱比赚钱更有艺术。作为我们大众来说，也不要简单地把中国富豪和外国富豪去做一个简单比较，因为我们刚才分析到，体制不同，财富积累过程不同，财富观势必会有各种差异。我相信假以时日，一切都会有所改观。

车展的主角该是谁

主持人：今天是5月2日，五一小长假后的第一个工作日，同时也是北京车展闭幕的日子。都说香车美女，可是在今年的北京国际车展上，美女确实抢夺了香车的很多戏份。

一年一度的北京国际车展今天落下帷幕，今年的北京车展是史上规模最大的一次，来自全球14个国家和地区的2000余家厂商参展，同时也云集了上千名汽车模特。车模已成为汽车文化的重要组成部分，也是车展上最靓丽的风景线。但是本次北京车展的一些模特，其性感出位的造型引发争议。比如号称"中国第一裸模"的干露露一袭性感着装亮相北京车展，立即引起不小的骚动。主办方甚至动用了大量安保人员搭起人墙，防止现场发生混乱。除了干露露，被封为"新一代车模女神"的李颖芝以一身"钻石小短裙"的战衣亮相，也火了一把。不少网友惊呼："北京车展模特，没有最露只有更露！"衣着暴露的车模，引发了广泛争议。首都精神文明办随后责令主办方进行整改。主办方也表示要引以为鉴，坚决杜绝此类事情再次发生。

主持人：对于这次北京车展，大家对这些车模众说纷纭。有网友调侃说是到"胸展"来看车，崔永元在微博上建议说，车模应该按照轿车穿，不能够按照敞篷车穿。宁财神在微博上也有句调侃说，好想去看"北京国际硅胶展"，这条微博引发了上万条转发。在五一小长假期间，章老师没有去北京看车展，会不会有点小遗憾？

章　丰：那倒也不用。因为公众媒体已经给了我们足够多的信息，包括车的信息和网友调侃的"胸展"的信息。

主持人:所以你会发现这次北京车展上,美女确实抢夺了香车的很多戏份。这在意料之中吗?

章　丰:我觉得在意料之中。其实车模在车展上是约定俗成的,这是行业内的通行做法。所以首先我提出第一个观点:车模可以有。本身我觉得在香车美女的汽车行业,在对自己进行营销的过程中,确实合乎人们欣赏汽车和欣赏美女的心理。

主持人:但是你会听到网上有很多质疑声出来。我们在报道中也看到,车展的保安人员说,59%的男人是去看干露露的,36%的男人是去看李颖芝的,剩下的都是因为有女宾陪伴,所以没有办法,只有回家看微博,来欣赏这些美女。我们了解到,其实几大车展里,车模和香车都是相得益彰的。很多网友说了,其实她们不过就是穿得暴露一点。我们至于去质疑她,甚至谩骂她们吗?

章　丰:车模可以有,但还有一句话就是,尺度也必须有。车模过于清凉的打扮,一方面确实会触及我们公序良俗的一些底线。另一方面,车模本身被过度追捧和围观,其实削弱了车展作为一个汽车展销平台的原始意义。在这个过程中,的确存在尺度把握的问题。

主持人:但是我们需要把尺度把握的责任推到车模身上吗?车展上有记者对干露露的妈妈做了采访。她说我们也想穿得保守一点,但是没办法,因为这些都是由车展商来定的。车展就好像春晚一样,所有的服装都不由我们自己说了算,都是车展商让她穿什么就穿什么。

章　丰:我其实非常不喜欢干露露的这种炒作和亮相。但是干露露的妈妈这句话还是很有几分道理的。其实车模本身就是整个车展里面的一个道具,可以说跟车子是一样的。车模打扮的尺度确实不是由她本身决定的。从某种意义上讲,我觉得车模是非常辛苦的。她用各种装扮,在那里默默站上一天,还要始终保持所谓的亲切笑容。车模的尺度就是公众的口味,通过车商的安排来展现在公众面前。所以我们去质疑车模本身,确实不够厚道。

主持人:我在网上看到了这样一段话,也许可以表达车模的心情:“喷薄欲出的夸张造型,掩盖不了依旧粗粝的生活现实。从这个意义上来说,车模们的搔首弄姿一点都不色情,我们可以反观出背后的苍凉。”但是我们必须承认,这次北京车展的车模能引起大家广泛的热议,干露露真是其中非常大的一个引爆点。我们不妨来看看干露露之前的炒作行径到底是怎么样的。

2011年2月14日情人节当天,一段名为《母亲冲进澡堂给女儿浴室征婚》的视频在网上流传得非常火。这段视频被网友称为“浴室征婚门”,视频的主角就是干露露母女。之后有媒体爆料,“浴室征婚门”是一起网络炒作闹剧。干露露称,她母亲很希望能帮她找个男朋友,于是想出了这个办法。2011年3月28日,干露露及其母亲雷女士参加某电视节目录制,干露露穿着性感,现场频频走光。母女二人更是大爆隐私猛料,导致节目录影数次中断。最后因为干露露的母亲遭同场嘉宾燕子的批评,导致干露露和母亲情绪失控。节目组出动保安才解决此纷争,干露露母女同样被质疑炒作。2011年10月,干露露母女再次爆出大尺度写真。有网友批评说,这对母女为炒作已经没有了底线。

主持人:这确实是很火爆的一种炒作方法。干露露一直都是颇受争议的人物。她姿色还可以,也算是小有成绩的一个女演员,为什么要以这样的方式来炒作自己呢?我在这儿是不是可以这样想,与其说公众现在来谴责干露露穿着布条衫出现在北京车展上,不如说大家更反感她之前的这种炒作经历。甚至有人说,为什么车展商要把干露露这样的人请到车展上来。

章　丰:对,我也是这个看法。车展的厂商把干露露请过来,真是一大败笔。对干露露本身整个装束的诟病还在其次,我特别不喜欢的是她那种审丑走红的方式。我觉得如果是透过对社会道德底线的不断打压,靠审丑的围观来获得聚焦度,这样的“明星”来到现代化的车展上,真是对车模的、包括车展的整体形象的损失。这样一种审丑的走红真的反映了我们公共传播的能力和理念。它就像一面照妖镜一样,看到了背后围观的低水准的传播能力和我们的传播理念。

主持人:4月26日,首都精神文明办就“2012北京国际车展”的不文明现象提出了严肃批评。但是我注意到其中一个细节,不妨拿出来着重讲一下。首都精神文明办根据市领导要求，会同所属地顺义区有关部门，于公众开放日前对现场进行检查，责令主办方立刻整改。这里的关键词是“根据市领导要求”。

章　丰：这让我想起上一期节目里，胡老师和程程聊到的西湖边草坪开放的话题。那是我们王水法书记和孩子们的一次偶遇，触发了这样一次改良行为。这次也是很有意思，是市领导看不下去了，于是相关部门，比如精神文明办和相关的区政府，对车展的尺度进行干预和把控。如果文明办不来管，那么应该谁管？其实我认为最重要的角色，应该是成熟的汽车厂商。因为他们是整个车展的主角，他们的成熟度决定了车展营销手段的成熟度。车展里面对车模的引入，让我想起我们国内另外一个企业叫恒源祥。2008年奥运会期间，恒源祥在中央电视台黄金时段播了一个引起巨大争议的广告，内容就是十二生肖，从“恒源祥，羊羊羊”到“恒源祥，猪猪猪”，一直到“恒源祥，鼠鼠鼠”结尾。长达一分钟的广告，在黄金时间用一种特别没有文化和创意的手段，进行了强势传播。我觉得除了说明他很有钱之外，真的说明这家企业非常没有文化。现在的车展上，我们的一些厂商用这样大尺度的车模，其实清凉着装的背后，已经抢去了汽车厂商品牌推荐和车型推荐的必要的聚焦度。所以我觉得是厂商的不成熟，才是导致我们现在整个车展变成“胸展”的悲催结局的最大因素。

主持人：但是，难道这个事件的发生，仅仅只因为厂商的不成熟吗？我可以给大家看一些例子。因为关于这次车展，网上发起了很多评论和调查。腾讯微博的热点话题是：你去“胸展”看车了吗？该话题有553万条的参与人次。在百度搜索中输入“北京车展”和“北京车展车模”，相关结果分别是485万和767万个。也就是说，车模的关注度明显高于车展的关注度。所以，有那么大的需求在，你怪得了厂商吗？

章　丰：我觉得不能完全怪厂商，但厂商是行业的生产者和销售者，他有义务或能力去引导公众在车展上的欣赏品位。同样是用车模，在法兰克福的车展上，车模一律都是非常大方和简洁的。法兰克福是全世界历史最悠久的车展，德国人是超爱车的，但他并不靠车模的着装尺度来吸引观众，而是强调车模专业的培训，强调车模的气质和品牌气质要衔接，以及车模对展示车辆要有专业的推荐和展示能力。厂商透过这样的车模，可以对公众的赏车品位，包括审美品位进行一些引导。

主持人：现在北京国际车展已经结束了，根据这次香车美女飙戏的份儿来看，章老师的一句话总结是什么？

章　丰：一句话——北京车展，豪车照见财富增长，“胸模”折射精神贫瘠。

主持人：其实香车美女本来应该是相得益彰的一件事情，但是在这次北京国际车展上，由于裸露和炒作引发了一场幼稚和粗俗的围观。《人民日报》有一篇时评说，要有效治理低俗现象，让“欲望号街车”停回它该停的地方。这不仅考验着社会管理者的智慧和能力，更需要凝聚起公众对重建道德秩序的共识，凝聚起维护社会公德的公民力量。

建筑界的“中国力量”

主持人：5 月 25 日，也就是上个星期五，2012 普利兹克建筑奖颁奖典礼在人民大会堂举行。该奖设立 33 年来，第一次颁给了中国人。

5 月 25 日，有“建筑界诺贝尔奖”之称的普利兹克建筑奖 2012 颁奖典礼在北京举行。49 岁的中国美院建筑艺术学院院长王澍领取了普利兹克建筑奖，这是该奖设立 33 年来首次有中国人获奖。普利兹克奖是建筑界的最高奖项，这次颁给中国建筑师王澍，国际评委们的理由是，他的建筑作品超越了未来与传统之争。中国美术学院象山校区是王澍教授最大的建筑群作品，和高楼大厦不太一样，这个校区的中心除了大山溪流，还有一片种植油菜和蔬菜的田地。

中国美院建筑艺术学院院长王澍：我要让出 50%还给自然，不仅还给自然，而且还给原来的土地，所以我们保持了大量的农地在校园的中间。

无论是充满中国山水水墨意韵的中国美院象山校区，还是钱江新城地标性的建筑“钱江时代”，抑或是由王澍带头领衔设计的南宋御街，都给杭州城市建设带来了不一般的美。此外，苏州大学图书馆、宁波博物馆和美术馆、世博会宁波滕头案例馆也出自王澍之手。

主持人：原来这些作品都是王澍设计的。可能大家对这些作品都很熟，也许昨天你还去过南宋御街，去走过、逛过、吃过饭。普利兹克奖的确有那么牛吗？真的是非常牛！短片当中介绍道，它堪称建筑界的诺贝尔奖，是由芝加哥的普利兹克家族设立的。这是个什么家族？我提到一个酒店你就很熟悉，凯悦集团就是这个家族的。

章　丰:对。普利兹克奖被誉为建筑界的诺贝尔奖,在中国内地,王澍是第一个获得这个奖项的。在他之前还有一位华人,就是大名鼎鼎的贝聿铭,他是一个全世界知名的建筑设计师。所以王澍拿到的这个奖,真的是很有技术含量。

主持人:普利兹克奖到今年是33届,一共有37个人获得了这个奖项。其中美国最多,有8个人,接下来是日本,5个人,英国4个人。有一些我们熟悉的建筑,它们的设计师都获得了普利兹克奖。比如我们很了解的悉尼歌剧院、鸟巢还有央视大楼,这些建筑的设计师都拿到过这个奖。所以放在这样的大背景下,你再去看王澍。和刚才说的那些地标性的建筑相比,感觉王澍的作品是不是有点小打小闹?

章　丰:我见过王澍更小打小闹的作品,是他1990年做的第一个建筑作品。你可能想不到,是浙江省的海宁市青少年宫。

主持人:处女作。

章　丰:对。这座1990年落成的建筑,它的外形和色彩的运用,即便已经过去20多年了,到现在仍然给人一种耳目一新的感觉,给人留下深刻的印象。这真的是一个很有个性的建筑师。

主持人:所以我们大家会关注,王澍他究竟是一个什么人。给大家做一个很简单的背景介绍。王澍1963年生于新疆,1985年毕业于南京工学院,也就是现在的东南大学,然后就到中国美院来工作了。您刚才提到他的处女作,然后我们刚才又看到美院象山校区,就可以发现王澍就是一个很典型的中国人。

章　丰:王澍是一个中国制造的建筑设计师。他没有走到外面去接受任何所谓国外建筑专业的系统训练,而且除了标准的中国制造以外,他还有一个非常强烈的中国印记,就是他所有的建筑都很“中国风”。你刚才提到的美院象山校区,里面有一个细节非常打动我。王澍为了能够让老建筑有尊严地复活,在象山校区的设计和施工当中,从全国各地搜集了700多万块老建筑的砖瓦,让它们在象山校区这方美丽的土地上,重新找回呼吸,唤回尊严。

主持人:我们现在马上来连线2012普利兹克奖得主、中国美院教授王澍,一起来听一听他的获奖感受。王老师您好,首先恭喜您获得了普利兹克奖。因为这次大奖,引发了大家对建筑和建筑师的关注。我不知道您自己最大的获奖感受是怎样的?

王　澍:好像大家都比我更高兴。其实中国这些年建设量这么大,一直在追求中国现代建筑的呈现。从某种意义上说,目前围绕我们的所有现代建筑,其实都是在拷贝国外。实际上国外的建筑设计界也一直在期望,期望中国能够把自身丰富的文化,转化到现代化的建筑上去。所以在这次颁奖典礼上,评委会主席说,他们终于发现了这样的转化,而且质量足够高。

主持人:在我们现在看来,把优秀的设计理念融入整个城市规划中去,这个过程可能还是有点不通畅。是这样的吗?

王　澍:其实这不仅是中国的难题,而是全世界建筑的一个难题。所有的现代城市都出现了支离破碎的状况,一方面从城市规划来说,需要真正能够制定比较有远见的城市规划,因为城市规划实际上都要在长时间的范围内来进行。另一方面,对设计师来说,需要有一个意识,要把中国本土文化的特征和国际上的最新发展进行嫁接和对话,要能够保持环境、建筑、城市的整体性。比如在城市里做城市建筑,它不是一片荒野当中,一块空地上的一个建筑,它最重要的就是与周围或者当地的文化和环境脉络相融合。也就是说,不是把某个建筑做得很突出,这个城市就能够成功,它一定是整体性的。其实这些讨论才刚刚发起。提出问题之后,并没有得到有效解决。所以我这两年主要还是在做这些实践,象山校区就不只是一个校园,它实际上是我对未来杭州城市如何建设的一个实验。

章　丰:刚才王澍先生在回答第二个问题的时候提到,对大规模拆迁之下,城市规划困局的困惑和炮轰。其实我在5月24日就听他说过这段话,是在普利兹克奖颁奖之前的一个建筑师论坛上。应该讲,王澍真的是一个非常有个性的，而且是非常敢言的建筑师。他对很多当下的问题都表达了深刻忧虑，比如中国现代城市化建设过程中，对建筑文化和城市文化的传承和创新，以及大规模拆迁之下，城市规划和建筑师理念的冲突，等等。我觉得这也是作为一名优秀的、世界级的建筑师应有的姿态和抱负。

主持人：可能很多人在看到王澍得奖以后，都会有或多或少的意外，因为像他自己说的，在拿奖之前从来没有出版过作品集，而且也只是在中国设计建筑而已。另外，他自己称自己是一个“业余的建筑师”。就是那样一个人，突然之间就拿到了普利兹克奖，您意外吗？

章　丰：他其实并不是突然之间拿奖的，而是源于他那么多年的坚守和积累。我注意到有很多建筑业的同行在评价王澍的时候，都用到了“热爱”和“坚持”这两个词。王澍真的是一个比较善于坚守的建筑师。《青年时报》曾经对他做过一次深度专访，里面提到一个细节。从1990年开始，也就是他完成海宁市青少年宫那个“小打小闹”的作品之后，十年时间，王澍再也没有亲手设计过任何一个作品。这十年他在干什么？他没有作为建筑设计师在工作，而是一直和工匠在一起工作，在真实的建造当中，获取对专业的理解和灵感。你想一想，其他的建筑设计师在忙着干什么？在忙着大量拷贝自己的创意，在忙着四处收取非常丰厚的建筑设计费，很快地让自己发家致富。在这十年当中，王澍能够坚持下来，本身就具备这个行业里面非常稀缺的品质。他靠这种品质坚持下来，也靠这种坚持站到了世界建筑奖的最高论坛上。

主持人：您刚才提到，很多建筑师在不停地拷贝作品。其实的确有很多山寨作品出现在我们眼前，不是吗？

章　丰：对。在这些年飞快增长的建筑群体里面，真的有很多让我们哭笑不得的洋建筑的“山寨版”，包括非常粗糙的古建筑的“山寨版”。这一次的普利兹克奖，给我们揭开了中国建筑圈里的一种误区。在世界平台和学术主流上，王澍对传统文化的坚守、创新和弘扬，恰恰是世界建筑奖花落王澍的一个重要原因。所以王澍的获奖真的能够帮助中国人，尤其是帮助中国年轻的建筑师，拾回对中国传统建筑文化的坚守和信心。

主持人：王澍的坚守，在他读书的时候就可见一斑。论文答辩时，老师建议他把论文修改一下，不然拿不到硕士学位。王澍给了老师一个答复，说人家连着三年要给萨特颁发诺贝尔奖，结果萨特都不要，我拿不到一个学位算什么？还有，当时让他去改造南宋御街的时候，他说如果要我做的话，就是不能做拆迁。所以我的理解是，王澍一直知道自己是谁，他要做什么。

章　丰：我觉得王澍非常清楚自己要做的是什么，而普利兹克奖的评委会最后到中国来，把这个奖颁给王澍，尤其王澍是一个在建筑界看来比较年轻的建筑师，其实他们也很清楚，把这个奖颁给王澍，其实是颁给中国城市化的特殊历史阶段。我注意到这次普利兹克奖的评委会主席，在颁奖辞上他有这么一段话，他说，未来几十年，中国城市化建设的成功，对中国乃至世界都将非常重要，中国的城市化发展，如同世界各国的城市化发展一样，要能与当地的需求和文化相吻合。在这里我想到2001年诺贝尔经济学奖的一个获得者约瑟夫·斯蒂格利茨，他也是一个非常厉害的教授。他讲过一段话，推动21世纪世界发展的两个最重要因素就是美国的高科技和中国的城市化。所以这个奖颁给王澍，我更多地把它理解为，其实也是颁给中国的城市化进程。中国是世界上人口最多的一个国家，并且正处在快速的城市化进程当中。2000年，全国的城市化率是32%，到2011年是50%。浙江又是全国城市化的先行区，按照上周五浙江省统计局发布的数据，我们去年的城市化率是62.3%，领先全国将近11%。城市化率的每一步提升，会在中国这样一块神奇的土地上，崛起多么巨大体量的建筑！这些建筑如果都是“山寨版”的，如果都是粗制滥造的，如果都不是传世的建筑精品，那对人类财富将是一种怎样的浪费！所以我在想，把普利兹克奖颁给城市化进程当中的中国建筑师王澍，的确也体现了这个世界级建筑奖的全球格局和专业视野。

主持人：在城市化的过程中，其实更需要把设计师的设计理念和我们的城市规划更好融合在一起。刚才王澍本人也跟我们谈到了这方面的问题。北京大学建筑学研究中心的教授张永和就说，王澍让我们看到了传统在当代文化中的活力，现代不等同于西化。那么，第一次普利兹克奖对我们来说究竟意味着什么？

章　丰：它意味着中国力量开始登上世界建筑界的舞台。如果让我用一句话来总结王澍的这次获奖，我愿意这样说——建筑界的中国力量，王澍是第一个，但绝不会是最后一个。

主持人：王澍自己说，希望我这次得奖，能够让更多的年轻设计师关注中国本土建筑，而且不仅是大型建筑，同样也有小型项目，而且放慢建设的脚步。我想这恐怕也是普利兹克奖颁给一个中国人的最大价值所在。

“张显现象”背后的忧与思

主持人:7月31日,药庆卫诉张显名誉侵权案的一审判决有了结果。节目一开始,我们先对案件本身进行回顾。

2010年10月,药家鑫开车撞倒了骑电动车的张妙,随后对张妙连捅数刀致其死亡。两天后,药家鑫在父母陪同下投案,并最终于去年6月被执行死刑。在此前的庭审过程中,被害人张妙的亲属张显,作为张妙代理人表示,除了接受药家鑫死刑的结果和15000元的丧葬费外,拒绝药家鑫父母的其他赔偿。为此张家得到舆论赞赏,许多人也通过各种方式给张家送上捐款。但在今年2月8日,张家人和张显等人却来到药家,要求“拿回”此前药家鑫的父亲药庆卫在微博上许诺的捐赠款20万元。双方还发生了肢体冲突。半个多月后,张家起诉药家鑫父母,索要这笔20万元遗赠款,半年后,张家提出撤诉。而另一边,因为张显曾在微博上编造子虚乌有的事实,把药家鑫说成“官二代”或“富二代”,引发不少负面情绪,使得药家生活受到影响,去年8月,药家鑫父亲药庆卫也向法院提起诉讼,状告张显名誉侵权。该案在前天有了宣判结果。法院判决被告人张显立即停止侵权行为,删除相关微博、博文,并在判决生效之日起在其微博、博客上连续30天刊登致歉声明,同时支付原告精神抚慰金1元、证据公证费用5960元。对于这个判决结果,张显表示尊重,并且不会再上诉。

主持人:在雁塔区人民法院判决之后,张显在自己的微博上发了这样一封公开信,表示对药庆卫道歉。他说,我自己写的两条微博,在言语上对你有所不敬;转载的6条微博,有的对你言语不敬,有的失实。无论是我写的还是转载的,在客观上给你带来了不良影响。因此,从你找我的那天开始,我就不断道歉。现在法院判我连续向你道歉30天,我个人愿意向你道歉300天。所以根据这封公开信,我是不是可以理解为,其实张显对法院的判决还是服气的,并且也承认自己存在侵权行为。

章　丰:其实张显在微博上、在互联网的舆情方面,经历了一个“玩火者”的过程。去年《南方周末》写了一篇报道,题目就叫《玩火者张显》。一开始,他在互联网上代表了一种正义立场,他所集聚起来的网络意见,共同指向了“药家鑫不死,天理难容”。但是随着他在互联网上不负责任的发言接连被曝光,被公众质疑,最后使公众在情绪上发生了非常微妙的变化,出来一种舆论叫作“张显不坐牢,全民学造谣”。在这个过程中,其实张显自己在互联网上也经历了一个炼狱般的过程。所以他今天能够接受雁塔区人民法院一审的判决,并且表示不再上诉,在我看来真是一个让各方归于平静,吸取教训的最好开端。

主持人:我们不妨来回顾一下,在药家鑫案审理期间,张显就曾经给药庆卫贴上过“富商”、“官僚”这样的标签,以至于大家对药家鑫的家庭背景做过一些猜测。同时他也在微博上多次描述,说药父身居我军军械采购要职,利益纠葛颇多等等,给药家鑫贴上了“富二代”、“官二代”、“军二代”这样的标签,以至激起了广泛的社会不满。

章　丰:对。很多人因此就质疑,是不是由于张显这种不当言论和贴标签的做法,导致了“因言杀人”这样一种影响法院判决的事实。实际上现在回过头来看,距离药家鑫伏法已经有一年多的时间了,法院给出的判决,在我个人看来是一个比较恰当的判决。但即便是药家鑫犯下了这种罪行,给人带来了令人发指的生命戕害,但是在他承担法律后果的背后,他个人的人格仍然是存在的。尤其是作为他的父亲,既承受了失子之痛这种极大的心灵创伤,又要承受张显在互联网上掀起的不实指责。在我看来,贴标签的做法其实是传播过程中的毒瘤。给人随便贴上标签,最容易造成的结果就是煽动公众情绪,由此加深标签背后的社会族群撕裂。这让我想起当年杭州“7·5”飙车案,那位所谓的“富二代”胡彬,最后也是有大量跟进事实的报道,发现并不存在所谓

“富二代”的背景。每一个年轻人都应该为他所犯的错误付出代价，但媒体及公共人士贴标签的做法给这个社会带来的撕裂和伤害，从某种意义上讲，比一个人犯下的罪行要深刻得多。

主持人：接下来，我们马上来连线药庆卫的代理律师兰和，听一听他对这起案件究竟是怎么看的。您好，兰律师。这起名誉侵权案一审判决以后，对整个社会所带来的意义到底是什么？

兰　和：我觉得有三重意义。第一重是社会意义。这个案件是被告人家属状告被害人家属的代理人，这在中国民法史上是没有先例的，是一个开先河的案例。社会对于这种行为的接受有一个过程，从一片反对到逐步理解，再到同情，乃至到最后的全力支持。这个过程本身就说明民智已开，说明社会已经开始学会了独立思考。第二重是司法意义。我们现在对于公益代理人的尺度口径放得非常宽，没有科学的设置，规定具备什么身份，什么专业的人才能作为公益代理人。就像张显，一点专业知识都没有，在某种程度上人格分裂，没有身份准入，也没有社会管理。在这样的前提下，他为了达到自己的目的，往往会不择手段。这是我们对司法制度的反思。第三重是网络立法的意义。我们已经进入全民记者时代和全民信息发布时代。在这样的情况下，在大家话语权扩张的时候，会有一个乱象，就是我们的技术屏蔽手段和法律手段没跟上。往往受害人所承受的伤痛和损失，与施害人所应该支付的代价不对称。这个案例充分说明，我们必须加强网络立法。

主持人：谢谢兰律师。在这个判决之前，有媒体曾经对张显做过采访。他解释说，那些话并不是自己说的，而是从一篇博文后面的网友留言中粘贴过来的。他说，在中国还没有发现因为引用他人话语而说引用者造谣，需要向另一方道歉的。况且药庆卫是杀人犯药家鑫的父亲，而他是被害人家属的代理人，也没有听说过罪犯家属要求被害方因语言问题而道歉的怪事，有点欺人太甚了。

章　丰：我想现在张显大概不会再这么认为了。刚才兰律师讲了这个案例带来的社会意义、司法意义和传播意义。我注意到兰和律师在代理过程中，曾经在媒体面前提到一个专用名词,叫“张显现象”。在他的理解中,这次的名誉权诉讼案,并不只是针对张显本人,更大的意义在于,在这个以微博为代表的自媒体兴起的时代,个人突然获得重大话语权以后,全社会都共同在寻求互联网上每个人言论的权利和义务的边界所在。从这一点来讲,这个判例是非常有价值的。不管怎么样,张显是一个实名认证的微博,又是站在公益诉讼代理人的角度,他的发言,无论是自己原始的撰写,还是对互联网上其他信息未经求证的转发,客观上都构成了对药家鑫父亲的侵权。而且即便是已经伏法的药家鑫本人,他的人格也依然受到法律的保护。所以从这一点上讲,在这次判例中,公众对“张显现象”的接纳过程和反思的介入,是对现在互联网世界中言论尺度的一种警醒。

主持人:从微博上看,至少张显在判决之后确实是有反思的。比如他发了一篇声明,说通过本案诉讼,我吸取了经验和教训,望广大网友也能够以我为鉴,做到文明发言,转载他人微博、博文的时候一定要小心谨慎,出现侵权情况时要勇敢面对,尊重裁判。但是他后面还补了一句,说如果再次遇到药家鑫这样极端恶劣的个案,我还是会呼吁严惩。所以我是不是可以这样理解,他的出发点是为了惩戒犯罪,但因为恰好张妙是他的亲戚,所以他在手段上表现得很不恰当。

章　丰:我赞同张显的这种态度。当这样的生命戕害事件发生的时候,所有的人都有围观、发声和参与的权利和义务。但是请注意,再正义的目的,也不能借用非法的手段来实现。当你在互联网上的发言已经变成了对另外一个人的人格诽谤和侮辱的时候,正义的初衷就转化成了非法的手段。

主持人:东北新闻网上有一篇李英锋的评论,题目叫《也该为药家鑫点燃一支蜡烛》。“药家鑫死了。作为一个曾经残忍剥夺过他人生命的罪犯,我们从法律和正义的角度憎恨他。他以生命谢罪,死有余辜。但作为一条鲜活怒放的生命,我们又从人性的角度惋惜他。他还那么年轻,才华横溢。他生命的终结,同样令人心情疼痛。”

章　丰:这让我想起2007年发生在弗吉尼亚理工大学的校园枪击惨案。

当时有一位韩裔美国人叫赵承熙，他在校园枪击案中造成32人遇难，然后他饮弹自尽。最后弗吉尼亚理工大学在校园里一共放置了33块白色的纪念石碑。33块，请注意，是32个遇害者以及那位赵承熙，也就是造成了巨大生命损失的凶手。因为在学校的生命理念里面，他们认为对死去的赵承熙的罕见宽容，能够展现他们所追求和认同的人性之美。完全相同的悼念待遇，意味着在生命面前给予了平等的尊重。在我看来，这是一种博大，一种坚强，一种勇气，其实更是这种社会所需要的一种托底的力量。

主持人：我昨天在梳理材料的时候，兰律师有一段话非常打动我。他说，"毋庸置疑，药案对两个家庭而言，都是一场彻头彻尾的悲剧。而在张显式的信息和言语鼓噪下，包括我在内的很多人，都在享受和围观这场悲剧。我后来在微博上发自内心地忏悔，人世间最大的慈悲，就是给生命一个赎罪的机会。"

章　丰：这个世界上最大的力量不是报复，而是原谅。这次的生命戕害事件发生以后，最后演变成在互联网上对名誉侵权的争议。但是我觉得比较好的是，它始于微博，最后也终于微博。我希望在微博上面，每个人曾经经历过的情感的起伏和煎熬，最后都应该回归到共同的谅解上，让每一个人都能从谅解里面真正走出来，无论是药父还是张显。

主持人：所以我们也特别希望，这件事现在真的到了结点，能够让药庆卫的家庭真正回归心灵平静。所以，章老师的一句话是——

章　丰：我的一句话——任何正义的初衷，都不能成为非法手段的理由。

主持人：兰律师说，这个案例在中国民法历史上开了先河。我想说，药庆卫诉张显名誉侵权案，其实是给现代公民上了两堂课：法律课和传播课。在当下的自媒体时代，其实每个人都需要时时警醒自己，遵守法律的边界，敬畏道德的底线。

刘翔的最后一枪

主持人:这两天,奥运的热点非常多,但再热的热点都比不过刘翔,因为在刘翔开赛之前,所有的媒体,所有的人,都已经把关注点转到了这位明星的身上。可是特别让人遗憾的事还是出现了。我相信很多人在看到刘翔因伤退赛这段画面的时候,仍旧是特别心疼。当时我们在看体育频道的时候,两个男解说员痛哭失声,一下子就受不了。关于刘翔的退赛,也有很多人就觉得太蹊跷了,又是 1356 号,又是 8 月 7 日,有这么蹊跷的事?

章　丰:就像有命运的魔咒在刘翔背后。刘翔的悲情谢幕,让所有人,让 13 亿中国人的心里都是"咯噔"一下。随着昨天刘翔的退赛,很多人的心情都是非常郁闷和悲伤的,但是不管怎么讲,我们仍然要向伟大的刘翔致敬。在他用单脚跳到终点的时候,对手举起了他的双手,伦敦碗给了他热烈的掌声。因为即便刘翔是以这样的方式告别了伦敦奥运,他仍然是目前为止,在中国男子田径项目上最伟大的运动员。他把他的整个青春都献给了赛道,给我们带来了那么多的欢乐和荣耀,所以我们仍然要向伟大的刘翔致敬。

主持人:刘翔不仅仅是中国的,同时也是整个亚洲的,甚至从他的整个表现来说,也是整个世界的。可是因为他这样一个踢栏的动作,因为栏把他给拦住的这个画面,很多人有种种不理解,更多的人在追问,这究竟是怎么了?刘翔伤了,难道他不知道吗?甚至《齐鲁晚报》给出一个标题,说《主演刘翔,导演是谁》。

章　丰:我注意到了有很多的猜测和追问,甚至有一些非常不善意的揣测,让人们那种悲伤的,或者说是愤怒的情绪随着口水涌向刘翔。其实在我看来，质疑也罢，不认同也罢，都是一种非常正常的情绪。当一个运动员在赛场上的表现令人失望的时候，人们有权利去质疑，人们也有权利表达自己的不满。但我始终有一个观点，我们今天面对的其实是两个刘翔。运动员刘翔真的已经尽力了，我们应该向这位伟大的运动员致敬。但是请注意，还有另外一个"刘翔"，也就是"翔之队"。刘翔背后有一个比较完整的团队，包括了他身上承载的很多东西。有网友调侃说：刘翔好不好，问问局领导；刘翔行不行，问问孙海平；刘翔伤没伤，问问赞助商。刘翔已经不仅仅是一个刘翔，他属于上海，属于中国，属于领导，属于赞助商，属于亿万粉丝，最后才属于运动员刘翔自己。在这一系列的背后，运动员刘翔背负的另外一个"刘翔"太过于沉重了。所以人们的那些质疑和不满主要是针对另一个"刘翔"，我认为这些质疑是有道理的，甚至是应该进一步引起我们反思的。

主持人：刘翔一倒下，很多人或许在想，这下中国田径的日子恐怕也难过了，因为刘翔身上不仅背负着他自己的运动生涯，同时还背负着几十亿经费。

章　丰：赞助商给刘翔带来的压力一定是实实在在的。前不久我参加海峡两岸大专辩论赛，其中有一个赛题叫作"体育明星偶像化，利大还是弊大"。很多人一直都在讨论这个问题。可以讲，没有体育明星，没有商业化推动的明星偶像化，现代竞技体育绝对走不到今天这样一个辉煌的境地，我们也享受不到竞技体育带给我们的如此壮观、如此充分的享受。但是过度的商业化，的确也给体育明星，特别是运动员本身的竞技生涯，给他个人的权利带来了极大的戕害。这种方式和手段真的值得我们反思。也许压垮刘翔，最后在栏架前绊倒翔飞人的，并不是他的跟腱，而是背后商业化裹挟的巨大压力。

主持人：所以很多人也在问，究竟他背后的真相是什么？今天我们也看到《钱江晚报》有这样一个疑问：体育精神，国家荣誉，个人信心，商业需要，组织不周，还有医学失误——究竟是什么力量决定让带伤的刘翔仍然上场？

章　丰：我觉得真相是有待于追问的。我们看到赛前赛后，翔之队包括冬日娜在报道过程中披露出来的信息，和人们在新闻发布会上对体育局相关官员的追问而得到的答案，是不一样的。比如，刘翔赛前到底有没有打封闭针，刘翔的身体状况能不能支撑他对金牌放手一搏……这里面有一系列的疑问，而背后也的确有很多利益的疑云。我们应该把刘翔个人保护起来，让这种追问继续，因为还有很多的运动员要走刘翔那条路。我们希望刘翔个人能够回到正常人的生活中，尽快摆脱病痛，但是我们也不应该放弃这种对真相追问的权利。

主持人：刘翔无疑是一个伟大的运动员，而在刘翔之后，我们也期待着更多优秀的运动员一代代成长起来。至少在浙江已经有两位了，孙杨和叶诗文在这次奥运会之后，一定会如日中天。

章　丰：尤其是孙杨，他一定会成为刘翔之后，中国体育的另一个偶像级明星。而且他跟刘翔很像。你看刘翔是 1983 年出生的，他在 21 岁的时候，在 2004 年的雅典奥运会上达到了他运动生涯的巅峰，一举成为全民体育偶像。孙杨是 1991 年出生的，今年 22 岁，差不多的年龄，也是在奥运会上一战成名。很快，他会成为一个全民体育偶像，赞助商一定会蜂拥而至，他所承受的压力、附着的利益一定会越来越复杂。虽然有的时候，我这个人会有一些比较“乌鸦嘴”的想法，但其实这样的反思是有助于保护我们身边这些天才型的、阳光的“中国太阳”，让他们能够在未来的体育生涯里走得更好、更远。

主持人：运动员其实不仅拥有强健的体魄，还要拥有强大的精神。在这次奥运会上，我们更深切地体会到了这一点。同时我觉得，他们还应该具备强大的思维，在争夺金牌之外，还要去争取自己人生当中最好的成绩。我们可以看到，有许多运动员做得非常棒，比如姚明。

章　丰：他是刘翔的上海老乡，作为运动员的转型之路走得非常好。除了姚明自身超乎常人的智慧和素养之外，“姚之队”的运作也有很多经验值得总结。我们希望“翔之队”能够像“姚之队”那样，我们更希望今后孙杨的“杨之队”也能够像“姚之队”一样，带动一个运动员全方位的能量，使他无论在赛道之上，还是在赛道之外，都有同样精彩的人生。

主持人：我们今天似乎不仅仅是追问刘翔怎么会在这一刻倒下，我们更需要追问的是，背后的原因是什么？

章　丰：我的一句话——我们感谢刘翔，尽管他已经不再是赛道上的赢家；我们更要祝福刘翔，因为你还可以是生活的强者。

主持人：今天其实还有一段话要送给大家，我们只希望刘翔现在脱下那双本不该套上的红舞鞋，从此自己想舞就舞，想跳就跳。其实这恐怕也正是真正的体育精神之所在。

陈光标卖空气　秀的是什么

主持人：我们先来关心一位大家都非常熟悉的陈光标先生。这位中国首善最近在忙些什么呢？忙着砸电动车，忙着卖空气。

8月11日，在南京的一个环保活动现场，有"中国首善"之称的陈光标举起锤子砸了他认为不环保的电动车。

陈光标：铅酸电池，就跟核武器一样，它是无色往外扩散的，所以给我们人类带来了看不见的核辐射。

砸车还不是活动最大的亮点，陈光标透露说，将于9月17日在北京、上海、广州设立流动专卖店售卖新鲜空气，每罐售价4元至5元，而一罐新鲜空气可以使用一个星期。

陈光标：我这个新鲜空气都来自祖国的长寿之乡，比如长白山，香格里拉。我这每罐新鲜空气里面有个芯片，是高科技。

主持人：都说"标哥一出手，必定抓眼球"。一会儿砸大奔，一会儿砸电动，一会儿与猪羊为伍，这会儿呢他是携美女出没。这位美女叫孙茜，是在《甄嬛传》当中饰演槿汐的。我们从画面当中可以看出，确实难为了这个美女了，穿得那么鲜艳。结果拿那么粗陋的大锤子，砸也砸不动。倒是陈光标，确实使着劲儿地在那儿砸电动车，而且喃喃有词。

章　丰：标哥这次出手瞄上了使用铅酸蓄电池的电动车。其实他把铅酸电池比作核武器，这样来贬损对手真的有点涉嫌不正当竞争。我突然想起我们《相对论》里面经常播的那个广告：带电久，爬坡强，刹车稳——绿驹电动车。看了标哥的砸车秀，情何以堪哪！

主持人:所以你看我这个电脑前面的背景板就是绿驹电动车。除了电动车之外,人家还说,其实跟自然资源也有很大的关系。章老师,我们曾经在节目中讨论过黑龙江的"风光之争",人家黑龙江已经出台了条例,说这个气候资源都是归国家所有的,而且如果说你要去勘探气象资源的话,必须得经过气象部门的批准。所以有网友就调侃说,你看,风啊光啊现在都是国有化了,那么空气更不用说,它一定是国有资源。所以有人就在质疑标哥,说你到底有没有经过审批啊!你有许可证吗?关键是你交了税费了吗?

章　丰:所以说标哥这个秀——空气,卖得真的有可能涉嫌盗卖国有资产。你看标哥在那个电视上说得神乎其神,说香格里拉的老百姓每人拿一个罐子朝空挥三下,它那个镶嵌了高科技芯片的罐子里面就自动装满了压缩空气,然后打开以后闻三下,头脑格外清醒,心情特别愉悦。其实那会儿,我看着电视机里面标哥真诚的眼神,我瞬间有被道长点化的感觉,心情比较忐忑,头脑特别混乱,千言万语两个字——骗子。

主持人:所以太挑衅科普工作者了。但是他哪里是骗子,人家是有解释的,你看他动真格的。他说在 9 月 17 日,他要在北京、上海、广州设立流动专卖店专门来卖这个罐装空气,而且说首期要销售 10 万罐,每罐的定价是 4 到 5 块钱。而且标哥特别看好这个市场。他说,第一次过亿的销售是没有问题的,哪里有骗啊!

章　丰:标哥还是进步了!你看他每次出来秀,人家图的是名。这次我看他既图名,而且直奔利益而去。所以从这点上讲,标哥其实是进步了。

主持人:我觉得章老师今天在节目中其实是满挑衅标哥的,但是我们能说他做这个事情真的是没有价值吗?你看他自己说他为什么要做:一方面,是可以满足人们对新鲜空气的渴求;另一方面,能解决当地几万人的劳动就业问题;还有,是他愿意以慈善基金资助的方式帮助青年创业来开办新鲜空气专卖店。不好吗?没有价值吗?

章　丰:标哥每次出来秀,他秀得合不合适都会引起众说纷纭。如果单就挑动公众的环保神经这一点而言，他这个秀还是有他的社会意义的。但是我始终讲，我说“秀”是个中性词，你要看他秀什么，为什么而秀。标哥这么做真的是为了环保吗？这次我去查了一下活动的背景，整个活动叫什么名字呢？叫作“奥运万里行，有我中国棒”。请注意，他背后的赞助商是谁呢？是山东一家生产锂电池电动车的企业，叫作舜意锂电车。其实标哥是人家请来站台的，而且是一个锂电池电动车的生产厂家。他来贬损自己的竞争对手，就是那些铅酸电池的生产厂家。从这个角度讲，标哥首先是来帮人家的商业机构站台的，我刚才就说了，这有可能就是涉嫌不正当竞争；另外，标哥这次一点都没落下自己的活儿，他是来卖空气的。所以环保秀的背后，我觉得这次首善的动机恐怕比以前做得要更昭然若揭一些。

主持人：说到底，其实这场环保秀也是标哥众多环保秀当中的一场。下面我们不妨来看一看，这么多年来，标哥究竟作过哪些高调的秀呢？

陈光标从 1998 年开始自己的慈善事业，2008 年汶川地震，他第一时间出钱出力救灾，被媒体称为“中国首善”。而之后，陈光标的慈善之举不断，也是争议不断。

去年 1 月，陈光标率领 50 余位大陆企业家，携 5 亿元新台币赴台捐款行善，因坚持以现金方式当面向困难人士发放，有县市直接拒绝其前来捐款。

去年 3 月 16 日，云南盈江发生地震，陈光标带着 15 万元现金赶到当地，向灾民每人发放 200 元现金。

去年 9 月 22 日，为响应无车日的环保理念，陈光标给员工发自行车和骑车补贴，还亲手将自己的奔驰汽车当场销毁，并建议应提高油价、停车费等，以鼓励大家“少开车、多骑车”。

去年 9 月 25 日，陈光标在贵州毕节开办个人慈善演唱会，并给当地群众派发 3000 只猪和羊以及部分农机具。

今年 3 月 3 日雷锋逝世 50 周年之际，陈光标和艺术家合作，扮成活人雕塑，以雷锋形象示人，并表示说，“当我穿上军大衣、戴上帽子，神圣的感觉立即充盈全身”。

主持人：有人说，陈光标做慈善其实是一件名利双收的事情，因为他用一笔漂亮的捐款就可以和地方政府结下非常好的关系，同时拿到地方政府的项目就会容易很多。关于这些，陈光标一直在解释，包括这次记者在环保秀现场采访他的时候，他又作了解释。他说，我做企业没有得到政府的任何支持，我拿的业务都是二包、三包的。如果我陈光标的秀得到过政府的支持，公开悬赏。如果陈光标凭关系来做企业，有一个检举一个，奖励100万。

章　丰：标哥又满嘴跑火车了。如果说有一个人真能够通过检举陈光标和政府所谓的关系得到100万，那这100万我来出。标哥真的不需要急于撇清和政府的关系。政府和企业之间有阳光透明的正常关系，是非常自然的一件事情。一个企业家，如果他热心社会公益事业，在社会公益事业上大力投入，那么政府通过合理透明的机制给他一些回报，我认为这是一件很正常的事情，也是老百姓可以认同的事情。没有必要急着撇清和政府的关系。这一点上，真是有"此地无银三百两"的嫌疑。

主持人：所以有人就说了，你干吗拿这100万去设立一个什么悬赏呢，你还不如直接拿这100万去做慈善来得更好。其实说到陈光标的慈善，通常都会被贴上"高调"和"作秀"这两个标签。刚才的短片已经给大家梳理了很多陈光标高调做慈善的例子。我可以再补充一个：在"两会"期间，陈光标公开告诉媒体，他们一家四口为了支持环保事业，名字全都改过了，他的名字叫陈低碳，老婆叫张绿色，两个儿子分别叫陈环保和陈环境。这四个听上去很滑稽的名字在后来引起了非常多的热议。我在想，陈光标究竟为什么要以这么高调的方式做慈善？他自己解释说，我做事就是不怕骂，越骂我越高调。我陈光标就是要挑一个头，高调来宣传慈善行为。

章　丰：其实我倒是不反对高调，高低各成曲调，五音方为旋律。其实在这个社会里面，大家应该以一种包容多元的心态去看待或高调或低调，或张扬或内敛的这种慈善的方式，包括对各种公益理念的那种宣扬的主张。我觉得这没有问题。但是请注意，不要荒腔走板。调子可以选高也可以选低，但是先有诚实，再谈慈善。其实在高调和低调背后，我们不是去计较他的姿态，而是他的每一个说辞背后，他有没有一个诚实的履行。

主持人：所以其实呢，你看一个高调的人在做一件高调的事，他一定会引起两种非常极端的情绪——喜欢和讨厌，而且通常讨厌的表达会更加情绪激进一点。当然你会听到，现在陈光标每做一个公众行动的时候，总是会引来很多的争议。哪怕他是在捐钱，哪怕他是在做慈善。有人当然是力挺他的，觉得我们是确实需要像陈光标这样高调的慈善家。但是我也看到有一些慈善人士，包括一些学者以及部分的媒体人士，是持否定态度的，甚至给他这种高调的慈善贴上了“暴力慈善”的标签。

章　丰：对陈光标的质疑应该说从来没有停止过。而且我注意到2008年媒体有一波大的质疑。2011年的时候《经济观察报》、《南方都市报》也连篇累牍地对陈光标的慈善，包括他在江苏黄浦的企业的盈利状况，以及他真实履行他的慈善承诺的状况，做了穷追不舍的追问。在这个过程当中我注意到，在互联网上意见分成截然不同的两类：一类就是觉得，陈光标人家毕竟捐了钱，在中国做慈善不容易，要不要那么穷追猛打，能不能怀抱善意啊；还有一类，就是我个人的主张，我认为慈善，即便你再高调，或者是你真金白银拿出来，它仍然必须经受质疑，因为这是公众和媒体的权利。另外作为中国首善，他其实身上也背负了这种经受质疑的义务。如果他是一个真正能够经受起质疑的中国首善，那么他对中国慈善的发展意义会更大。在这一点上我打个比方，就像我们造房子，有的时候，可能我们严格的工程规范会挑剔掉几块砖，甚至会减缓建筑增长的速度。如果足够扎实，每一块砖、每一个建筑材料的投放它都是合乎规范的，这个房子即便起得再慢一点，它也是牢不可破的。反过来，如果我们放弃了那些道德的标准，放弃了诚信的标准，把那个房子很快地建上去，多了几块砖，多了一层楼，但也许有一天，慈善的大厦将因为我们对道德底线的放纵而轰然倒塌。

主持人：对于这场神叨叨的环保秀，您的一句话总结是什么？

章　丰：我的一句话——陈光标砸车秀终归是空气。

主持人：一个充满争议的中国首善，一场众说纷纭的砸车秀，今天的我们不妨用最大的善意来看待他的言行，因为明天的陈光标终究会随着时间被真实地还原。

电商混战"三国杀"还是"三国骗"

主持人:如果有卖东西的人告诉你,我只有5%的毛利,或者有人跟你说,我三年直接就是零利润,你会不会开心死了呢?前一段时间,家电战打起来的时候,就有这么一个标语是这么写的。现在这场家电战已经进行三天了,情况怎么样呢,我们先来看一下画面吧。

8月15日上午8点50分,京东商城CEO刘强东在微博上晒出一张"打苏宁指挥部"的照片,矛头直接指向苏宁易购。苏宁官方微博迅速做出反应,贴出周星驰的电影插图,暗讽京东CEO刘强东价格不给力。口水战打完,上午9点,三大电商价格战真正打响。也许是网友太热情,京东商城、苏宁易购、国美三家电商网页速度堪比蜗牛爬。鼠标右键点击京东商城大家电,比如这款夏普彩电,就会弹出"此价一出,胜负已分"的对话框,面对京东的挑衅,苏宁易购今日的促销主题是"玩大的",而国美在首页上直接说出"如果京东卖1块,国美就卖9毛5"的宣言。开战20分钟后,京东CEO刘强东在微博上宣布,大家电的订单已经突破5000万元。10分钟后,刘强东告诫网友不要着急下单,价格还会一调再调。那么是否像电商所说,他们的价格没有最低只有更低呢?阿里巴巴旗下专门做价格搜索对比的网站一淘网表示,在实时价格监测中,他们发现了一些问题,提醒消费者需要注意。

一淘网资深总监陈丽娟:我们监测的是,他们在前一天就集体调高了价格。今天9点开始,比如京东确实调了4到5次,但实际上他们的价格并不是史上最低的价格,而且商品很多会缺货。

主持人:不管怎么说,不管这个标价怎么样,事实上是很多人都在抢货。可能很多人都抱着这样的想法:不管怎么比,里面一定有更便宜的。所以一定有人买了。你下单了吗？

章　丰：我真没有。像我这样中年人的家庭，除非腾笼换鸟，还真没有什么购买大家电的愿望，而且我这个人对那些所谓“超越人们想象”的打折怀有天生的警惕。另外，我很讨厌那种拥挤的感觉。你看，网站够拥挤吧。在拥挤的过程当中，用户的体验一定会大打折扣。所以我比较本能地会排斥这样所谓的价格战。

主持人：这一次所谓的电商大战也被大家称作“三国杀”，因为毕竟有三方最直接地在里面参战。《创业家》杂志作出了一个分析，它说，在电商“三国杀”里，京东商城的老总刘强东是张飞，他的技能是“咆哮”，在出牌阶段可以使用任意数量的“杀”；苏宁易购的李斌是陆逊，他的技能是“连营”，当你失去最后一张手牌的时候，你可以再摸一张牌。这样的比喻还有很多，我觉得非常有趣。各位看官，该买点电器了。

章　丰：是应该下单了。可是网友去下单的时候却发现，他们的服务器全部都挂了，即使你想下单，在那种拥挤的流量面前也要望而却步，商家显然没有做好准备。所以许多网友大呼有被忽悠的感觉，纷纷化悲愤为智慧，在那里狂编段子。其实有一个段子是最引起大家共鸣的，网友在微博上呼吁：其实家电厂商的“三国杀”很不过瘾，干脆我们请房地产商跟进一把，比如像任志强和潘石屹，能不能房地产大佬也来个“三国杀”，因为我们需要的不仅仅是大家电，我们更需要大房子。

主持人：结果呢，任志强和潘石屹估计也被@了无数次之后呢，给了一个回音：和为贵。究竟是“三国杀”还是“三国演”？该不会是一场促销吧。万一要这样的话，那我们的媒体，包括微博，这不都被利用了吗？我们该不会又免费替人做了一大广告吧！

章　丰：可能还不仅仅是“三国杀”、“三国演”，甚至有可能是“三国骗”。这让我想起2010年11月3日的那个夜晚，那个做出艰难决定的夜晚：“3Q大战。”那时候我在报社工作，我们很兴奋地在等待腾讯做出的所谓艰难的决定，因为那天的“3Q 大战”真的是中国互联网史上很有标志性意义的一大事件。你看那时候也有个猛张飞——360 的周鸿祎，就更像这次京东商城的角色，他跟所谓的互联网大腕——腾讯掰上了。最后两边做出的决定都是：要不卸载 QQ，要不就卸载 360 的杀毒软件，变成了这样一个捆绑网友二选一的艰难决定。我们不妨来重新复习一下当时特别欢乐的一个段子，是这么说的：360 壮，QQ 胖，360 要把自己绑在 QQ 上，QQ 不让 360 绑在 QQ 上，360 偏要 360 绑在 QQ 上。结果呢？3Q 大战一个礼拜以后被工信部叫停，腾讯丢了商誉，人们对腾讯多了一层行业垄断的那种担忧和不满，而 360 实实在在丢掉了很多的用户。现在我很担心，按照商业规则最后停下来的这场“三国杀”，最后会不会导致一个多方皆输的结果。

主持人：在这个背后，刘强东真的就是很莽撞地挑起了这场战争吗？

章　丰：刘强东绝对是一个微博营销的高手。京城 IT 圈的记者每年年底有一个非正式的聚会，然后会颁出一些比较好玩的奖项，其中有一个奖叫“金喷壶奖”。你可以理解一下，“金喷壶奖”主要表彰过去一年里面观点犀利、善于吸引眼球的互联网人士。刘强东去年毫无争议地获得了“金喷壶奖”，因为他实在是个擅长在微博上营销的好手。在这次整个“三国杀”之前，7 月份的时候，刘强东在微博上演了一出西红柿的营销大戏。他在自己的微博上晒出一个西红柿的照片，然后人们很快就发现，原来跟他差不多在同一时间，另外一个京东商城的小家电销售总监——一个女孩子发的西红柿照片，居然和他的是同一个西红柿，同一个阳台，只是角度不同而已，于是迅速引发网友猜测，有没有一个“京东爱情故事”的版本。人们还没有猜测完呢，第二天，京东商城的生鲜小食品零售频道上线了。刘强东顺手转帖——所有不转这个帖的人，注定不能吃到西红柿。最后人们说，刘强东真是又用极低的成本，演绎了一出西红柿的网络营销大戏。所以这一次在我看来，至少在京东商城而言，刘强东主动发起的整个微博营销，又是一次微博高手的成功媒体策划。

主持人：这一场销售，对所有的普通消费者来说最关心的就是：商品有没有真正的便宜下来？有没有实惠？又实惠到了什么样的程度呢？对此，我们的记者做了几款家电价格的对比，我们先来看一下画面。

记者挑选了五大类同一品牌同一型号的大家电进行价格对比，分别是：空调、冰箱、洗衣机、电视和家庭影院。海尔的某款大一匹空调：售价最低的是国美电器网上商城，为2399元；苏宁易购售价2487元；京东商城售价2488元；而在国美与苏宁的实体店中，价格均为3099元，最多相差700元。西门子的某型号260升三开门冰箱：苏宁易购与国美网店只售7399元；京东商城售价7899元；而在国美、苏宁的实体店中售价8990元，最大差价高达1591元。松下的一款泡沫净波轮洗衣机：京东商城仅售2389元；苏宁易购售价2399元；国美网店为2499元；同样的，国美、苏宁的实体店价格仍然高于网店价格，是2799元。索尼的46英寸全高清LED液晶电视：国美电器网上商城最低价为5089元；苏宁易购和京东商城的价格分别为5199元和5365元；这款电视，在国美实体店中售价6999元，而苏宁的实体店中只有该电视的升级款，没有同款。LG的3D蓝光家庭影院：苏宁易购和京东商城售价1999元，而国美电器网上商城的价格是2199元，相差200元；苏宁和国美的实体店中都没有家庭影院销售。而根据财经网数据分析，截至8月15日上午11点，大家电商品价格中，50%为京东更便宜，32%为苏宁更便宜，18%为双方价格相同。

主持人：感觉好像东西超多。

章　丰：我在看这个短片的时候，我很想求编导别放了。为什么呢？一大堆数字，真的是绕晕了，各种比价，各种缺货。其实倒是有一点让我挺感慨的。你看，其实30多年以前，我们还没有进入市场经济，在计划经济那个年代，大家电、彩电是要凭票购买的。那时候如果能搞台西湖牌彩电的话，是一个很有面子的事情。那一定是有关系而且有钱，能够拿到条子。才30多年的时间，现在你说它“三国杀”也罢，“三国骗”也罢，至少是有那么多商家赶着趟地在消费者面前表演价格跳水的游戏。从这个角度讲，市场经济真的是个好东西，它至少让消费者获得了这样一种在价格面前的心理优势。

主持人：这样的状况的确是前所未有的，而这种调价在很多人看来也根本不像是“三国杀”，不像我们期待当中真的有那么多便宜，反而更像是“三国演”。你刚刚用了更邪恶的分析，叫“三国骗”。你觉得这里面真的有一种恶性竞争吗？

章　丰：有很多媒体，包括公众在质疑恶性竞争。我们前一段讲到市场经济带来了价格选择这种便利，但是，市场经济如果完全是一种放任状态的市场经济，它就有可能在家电这样的销售领域里面产生过度竞争，就是所谓的恶性竞争。所以在这一次“三国杀”演进的过程当中，就不停地有人呼吁工商部门和商务部门应该介入调查，是不是有暴利存在。我也注意到，商务部有一个最新的表态，认为还需要相应部门对价格的真实构成状况进行调查，有调查才能做出进一步的处理。

主持人：定性上的确现在还没那么容易。

章　丰：但是我注意到这里一直有个问题，那就是：在媒体对这一次“三国杀”的分析中，在对刘强东率先抛出的“毛利”这个概念上面，大家一直有一些模糊。“毛利”是个什么东西？你去翻一下财务会计的基本准则和常识，毛利商品零售企业里面就是净价和销售价格之间的差价。毛利等于零意味着什么？就是今天我 100 块钱进的东西，我明天 100 块钱卖掉。请注意，这个一进一出之间，毛利如果是零的话，相当于它是平进平出。但是在这个进货和销货过程中，它会产生商品销售的运营成本，而且还有税费。也就是说，它毛利是零的话，它的净利润一定是负的。如果是在净利润负的情况下，毫无疑问，就可以认定它是属于不正当的竞争，牵涉到了所谓的“恶性竞争”，因为恶性竞争最核心的构成要件是低于成本价的倾销。所以从这个角度讲，如果商务部门的调查能够坐实，如果真的像刘强东宣布的那样，他是零毛利的话，同理，包括跟进的苏宁和国美，也一定是涉嫌恶性竞争的。但现在看来，好像商务部门没有给出肯定的回答。反过来讲，刘强东们，这次“三国杀”中的张飞们、赵云们，会陷入另外一个悖论：假设你不是真正的零毛利，也就是说，你的成本和价格之间仍然是有空间的，那么你就带出了另外一个问题——虚假宣传。现在媒体的分析中，很少有媒体对准虚假宣传这一点。网友已经说了，一切不以库存为基础的降价都是耍流氓。很多根本是没有货的。在这种情况下，虚假宣传要不要承担责任？要不要这么放任？在网络上面继续延展它的影响力。我觉得工商部门恐怕应该有所行动。

主持人：就是说这事儿不能仅仅交给市场来确定。在这场价格大战的背后究竟是怎样的一种状况呢？我们接下来给大家看一个小片子，里面有京东商城 CEO 刘强东自己的一个正面表述。

京东商城 CEO 刘强东说，目前家电行业价格有非理性竞争的倾向，这一次，京东看似发起价格战，其实只是跟进。他还强调，为消费者带来最低的价格是京东 8 年来的追求。然而记者在网上进行搜索后发现，京东、苏宁、国美的家电，很难说哪家是真正最便宜的，因为价格总是在不断地变化。

京东商城 CEO 刘强东：在某个时刻，总有一部分价格低，一部分便宜，但降价是持续不断的。你这个时候看到他比我们低，但是过 20 分钟再看看，我们一定会比他们更低。降价总是需要时间的，我们现在是每 30 分钟调整一次价格。

另外，刘强东还对价格战是否损害相关方利益这一问题做出回应。他认为，大部分产品都没有出现低于成本价的情况。

京东商城 CEO 刘强东：短期的惨烈价格竞争不可能长久，但是常态的价格竞争还是会长期存在的。如今这种情况可能也就持续这几天时间吧。

家电行业资深观察家刘步尘：有一些电商表示，它的股东支持它打价格战，打到死为止。显然，理性的投资者不会说出这样的话。所以，这里面确实有作秀的成分。但是从网友目前的体验看，他们确实在一定程度上把产品降价了，而且都在比着降。价格战打下去，大家会打得遍体鳞伤，甚至不排除同归于尽的可能。在这个时候，有关职能部门需要出面说句话，要调停这种战争。如果继续打下去，对中国电商的发展十分有害。

主持人：会不会同归于尽？我觉得好像结果未必会这么严重，因为我觉得，其实做商业的人头脑都比一般的人聪明，不至于说傻乎乎的，有一些行为全凭自己的冲动和莽撞来做。像刘强东，他绝对不仅仅只是一个莽汉。而国美的应战，包括苏宁的应战，也绝对不是一时头脑发热。

章　丰:在我看来,一定是没有头脑发热的嫌疑的。我很喜欢在分析一个问题的时候把它还原到新闻发生的背景上面来考虑,这样会让我们看问题看得更加理性。首先,刘强东为什么选择这个时间在大家电领域打响“三国杀”这场战争?我来分析给你听:首先,为什么是大家电?因为京东商城是一个综合型的网上零售平台,大家电只占到它网上销售额的20%左右,而它的竞争对手苏宁是传统的家电连锁销售企业,其60%的营业额在大家电上面。用20%去打人家的60%,这种风险的对比无疑是很高明的。还有一点,为什么选在这个时间?他绝对不是因为一时冲动。因为这个时间正是传统的大家电销售的淡季。谁要买大家电?两种人:第一种新房,第二种新婚,对不对?在房地产持续低迷的形势下面,大家电在2011年的库存已经达到历史最高点,而且在这个季节里结婚的人比较少,所以在夏季靠新婚和新房带动的大家电销售都比较淡。偏偏是在这个传统的大家电销售的淡季里,刘强东用20%去打人家的60%,所以可以讲,这样一个“三国杀”发起的背后根本没有冲动的痕迹,而是一个非常精心的策划。

主持人:刘强东这次放出了很多很有血性的言论。比如,他对投资者说:“我们除了钱,别的什么都没有,你就往死里玩儿吧。”然后呢又说:“其实‘三国杀’呢是一场资本战,你不让我上市,我就让你退市。”这背后资本战的成分占了多少?

章　丰:我觉得你开始真正讲到这个问题的核心了,就是“资本战”。其实在价格战背后就是资本这只无形的手在推动。可以讲,都是被资本逼的。刘强东现在处在一个什么境地?第四轮IPO(公开募股)受阻。在第四轮融资的关键时刻,刘强东迫切需要在大家电这样的网络家电销售领域里面拿出一个漂亮的成绩单,至少是一个在财务上看得过去的漂亮的成绩单,来给他的IPO受阻以及他的第四轮融资做出可信的背书。其实,虽然刘强东的京东商城发展很迅速,但他的日子并不好过。我注意了一下,京东2011年年底的财务报表亏损将近12亿人民币,真正的毛利率只有5%,所以坊间送给他一个绰号——“毛利小五郎”。“毛利小五郎”,看过《名侦探柯南》的人都懂的。“毛利小五郎”在第四轮融资这个关键时刻,如果他的传统电商领域被苏宁这样的大块头再切走一块的话，刘强东面临的其实是生死之争这样一个残酷的现实。再来看苏宁和国美，尤其是被强行拉进来的苏宁，其实人家也并不是被动出招。苏宁在“三国杀”打响的当天就抛出了一个80亿的企业债券的发行计划。80亿，加上它之前又有个47亿的增发，拿来干什么？它的重点非常明确，就是投入电商领域。电子商务是它必须要发力的一个战略性空间。如果没有这一块的话，它今后也面临着被别人革命的状况，所以不如自己革命。在这种情况下，苏宁和国美这样的大块头跟京东商城在电子商务平台上必然要展开的肉搏战，终于在各种因素的推动下走到了一触即发的境地。所以这一次，你仔细看就会发现，其实是资本在博弈。刘强东要借助漂亮的报表撬动资本之手，而像苏宁、国美这样的大型传统企业，在向电商转身的过程当中，它要把自己的全部资本身家都押在上面，也是放手一搏。

主持人：那么这场战争之后，事实上资本市场也的确产生了一些变化。比如说苏宁，在价格战开打的时候，它当天开盘下跌的幅度一度逼近5%，结果到了中午呢，尽管跌得很厉害，下午的时候又飙升到了涨停。所以其实在实体店当中，它们也还是有变化的。我们先来看一看实体店中都有哪些变化。

8月16日上午9点29分，京东商城CEO刘强东再度出招，宣布于11点至12点发放“满2000元返300元”和“满3000元返500元”的大家电优惠券。他还表示：“和苏宁的战争早着呢。”10点57分，苏宁易购执行副总裁李斌也发微博称：“促销活动不能靠玩噱头只说不做，只有消费者认可的真正实惠才是根本。”8月16日，一淘网仍然开通电商比价擂台直播间，为网友们实时展现各大网店的降价情况。一淘网实时比价奖牌榜显示，京东一直落后。根据当天下午17点40分的数据，国美第二，京东第三，苏宁第六；而在当天的一淘比价最贵榜中，京东以397件商品最贵高居榜首，苏宁易购仅次于京东，199件，而国美最少，为64件。价格之战打得轰轰烈烈，遭网友纷纷吐槽，直呼几位老总都是“大忽悠”。有网友说，把iPhone 4S降到3900，大家绝对疯抢，你弄些家电干吗，难不成我天天扛个大冰箱去上班啊！网友“购58网站长”说，倘若玩的是双簧，最终输家还是消费者。好多商品处于无货无法配送的状态，扯这么大的旗子实则是帮其清货。还有网友爆料，京东发放优惠券后，下单前低价显示有货,下单后,放入购物车显示无货。记者了解到,这场电商大战很快便将从线上蔓延到线下。8 月 17 日开始到 19 日,苏宁电器将开启线下促销,国美电器则从 24 日起有促销活动。

主持人:从线上蔓延到线下也罢,在线上大战促销也罢,事实上这背后一定得有人出来买单。其实我们很多人都注意到了,在这一次价格战当中,三星、索尼这些国际大品牌没有参加,海尔也几乎没有什么家电产品参加。那么其实从这个里面就能看出来谁比较有主动权,谁为了买单又觉得舍不得。

章　丰:其实真正买单的人一定不是电商,而是制造商。我注意到有媒体披露消息称,这一次大幅度降价,所谓毛利率到零的低价销售商品,有三分之二的价格是由上游的供应商,也就是制造企业来买单的。所以才会出现那么多制造业的企业出来同时呛声,激烈地反对这次"三国杀"。在这个角度上讲,如果你把制造商的利润空间真的都挤没了,最终倒霉的仍然是消费者。所有这种价格垄断战都会带来很严重的后果。1998 年,长虹当时是最大的电视机生产厂家,它跟全国 8 家显像管生产企业签订了垄断性的排他协议,垄断了全国的显像管产销环节,造成了一家独大。长虹利用这一点,确实把很多小电视厂家打趴下了,但是由于它在显像管采购过程当中价格过低,最后长虹自己也因为制造业利润的这种倒逼把自己整趴下了。所以每一次由这种过度杀价造成的垄断竞争,最终制造业总是一个最大的受伤者,而制造业最后又会把这个行业不振的后果反馈到消费者的福利损失上。

主持人:所以在这一场战争当中,我们可以看出来谁是主角,谁是配角。那么我们消费者又在哪里呢?

章　丰:主角一定是电商。配角有两个:一个是制造业企业,我刚才讲到的。还有一个就是消费者。消费者其实就是一个彻头彻尾的配角。短期来看,也许我们在某一件大家电上会获得局部的价格优势,但从长远来看,消费者长期的福利一定会在这种以垄断为诉求的价格恶性竞争中受到损失。我注意到,这一次整个"三国杀"的过程当中,阿里巴巴集团搞了一个神仙会,其中他们的秘书长邵晓峰,网名叫郭靖郭大侠,他有一段总结我认为讲得非常好。他说，京东、国美、苏宁争夺的根本，是未来三年对供应商的渠道控制权。只要谁控制了供应商的管理，谁就能够做这个行业里的老大。所以这几家电商其实都不是来做雷锋的，它们的行为是一种以垄断制造商和供应商渠道为根本目的的恶性竞争。在这个过程中，它们一旦掌握了对供应商渠道的垄断权，那么最终一定会把价格牌重新翻回来。那个时候它们就会对消费者说，对不起了，价格比较高，因为我已经掌握了充分的市场博弈权，你爱买不买。这个就是垄断有可能给消费者福利带来的长期损失。所以我一直有一个观点：我们现在不要为眼前看到的这些局部商品的降价而感到高兴。我们真正应该看到，电商们在以垄断为诉求的那种恶性竞争背后，有可能给我们消费者带来长期福利的损失。

主持人：是的。其实我觉得，在这一场大战中，作为消费者的我们还是能实实在在地感受到一些变化。尽管我们刚才一直对它发出批评的声音，其实它还是有一定好处的。

章　丰：至少有一点，在我看来，就像吴晓波先生在博客上讲的那样，这一轮的电商"三国杀"会带动"消费者习惯的决定性迁移"，也就是说，许多原来习惯在线下购买商品的人，现在会更多地转向对电商这种新型消费模式的关注和认同，这场大战会培养一批新的电商消费者。

主持人：所以说在这个背后，我们今天谈的，其实不仅仅是电商本身的那个厮杀。我们需要看到这场厮杀背后的那个真问题。

章　丰：这次的厮杀在我看来，毫无疑问，带了很多疯狂的、不太理性的东西进来。先进的业态应该怎样真正获得理性发展？不仅仅是价格战。我们的整个配送渠道，整个用户体验，整个品牌的差异性建设，应该沿着良性的轨道去规划和发展。只有这样，播下疯狂，收获理性，也许才是"三国杀"最后带给这个社会的正向的财富。

主持人：所以说，在节目的一开始我们就讲，今天我们要对这一场电商大战层层剥洋葱，剥到最后我们来看，洋葱的心是什么。

章　丰：一句话——电商“三国杀”，一场以价格为名的资本游戏。

主持人：其实也有一个评论员说，如今的营销会把客户当傻子来调动，但是客户只会越来越精，即便不是越来越精，对于很多炒作刺激和价格优惠的忍耐力也会越来越强。这是电商企业必须要警醒的趋势。

那些“是与非”

"任督二脉"的是是非非

主持人:最近在你的身边,是不是有一个词特别热闹?"任督二脉"。确实,"任督二脉"现在不仅引起了各方专业人士的热议,也着实勾起了你我的好奇心。事出何因?

武侠小说风靡的年代,除了"降龙十八掌"、"九阴真经"等等,人们还记住了一个名词——"任督二脉"。只要打通"任督二脉",成为一代大侠指日可待。

"任督二脉"的概念来自中医诊脉与道家导引养生。近来炙手可热,是因为甘肃省卫生厅网站5月22日发布的一则消息。5月12日到20日,甘肃省医务人员举办了一个真气运行学骨干培训班。参加培训的47人中,有41名学员打通了"任督二脉"。学员们普遍感受是通督后很兴奋,精力充沛,既往疾患明显减轻或痊愈,饮食、睡眠等恢复到正常状态。

主持人:我们看到最新的回应是,今天早上,杭州市体育局局长、杭州市武术协会名誉副会长赵荣福出来说,"任督二脉"确有其事。在他本人练功多年的过程当中,人打通"任督二脉"之后,确实会感觉到气血流通非常通畅,对身体有好处。而且我们在开头给大家看了《倚天屠龙记》的片段。熟读金庸的朋友,关于"任督二脉",你们懂的。我们看到网友"海盗船长"说了这样一句话:狄云用了12年,张无忌用了8年,甘肃卫生厅9天就打通了,可以与五大门派抗衡了!

章　丰:为什么你在开头时候说,咱们是应博友要求来勉为其难地聊聊"任督二脉",两个原因:一是我们两个都不专业,也没有体验过周身气血流转的那种感觉;还有一点非常重要——根据对中医和经络的态度,电视机前的观众大概可以分成两类，一类叫中医粉，坚定地拥护中医，并且中医已经成为自己养生当中非常重要的工具和载体；还有一类朋友我也很了解，他们一概不相信中医，被称为中医黑，在他们的生活经验当中，中医是一件不靠谱的事情。所以我们今天的选题，有可能得罪了中医粉，也有可能得罪了中医黑，甚至我们最悲惨的结局就是，把两边一起得罪了。

主持人：章老师，我吓死了。做《相对论》要不要冒那么大的风险。但是无论如何，我们需要先搞清楚，"任督二脉"究竟是怎么回事。我负责调一张大师级的经络图，章老师您可以看一下。我们科普一下，究竟什么是"任督二脉"。

章　丰：说实话，对着这张图，我肯定不敢做科普，这必须由比较专业的人士来做解释。我个人对中医的经络理论还是非常感兴趣，在我身边，在家人和朋友当中，也有很多人在日常生活中把中医经络作为自己很重要的保养手段之一。我觉得它至少是一种比较靠谱的养生健体的方法。如果大家对"任督二脉"真正感兴趣，对中医的经络理论感兴趣，可以看看今天的《钱江晚报》头版头条。记者真的做了一个非常扎实的采访，有中医师，还有你刚才提到的赵荣福局长。赵局长是一位资深的武术家，当然他现在也是体育线上的一名主管官员。他们还采访了科学家，科学家也站在自己的角度，对中医的经络学说，对"任督二脉"这回事情给出了一个解释。总的来讲，作为中医的传统经络学说，"任督二脉"确实是存在的。另外，从实验科学的角度来讲，它的功效还有很多等待验证的地方。当然我们也可以再到现场，听一听浙江中医药大学副校长方剑乔教授的说法。

方剑乔：什么叫"任督打通"？我们一般从病人的治疗效果来反证"任督二脉"有没有通，具体没有客观指标说明它通了。所以我们说，"任督打通"在中医里是存在的，但是怎么通，这个表达方式是没有客观标准的。任督在中医里面体现的学说是在主导养生和治疗疾病方面，这是没有问题的。但也有问题就是，第一，不要把"任督打通"夸大；第二，不要把中医的"任督打通"描述为打通哪一个气血的现象，这也是不科学的，在古书里没有描述它有这样的功能；第三，不能因为所谓的气功学，或是武侠小说夸大了它的作用，就来否定中医里任督的说法。

主持人：方校长说了，对这个事情不要过度渲染。现在一定是有两派，极其认同的和极其反对的。那么在科学论证的过程当中，我们在看待“任督二脉”这条新闻的时候，究竟应该秉持一种什么样的心态？

章　丰：四个字——平和理性。我真的是这么想的。我觉得“任督二脉”作为中医的经络学说，这一次之所以被网友们传得沸沸扬扬，一半以上是金庸惹的祸。因为在武侠小说里，通过神话“眼镜”看过去，“任督二脉”真是一个无所不能的奇经大法。如果用这个角度来看“任督二脉”，它当然有被曲解的一面。反过来讲，如果大家都靠金庸来认识“任督二脉”的话，倒真是凸显了我们中医药界科普的软肋，不能怪公众。我一直秉持这样一个观点，“任督二脉”的口水之争，特别是中医粉和中医黑之间的激烈冲突，凸显了这样一个问题：我们怎样在现代西医学说的背景下面，来兼容并蓄我们传统的中医学说。这是社会的一个大话题。在我看来，中医和西医的确是两种不同的医学思路和文化。中医讲究辨证施治，强调系统，强调经验。西医非常强调对症下药，强调的是实验，强调的是解剖。如果完全用西医的观点来看中医，中医有很多东西没有办法用实验印证。所以我也有一些医生朋友是坚定的中医黑，他们就是不相信有中医这回事情。但是在我看来，不管你是中医粉还是中医黑，都不妨各退一步，对对方所不理解的那一部分抱有平和理性的态度和包容的心态。我相信，中西医一定会在未来的医学道路上有一个竞争与合作的过程，这种竞争合作一定是人类医学宝库里共同的财富。

主持人：章老师，怎么样都不应该把责任推到金庸身上吧。这个事情引发那么多的关注，其中有一个非常热点的人物，就是甘肃省卫生厅的厅长刘维忠先生。您刚才其实也谈了，我们要退一步来看这个问题。所以我们不妨来退一步，看看这个刘厅长对中医的热爱，我们不妨来支持他一下。我特地上了他的微博看了一下，发现他有 105 万名粉丝，而且他的标签首先写到的就是中医、中药。他也曾经多次提到，猪蹄对防艾滋病、肿瘤等疾病的治疗效果，猪蹄汤和黄芪水也被他视为是救人续命的良方，还通过官方平台来发布，所以他被很多网友称为“猪蹄厅长”。

章　丰：刘厅长本身力挺的内容，我们暂且撇开不议。我觉得刘厅长至少是一个热爱中医的人，是发自内心热爱中医的人，而且中医一定是值得热爱的。至于他对猪蹄汤的褒奖和力挺，我觉得可能还需要一些科学的东西来验证。另外我比较赞赏这位厅长的一点是，他至少是个敢于直言和担当的厅长。在甘肃卫生厅这次关于“任督二脉”的稿子出来以后，网友哗然，确实引起了非常多的议论，可以讲是口水滔滔，但这位厅长在微博上连续做了两次回应，一次是出来解释，说我们所谓的“任督二脉”没有像网友传的那么邪乎，只是养生健体的一种调试方法；另外一次他甚至讲到，愿意用自己的政治生命作为代价来力挺“任督二脉”真气运功的培训形式。所以不管怎么讲，他至少是一位热爱中医、直言敢言的厅长。

主持人：就是因为他的厅长身份，加上又做了这样一次宣传，才使这次的“任督二脉”能够引起热议。本来我们觉得，这是你的个人爱好，怎样有兴趣，怎样去推崇都没有问题，但关键你是一个省的卫生厅厅长，而且你利用了官方的形式来发布。刚才章老师说，他已经用政治生涯来做担保。你知道在金庸的武侠小说里，除了刚才那些神叨叨的功夫之外，还有一个词叫“走火入魔”。

章　丰：从这个角度讲，我觉得他确实有点走火入魔了，因为他讲到，我愿意用我的政治生命来做抵押，但他忘了，政治生命其实不是他本人的。权力是由公权赋予的，也就是说，他的职位是由公权力赋予他的，或者说是民众所共同认同的政治体系赋予他的使命。在微博上，包括他以甘肃省卫生厅厅长的身份来到培训班现场讲那番话，站那个台，都不只是刘厅长本人，更不是一个中医爱好者那么简单。在他身上，首先体现的是一个省卫生主管部门的最高行政长官的身份，其次才是一个中医爱好者。所以也有评论讲了，他这是公职身份错乱。这就像我们很多官员在微博上一样，很多领导干部开微博，他们觉得特委屈：我开一个微博，是我个人的微博，我在微博里晒我的生活，有什么错吗？为什么要跟我的职务身份联系在一起？他也没有意识到这一点，就是在现代社会中，尤其是在公权力非常强势的社会体制里面，一个官员首先是官员，其次才能做回自己。所以这位厅长的一系列表态和一系列发言，在敢于担当和热爱中医的背后，真的是有一点点走火入魔，把自己的公职身份搞错乱了。

主持人：本来他把自己的这种爱好，把对中医的热爱在自己的微博上晒出来，向大家来宣传，可能也没有错。但是为什么对这个爱好，我们要打一个问号？因为我们注意到，甘肃省卫生厅在4月18日曾经下发了一个《关于举办真气运行学骨干培训班的通知》，在《通知》里面就讲到，每位学员要交2000元费用。所以《京华时报》有一篇文章说，打通"任督二脉"无关中医，关乎利益。因为是厅长下的命令，医务人员也不好拒绝，其实他们就是为了赚钱而已。

章　丰：我倒是觉得，不能简单地得出"为了赚钱"这样一个结论。这个培训班的本意，至少从厅长给出的信息来讲，还是由医务人员先练起来，然后惠及更多的民众，有这样一个良好的意图设计在里面。但是有一点质疑是非常集中而且也是非常确凿的，那就是，那些医生参加培训班缴纳的所有费用都是由医院买单的，也就是由公款买单的。用公款买单的行为来支持一个市场化的养生项目，无论如何，我觉得公权力在这里再次错位了。有网友调侃说，只要你不用公款来买单，别说打通"任督二脉"，就是练成《葵花宝典》，我也不管你。

主持人：所以，我暂且不管他是打通"任督二脉"还是练成《葵花宝典》，我也不去说费用当中到底有没有猫腻，我单就说一个官员、一个官方网站去做这样一件事情，究竟合不合适？

章　丰：当然不合适，非常不合适。公权力为这样一个处在争议当中的，而且是市场化的真气养生项目去站台，是有很大的风险的。两个风险，第一，他有可能站错了台。因为你知道，甘肃省卫生厅这样的一纸公文，这样一个公开见诸于官网的报道，包括厅长本人在培训班上的这番发言，毫无疑问是用我们卫生部门的威信和卫生系统的专业性，为真气养生的市场化培训项目站了台。某种意义上讲，是为它做了背书。这样一个有待验证、争议很大的气功养生项目，万一是张悟本呢？万一是李一道长呢？那时倒台的就不只是培训班本身，也不只是所谓的“任督二脉”了，倒台的将是甘肃省卫生系统的公信力和整个政府的威信，所以这是有巨大风险的。还有一点，他公权力的角色错位体现在卫生厅本应担任监督者的角色，对全行业各种各样的卫生行为以及这类养生保健项目做出监督，但现在他却把自己移到了伙伴的位置。原本他应该从公立的角度去鉴别和管理这些项目，如果有什么不妥当的地方，应该去纠正他，但是一旦他们并肩而行，他就从裁判者变成了运动员。这样一种角色的错位会给未来整个市场的公正性和专业的公正性带来极大的困扰。

主持人：所以“任督二脉”看似热闹，其实一开始章老师就给出了观点，作为旁观者，需要更加平和理性地对待，那么对他们来说呢？

章　丰：一句话——用公权力打通“任督二脉”，小心走火入魔。

主持人：被武侠小说神化的“任督二脉”，在这位卫生厅长的公权力挺之后，再次成为热议话题。撇开各种口水各种偏见，我们在权力回到本位的同时，大家不妨静下心来思考这样一个问题：如何让传统中医在现代语境下找到一条平和而理性的表达之道。

地铁遇狼 怪羊还是怪狼

主持人:这两天,有一条官方微博非常火,博主的名字叫“上海地铁二运”。同时这两天,还有一张照片也很火,主角是两个拿着标语的年轻女子。

这张照片的拍摄时间是6月24日,地点是上海地铁二号线南京西路站,这两位姑娘手里拿的标牌上写着,“要清凉不要色狼”,“我可以骚,你不能扰”,照片在网络上迅速流传开来。这两位姑娘为什么要这么做呢?事情的起因是一条微博。6月20日,上海地铁第二运营有限公司在其官方微博上发布了这样一张照片,一名身着黑色丝纱连衣裙女子的背面,由于面料薄透,旁人能轻易看到该女子的内衣。而上海地铁二运对这张照片如此写道:“乘坐地铁穿成这样,不被骚扰才怪,地铁狼较多,打不胜打,人狼大战,姑娘,请自重啊!”这条微博迅速发展成为一个公共事件,引发网友热议,也导致两名女子的地铁抗议事件。

主持人:这是“上海地铁二运”在6月20日晚上发的一条微博。那么到目前为止,我们所看到的转发数是15874条,评论是6877条。我大致翻了一下评论,其实观点无外乎是两种:一种是强烈谴责地铁二运的,说官博不指责色狼,却让姑娘自重,还偷拍照片,官博才需要自重;另外当然也有力挺,说是穿着本来就应该注重场合,人要有起码的常识和公德,如果连这个都要讲,简直是滑稽。我也大致去浏览了一下“上海地铁二运”的其他一些微博,发现基本上每条微博的转发和评论数加起来恐怕也就是10。但是你看这次的转发和评论数这么高,所以我在想,这个微博是不是太热了一点。

章 丰:这个微博真的很热,大家尤其关注那两位站在上海地铁口,拿着标语的蒙面女子。首先我的个人看法是，其实我真的很赞赏这两位年轻女子优雅表示抗议的方式。正是因为她们这种优雅的抗议，让“上海地铁二运”这条微博在后面持续地发酵，而且引起了大家对这个话题的深入讨论。所以首先我真的很欣赏她们那种表达抗议的文明而优雅的方式。另外，我觉得“上海地铁二运”的这条微博之所以引来这么多人关注，有这么多口水灌到上面，我觉得它这条微博本身的确是有一些问题的，或者说是在一个良好的、提醒的本意下面，它用错了力。在我看来至少有两条，第一条就是，有一种推卸责任的嫌疑。网友的评价是，管不住狼就来管羊，似乎有些推卸责任的嫌疑。还有一点，在这样一条新闻当中，多多少少透露出一些对女性的偏见。你穿成这样不被骚扰才怪！好像地铁有风险，乘坐需谨慎。对后面的骚扰行为，似乎要把责任部分归咎到过于清凉的打扮上面，有一点点现代版的红颜祸水论。

主持人：但是我比较赞成的一种观点是说，这个女孩子穿得少是她的错，但是问题是，地铁色狼也不是因为她才出现的。所以你看事实上，上海地铁今年夏天以来连续发生了多起猥亵事件，其中仅上海轨道交通公安 5 月份就接到了 6 起色狼猥亵女乘客的报案。同时我们也需要注意这样一个数字，因为现在上海地铁是大家主要的出行工具，基本上日平均客流量达到 555 万人次。所以那么庞大的一个量，对于地铁方面来说，是不是他其实也会有苦衷。

章　丰：他自己说了，人狼大战，防不胜防。我觉得这有一定的道理，就像现代版的喜羊羊和灰太狼一样。但是地铁和羊村、狼村最大的不同是，它是没有篱笆的，喜羊羊和灰太狼是坐在同一个车厢里的。所以面对这种羊和狼之间的冲突，我觉得地铁管理者也的确有他的苦衷。但是毫无疑问，他不能因为这种苦衷来推卸自己的责任。在这种巨大的、现代的轨道交通的载体上面，他至少应该做两件事情。一件是应该在公共的交通体制设计上，留出对女性保护的一些措施，比如像巴西和日本，有女性专用的车厢。当然这样的车厢在中国是不是适合推广，可以论证，可以调研，但是至少应该跟进一些在轨道交通和运输安排方面的措施，来更多地强调对女性的保护，尤其是在这样的夏季，在清凉的季节里面。还有一件，应该加强对那些狼们的宣传引导，至少应该优雅地提醒男士，在这种季节性一饱眼福的过程当中，可以有爱美之心，也可以有赏美之心，但是要学会自律，学会节制。

主持人：所以你看，我们从羊的角度再来说，其实从女性角度来说，穿成什么样都是我们自己的事情，我们也有美丽的权利！但是我必须想说的一点是，你看刚才拍出来的这位地铁女子，她的穿着真是有点过分清凉了。所以我在想，如果说这条微博是她的朋友或者家人发的，恐怕大家也觉得是很善意，可能是一个提醒，所以一笑了之。但关键是，我想套用一下"上海地铁二运"说话的套路，发官方微博发成这样，不招来吐槽才怪！所以你想，一个官方微博用这样的语气来发，它确实有问题。但是我们善意地去揣测一下，它的本意恐怕还是好的。

章　丰：是的。我觉得它一定是有一个善意的出发点，因为即便怎样清凉，这都是女性自身的一种穿着权利的处置。但是她在地铁这样一个公共交通的载体上，又在这个特殊的季节里，而且也不是所有的男士都像绅士那样优雅，每个人都有狼心狗肺，在这种情况下，我觉得"我可以骚，你不能扰"可能是一种良善的本意，也是一种权利的主张，但是防扰之心还是要有的。因为有的时候，在现代拥挤的快捷交通当中，过度清凉的打扮的确会使女性受侵害的概率增加很多。所以撇开"上海地铁二运"这条官博背后不是特别妥当的措词和姿态之外，在社会成员之间，我认为这种提醒是必要的，也是每一个追求清凉、展示美丽的女性可能需要自己去检视和反省的一点。

主持人：章老师说，防狼之心是一定要有的。其实狼不仅仅出现在地铁里，很多公共场合，包括公交车上，可能都会有这样或者那样的问题。所以我非常想给广大女性来看看，我们如何防狼，怎样学做一只聪明的羊。

基础防狼第一招：在偏僻地带不要单独行走，最好不要一边步行一边打电话或发短信，警惕后方的情况。

第二招：衣着举止得体，尽量避免在单独外出时穿低胸衫短裙和化浓妆。

第三招：身上常备比如防狼喷雾剂、辣椒水等，也可以利用闲暇学点武术、跆拳道。

第四招：通常情况下把手机调到随时可以拨打报警电话的状态，如果遭遇色狼尽量向人多的地方靠近。

终极防狼第一招：如果你将要受到侵犯时有人在附近，应抓住时机大声呼救。

第二招：及时准备自卫，高跟鞋的跟尖、发簪、雨伞、化妆用的眉笔、钥匙，或者就地取材，棍棒、石块、砖头等，实在不行不要忽略你牙齿和指甲的强大功效。

第三招：攻击时应击准对方的薄弱部位，不要犹豫，赢得时间以后就赶紧逃命吧。

第四招：遭遇侵害后，要在第一时间报案。一定要保留下你极力反抗时罪犯留下的痕迹，比如毛发、污渍、指纹或物品，这都是协助破案的有力线索。

主持人：我建议女同胞们可以多留一个心眼，看看自己能够掌握几招。其实我发现一个问题，我们在议论这件事情的时候，从一开始说官方微博到底应不应该这样来发微博，到现在其实已经在议论女性在公共场合究竟应不应该穿得那么少。腾讯微博也发起了这样一个调查，题目是：你认为女性在地铁着装需要庄重吗？我们来看一下数字，有84%，也就是11275票的网友觉得需要穿得庄重。16%的网友是觉得不需要的。

章　丰：其实这条微博会持续发酵，的确是有各种观点的冲突在里面。但这种冲突的本质，我觉得是从这次穿衣打扮的清凉度衍生出了一个重要的、现代社会每个人都要面对的话题，就是私人权利和公共权利之间交叉地带的界定。我觉得私欲和公欲这样的一种权利边界如何界定，在主张个人权利的时候，如何在一个公共空间里面，和群体相处的时候，保持一个恰当的分寸感，可能是这一次清凉着装引起的大量争议焦点所在。

主持人：所以刚才章老师讲到的这个冲突，它的学名叫群己权界。《广州日报》还专门做了一个漫画，然后在漫画边上分别注明了男女方的观点。女方的观点是说，我有诱惑的权利，你有自制的义务。男方的观点说，你的骚权不能侵犯我的人权。所以我们在说，究竟可不可以骚，其实你关键必须要搞清楚，群己权界是怎么样来做界定的。

章　丰:其实在“群己权界”这个听起来很拗口的名词背后,它讲述的是一个最简单的,现代社会每个人都要处理的一个问题,就是个人权利和公共权利之间怎样做合理的区隔,找到那个合适的分界点,小部分人和大部分人的利益怎样进行协调。这无论是在我们的生活中,还是我们最高的政治层面,都会不停地陷入这样一个问题的讨论。其实解决的原则在现代社会里面已经有非常清晰的底线,就是两条:第一,群体的讨论必须是民主的;第二,在个人的私域里必须是自由的。群体有民主,个体有自由,这就是群己权界界定当中,现代宪政最基本的理念。在这个过程当中,我们在不同话题的讨论过程当中,可以设置不同的方式,政治的讨论上,可能我们会有严谨的议事规则。而对个人私物,像地铁清凉着装这样的讨论,我们可以借助媒体,包括透过像微博这样个性化的发言平台,来汇聚大家的意见,在讨论过程中逐渐求得共识。

主持人:其实我们可以拿具体的实例来看。比方说我们以香港为例,电影《泰坦尼克号》里的裸露镜头究竟可不可以在公共电视台平台播放,菜贩他可不可以只裸露上身来卖菜。其实你可以看到,他们都是根据了一些有根有据、合情合理的判断,最后对群己权界这个概念牢牢地确立起来了。

章　丰:我觉得这样的做法的确是现代社会每一个人都应该去学习和遵循的。像这次地铁的着装清凉度,“我可以骚,你不能扰”的这样一种讨论,逐渐地延伸到我们对个人权利和在公共领域里的合理界定争议。我觉得这个争议一定还会进行下去,而且在进行过程当中,每一个参与争议的人,只要有一种平常的心态,有一种理性的态度,每个人都可以逐渐靠近,大家能够沟通达成协调。在一定的时候,我们公共的领域还可以透过立法,通过地方条例的制定,让我们这种清凉的着装,有一个大家能够共同认同和遵守的规则。所以这样的一个地铁“我可以骚,你不能扰”的话题,如果归结到最后,我站在女性权利的角度和站在公共理性讨论的角度,我个人的一句话就是——美丽权利不容置疑,清凉尺度可以讨论。

主持人:这两天,咱们浙江大部分地区都是大到暴雨。等到短暂的雨季过去,晴朗炎热的夏天就要来临了。在这儿我想跟所有的女性朋友说一句私房话——爱美之心可以有,防狼之心千万不可无。

中医进校园　且行且珍重

主持人：说到中医，大家应该都不陌生。但是你知道吗，中医马上就要进入校园了。

北京市中医药管理局近日宣布，北京计划全面启动“中医文化进校园”工作。下学期起，全市统一的中医校本课程（小学版）将正式启用，该课程老师将在本周报名遴选后接受中医部门培训。相关负责人表示，这项课程旨在普及中医文化，非硬性规定，课程不进课表，不列为考试项目。据了解，“中医文化进校园”是北京市开展中医药文化建设年工作的内容之一，另外，中学版的课程编制工作也在进行中，最快明年面世。

主持人：关于中医，前段时间我跟章老师在《相对论》里刚讨论过甘肃的医务人员花了 9 天打通“任督二脉”的事情。当时章老师是战战兢兢，说我们可能会要么得罪中医黑，要么得罪中医粉，弄得不好，把两边都得罪了。今天人家说，这个话题是“任督二脉”的校园篇。

章　丰：我不同意这个观点。在我看来两者有本质的区别。我还记得我们讨论“任督二脉”的时候，我的一句话是，用公权力打通“任督二脉”，小心走火入魔。因为那是权力过界了，而这一次是资源进学校，那完全是两个概念。这一次我注意到，中医药卫生管理部门和教育局一起，其实是在为校园输送一个，在我看来是很有价值的养分，让中医资源用孩子们能接受的方式，来到校园里面，这无疑是好事一桩。

主持人：你说是好事一桩，但我们也听到了很多争议的声音。恐怕首先是围绕“中医”两个字在做文章。我在《中国青年报》上看到一篇评论说，中医这些年没少遭人诟病，从鲁迅直斥中医“不过是一种有意或无意的骗子”，到郭沫若“我一直到死，绝不会麻烦中国郎中”的表白，再到方舟子“中医是伪科学”，所以有关中医的真伪论，到现在都不明白，它就可以进校园吗？

章　丰：中医的争议会一直进行下去。其实每一个科学，永远是在争议的过程中发展的。在我看来，对中医的争议可以有，但是如果从源头上去否定中医，我认为这种态度是不可取的。世界卫生组织在《传统医学战略》这本书里曾经有一句话，我觉得讲得非常有道理。书中说，对传统医学盲目的热情和无知的怀疑都不可取。而且在对中医的态度上，就像我们上次讨论的，提到会有中医粉和中医黑，这两种态度都是值得商榷的。网友往往会在中医的争论中，架空所有的细节和事实，很快地陷入到态度的争议当中。我注意到，这段时间其实网络上一直在对争议的方式方法进行反思，就是非黑即白、左右站队的网络上的意见撕裂。我认为，我们现在这个社会里，每个人都必须要警惕和学习改善的一种态度，就是我们应该学会理性平和，用一种平等、具体、理性的态度，来对待每一个我们或同意，或不同意，或有争议的现象，中医也不例外。

主持人：所以科学的论证是非常重要的。但是在这件事情上，我其实一直试图站在一个小学生的立场上去想，如果我是小学生，我会有兴趣去学吗？它讲什么呢？《扁鹊望齐桓公》，语文课本都学过。讲穴道，如果连大人都搞不明白的话，一个小孩子能听得懂吗？但是现在因为有个流行的说法，叫一切要从娃娃抓起。你看，整治腐败从娃娃抓起，安全生产从娃娃抓起，娃娃就是一个筐，好像什么都可以往里装。娃娃要不要那么苦，那么累啊！所以这次，中医真的也要从娃娃抓起吗？

章　丰：我认为要的。其实从娃娃抓起，我个人认为不失是一种高明的社会教育态度。因为孩子们在童年阶段里的学习能力和领悟能力可能不像大人的那样高，但他的记忆能力是非常强的。而且在他那个阶段，的确应该更多地承受从娃娃抓起的那些必要养分，无论是中医也好，计算机也好，还是对其他的传统文化传承。只不过我们的学校应该在给孩子们输送养分的过程中，避免他们负担过重。让他们在享受知识的同时，不能超越他身心发展的阶段，不能让他们不堪重负。我觉得从娃娃抓起是一种高明的态度，但是把娃娃往一个不堪重负的方向推，那是另外一个概念。

主持人：现在中医进学校的时候，大家会说，它是一种传统，我们需要继承。有关中国亟待延续下去的传统科学真的是很多很多。所以当我们中医文化进校园的时候，我想问的是，我们要不要考虑茶艺的感受，我们要不要考虑昆曲的感受，我们要不要再来考虑剪纸的感受？

章　丰：我觉得应该要考虑一下其他门类传统文化的感受。现在真正的传统文化进校园不是太多，在我看来绝对是太少了。其实只要避免给孩子们造成过重的课业负担，我认为这样的传统文化进校园，越多越好。我们前段时间讨论过浙江省高中新课改的整个体制设计，你有没有注意到，高中阶段在浙江省课改启动以后，选修课占到了整个学业组成的三分之一。三分之一的选修课，其实学校是很难提供足够好、足够多的内容，它给我们传统文化，包括世界性流行文化进校园，其实是留了很大空间的。我们现在不是这样的资源多了，而是这样的资源少了。只要像中医这样进课堂，只要像北京市教育局那样设计，不要设置考试环节，不要强制人家选修，我觉得这样的传统文化进校园，越多越好。

主持人：在中医文化进课堂之前，大家还记不记得，曾经有过京剧进课堂。2008 年 3 月，教育部在全国的一片争议声中，在全国 10 个省份的部分中小学开展了京剧进课堂的试点，杭州的长寿桥小学一直坚持到现在。《相对论》的记者专门采访了长寿桥小学政务处副处长，浙江省少儿京剧社负责人赵友梅老师。我们一起来听听赵老师的心得是怎么样的。

赵友梅：我觉得最大的好处就是，能够让孩子了解中华民族这么璀璨的文化。京剧是一个比较经典的艺术门类，我们的孩子去了解，去接触，能够去认可，去欣赏，那么对我们国家文化传统的传承，不仅是我们想要达到一个很高的要求，也只不过是想在我们长寿桥小学的孩子心中，能够播撒一点喜爱京剧的种子而已。我们面临最大的问题还是师资，就是老师的培训方面，而且真正会唱京剧的老师也真的是很少，也是在边学习，边摸索。

主持人:赵老师说现在最大的困难是师资力量。其实在这次中医文化进校园的时候,大家也会担心说,到底谁去教,会不会形成现学现卖的情况。另外还有一种担心,因为这是非硬性规定的课程,也就是它是不进课表,也不做考试的。我的理解就是,它既不是一个规定动作,也没有评估之说,于是我就会担心,它有没有可能在学生的课业负担之外,又成为另一种花瓶。

章　丰:不是没有这个可能。所以我觉得,素质教育的设计,在每一个新内容的承接过程中,都应该给出一些体制性的支持,比如说不考试,不做强制规定。我认为这是高明之处,因为这是避免孩子们课业负担过重的良性设计和关怀。但是怎样激发孩子们有足够的兴趣和动力去学习中医,然后在中医学习到的东西,能够悟化成对素质考核的一些指标。我觉得这可能是校园素质教育的整体设计里,应该给中医进校园这样的新课程一种体制性支撑的重要所在。

主持人:您看章老师,刚才还提到了,其实京剧进校园一开始的初衷,无非也就是希望在学生们当中来播撒一些兴趣的种子。京剧可以,那么中医也可以吗?

章　丰:当然可以。在我看来,前几年有很多让我们哭笑不得的例子,比如说神医张悟本,比如说道长李一,一把绿豆,几根泥鳅,就把这个社会搞得神魂颠倒,搞得大家最后陷入一种集体茫然若失的情绪中。你仔细想一想,正是因为中医最基本的种子没有在孩子阶段里,没有在校园里被播撒下去,所以造成我们国家对传统中医的一些基本理论,对中医的基本范畴缺乏最基础的认识。孩子们在这个阶段,在校园里没有得到真正意义上的、朴素的、正确的中医观念的熏陶,走上社会以后,他们会继续被一把绿豆、几根泥鳅所祸害。

主持人:所以其实我们听到刚才赵老师所讲的,是很多很多的希望。但是我相信,在坚持下来的四年时间当中,估计应该还是有很多的辛酸苦辣,那么我们必须得很理性地来看待京剧进校园的实践结果是怎么样的。其实到现在为止,我们可能都很难给京剧进课堂的成绩打一个及格以上的分数。《中国教育报》2011 年 5 月 14 日做了一个调查，报告显示，因为启动试点后没有了下文，再加上有上课的时间、经费、师资、学生基础等几道坎的存在，使得京剧进课堂基本上成了一句口号。所以今天我们在讨论中医文化进校园的时候，我们绝对不会希望看到一个笑话，而是希望从京剧进课堂的前车之鉴当中，可以吸取更多的经验教训，让中医文化进校园不步后尘。

章　丰：最重要的一点，京剧进校园现在被悬空搁置的原因，最值得吸取的教训是能力建设。包括这一次中医进校园，中医和医药卫生管理部门的初衷肯定是好的，但是其实就我个人而言，我最担心的也是一条，就是校园的能力是否能够支撑中医这样一门科学的课程，在校园里能否被孩子们所喜爱，最终能够在孩子们中间能够有一定的流行度。背后是需要我们有一种来讲述中医的能力。其实中医这么些年被如此误解，甚至被妖魔化，中医界是值得反思的。我们的科普没有做好，我们不懂得怎样在现代的语境下，告诉大家一个活泼的、有用的，同时又是接近我们的生活，可以被感知、被信任的中医概念。我们不会讲述我们的传统。除了中医之外，其他的传统文化传承过程都遇到这个问题。你是否注意到，之前几年曾经从虚火转变成文火状态的于丹的《论语心得》，就是一个很典型的例子。我们国家有那么多学术界的人在研究传统文化，读论语的、研究古文献的人浩如烟海，这方面的研究成果、学术成果也可以讲是汗牛充栋，但是真正在现代传媒上，懂得把传统文化讲述给老百姓，被老百姓所喜爱和感知的，又有几人？所以于丹在传媒界像一匹黑马一样杀出来，然后又陷入一个巨大的争议。这一次中医进校园，恐怕背后也是这个问题。

主持人：所以关于中医文化进校园的话题，您的一句话是什么？

章　丰：一句话——中医进校园，考验的是我们讲述传统的能力。

主持人：在中医当中有一句话，医者，仁术也。所以关于中医文化进校园，恐怕也应该秉持制度之仁，情理之仁，逻辑之仁，所以且行且珍重吧。

流浪者无立锥之地　让谁蒙羞

主持人：最近，一道难题摆在深圳罗湖区的城市管理人员面前。如果你所管辖的道路上出现了乞丐，你就有可能被扣分。这是罗湖区新近出台的《市容环境量化考核指标》。

6月20日，深圳罗湖区召开城市管理工作现场会，公布了《罗湖区市容环境综合考核实施方案》，其中市容秩序里的“流浪乞讨人员救助”一项占10%的权重。方案规定，若流浪乞讨、露宿人员出现在主干道、次干道和其他城市道路，将给予扣分处理。也就是说，在深圳罗湖的城市管理工作人员管辖的街道上，如果有乞讨者、流浪者，城管要把这些人劝走，否则城管就可能会被扣分。记者获悉，罗湖区的考核方案脱胎于深圳市的相关文件，深圳近日拟推出市容环境综合考核实施方案，方案首次将城市道路流浪乞讨人员数量纳入全市57个街道办的市容环境考核指标。

主持人：街头出现乞丐，城管将被扣分，这道题感觉是出给城管的。其实你会发现，这道题也同样出给了罗湖区的乞丐。如果是生活在罗湖区的乞丐，从此就不能在这个区域行乞了。如果你想行乞，那么最好离开罗湖区。

章　丰：为什么要离开罗湖区？其实每一个乞丐都有权利在罗湖区，只要他不违法。因为无论是我们的宪法，还是我们现在国务院出台的《城市流浪人员收容救助条例》，还是深圳市自己制定的《城市环境卫生条例》，都没有明文禁止在街头行乞。法无禁止既可为，这是对私权利基本保护的前提。所以从这个角度讲，我是乞丐，但是我有在罗湖区行乞的权利。用《新京报》评论员艾君的话讲，中国是一辆在城市化道路上奔驰的巴士，你不能保证所有上车的人都是衣冠楚楚。城市政府在管理过程中,应该防止城市洁癖的毛病。

主持人:为什么要离开,因为人家有数据。深圳城管内部有这样一份数据材料,说现在深圳市从事流浪乞讨的人员已经多达两万多人,其中 90%以上的乞讨人员把乞讨当成牟利的手段,不配合政府采取的流浪救助政策。在严格意义上讲符合救助对象的乞丐只占 10%,而深圳职业乞丐每天的收入大致在 150 元到 300 元之间。所以,不让你走怎么办?

章　丰:的确是一个两难的话题。但是我觉得,一座城市不应该忘记自己是从哪里来的,尤其是深圳。深圳是一座标准的移民城市。在改革开放之前,它是一个只有 60 万人口的小镇而已。今天它衣冠楚楚,今天它的经济发展取得了举世瞩目的成就,于是它开始对外地人下逐客令。这让我想起去年大运会期间,深圳在 100 天之内清除了 8 万名所谓的“治安高危人员”。我注意到,它对治安高危人员的界定,还是让我心里有一丝悲凉。这座原来依靠移民积累财富打造起来的城市,今天它开始忘本。所以从这个角度讲,我觉得深圳简直是有些忘恩负义。

主持人:另外一方面,我们必须也看到,这些流浪人员可能已经给社会治安,包括社会秩序带来了一定的危害。再加上这次罗湖区又出台了这样一个量化考核指标,所以作为城管来说,他不去驱赶那些乞丐,他会丢饭碗。

章　丰:但是他保住了饭碗,而乞丐的饭碗,那只更可怜的饭碗,却会被打破。

主持人:所以你看,为了保住饭碗,我是可以想见,城管和乞丐之间可能会上演一场实力悬殊的博弈大戏,再加上这次出台的扣分标准,有没有可能会火上浇油?有没有可能对乞丐实行驱逐,或者强行带离街头?包括乞丐今后的生活,有没有可能会更加颠沛流离,更加没有安全感?

章　丰:一定会的。在这种体制下,用《中国青年报》的评论员曹林的话讲,扣分一定只会逼出城管和乞丐的另一场战争。我们在城管和小贩“猫捉老鼠”的剧烈冲突中,已经看到了太多让我们觉得很悲凉和无奈的现实。现在深圳环境卫生的所谓扣分考核条例，尽管没有明确讲“禁止乞讨”这四个字，但是这种扣分的机制，一定会把我们基层一线的城管人员很悲催地逼上和流浪乞讨人员进行博弈和互相驱赶、对抗的单行道。所以我很担心，城管和乞讨者可能会成为城管和小贩的另一个版本。

主持人：所以我在想，如果深圳可以把这个标准倒置过来的话，会不会更好。比方说发现乞丐，并且使他能够成功得到安身之处的，予以加分。这样的效果会不会不一样？

章　丰：这样的政策才一定称得上是善政。其实对于流浪乞讨人员而言，这是一个全世界各国都无法在城市发展过程当中彻底消除的现象。对于流浪乞讨人员，要么给他救助，要么给他自由。在我看来，其实真正要消除这些产生流浪和乞讨人员的土壤，最终还是要让更多人生活得更加幸福，更加有尊严。这个社会在飞快地转轨和发展，在转轨社会隆隆向前行驶的列车当中，总有一些人因为各种各样的原因，包括个人的禀赋、家庭的际遇、机会的不公等等，会被甩出这列列车。所以弱势群体在任何社会发展过程中永远存在，考验的其实是我们怎样对待、呵护弱势群体的姿态和能力。

主持人：所以现在杭州乞讨人员的管理现状究竟怎么样？我们一起来听听杭州市民政局社会福利处处长陈国民是怎么说的。

杭州市民政局社会福利处处长陈国民：这个举措我觉得至少在杭州是不可取的。其实乞讨也是一种权利，也是一种生存方式。说实话，谁愿意乞讨？他也是迫于生活才去乞讨的。当然，恶意乞讨、强讨强要这种现象，我们是要进行批评教育，甚至要进行干预的。如果是正常乞讨，因生活所迫在那儿乞讨，就应该去规范他，引导他，而不能去非人性地强行取缔他。当我们到街头去实施救助的时候，一定要建立在他自愿的前提之下，不能强行。这是杭州一直以来遵循的原则。

主持人：陈处长说到了，对于恶性的乞讨要采用一些手段和方式来干预，而干预往往可以看出一座城市的姿态。我想到最近在微博上非常火的一个帖子，博友叫梁树新，他的主题叫“锥锥锥”，说为了驱逐流浪汉，广州白云天河多处天桥和高架桥底下浇铸了水泥锥。微博曝光以后，南都记者去调查，没有一个部门出来认领。作为一个以开放包容作为城市精神的大城市，这些水泥锥令广州蒙羞。如果赞成铲平这些刺伤人心的锥，请转发，还流浪汉一个栖身之地。

章　丰：我注意到今天早晨最新的新闻出来了，有关部门出来认领立交桥下那个刺人眼球的水泥锥。这是广州市在10年以前启动的，确实是由城市管理部门在天桥底下设置的，而且它大大方方地承认了，就是为了要驱赶乞讨者。所以在这里，我想起中国人的一句古话，穷到极致叫“无立锥之地”。流浪汉真的是这个城市里的弱势人群，最后你连立锥之地都是要用尖尖的水泥锥来把他驱赶出去，我在想这些人到哪里去。所以面对这一次深圳出台的，实质上是禁乞的考核办法，也有评论提出，叫“乞丐扣分，不应该成为‘高富帅’立法”。“高富帅”其实就是现在已经过上优雅生活的城市强势人群，他们实际上掌握了城市的立法权和话语权。但是不要忘记，这个城市里始终还有“矮矬穷”，始终还有生活在边缘的那些弱势群体。强者在立法过程中，只有对这些弱势群体抱有谦卑和悲悯的心态，这个城市才是一个能共生共荣的和谐城市。

主持人：那么同样在这个事件发生之后，我也听到了一种说法，就是关于城市的面子和城市里子，我们究竟该怎么样来权衡？

章　丰：其实城市的面子当然也很重要。一个光鲜的城市，一个井井有条、管理有序的城市，这种市容市貌的确是一个现代化都市所需要的一种面子。但是里子就是那些弱势人群的个人权利，尤其是弱势者的权利，是这个城市真正的里子所在。在我看来，里子很重要。

主持人：我更愿意相信由内而外的力量。我们现在来看看国外的一些城市究竟是怎么做的。比方说在英国，政府就把乞丐和难民同时划归为无家可归者群体，享受政府的福利救助。政府给他们提供3个月免费食宿。如果他们愿意，政府可以出面担保，帮他们找工作。美国推出的是帮助流浪者的10

年计划。从 2008 年开始,就专门预留了 44 亿美元用于帮助流浪汉,帮他们来建造房子。到目前为止,已经为他们建造了 4 万多套房子,大部分是一居室的。所以你可以看出一种很人性化的关怀。

章　丰:我在这里注意到一个特别重要的元素,面对流浪乞讨人员的治理措施,社会力量的参与很重要。这一次深圳的禁乞令出台以后,也有专家说,我们任何一个城市的管理行为都应该有个基本原则,就是要听取被管理群体的诉求。非常明显,并没有任何流浪乞讨人员能够参与深圳市城管部门在规则制定过程中的博弈。没有。而且在我看来,也没有一个社会团体能够代表这些街头的流浪乞讨人员和城市的管理部门去主张和博弈这种权利。所以在我看来,国外的经验,包括香港,香港有大量的城市流浪乞讨人员,但是社会力量的参与开放度非常之高。有很多社团和义工组织,他们会针对流浪乞讨人员提出各种各样的关怀和服务,包括一些就业的辅助。政府干什么?政府在这些社团和社会组织背后提供资助和推力,而这些社团在政府和流浪乞讨人员之间很好地搭起了一座温情的桥梁。在我看来,社会力量的参与是在现有社会资源有限的情况下,解决我们城市的里子和面子之争的重要手段之一,它能够很好地弥合这道裂痕。

主持人:所以您的一句话总结是?

章　丰:我的一句话就是——包容乞讨,因为温情的里子比光鲜的面子更重要。

主持人:讲到这里,大家有没有想起来,章老师曾经在《相对论》当中讲到过一条新闻:薯条哥。外国小伙儿陆杰森陪乞讨老人共同吃薯条。陆杰森当时这样说,希望老人不是骗子,如果是的话,我相信她一定是可怜人,能帮就帮。当这句话、这幅画面曾经温暖过我们的时候,希望现在的措施乃至今后的政策,都请别遮挡救助的阳光。

名山蜂拥上市　孰是孰非

主持人:虽然现在是酷暑时节,可是你知道,比酷暑更加热烈的,就是关于中国四大佛教名山的上市梦。除了已经上市的峨眉山之外,现在普陀山、九华山、五台山都在积极筹备,准备登陆资本市场。

我省的普陀山与山西五台山、四川峨眉山、安徽九华山并称为“中国佛教四大名山”,当其进入上市辅导期的消息爆出,引来了大批民众的围观。其实,怀揣“上市梦”的并不止普陀山:15年前,峨眉山就借发展旅游经济之名成功上市;九华山今年要第三次闯关A股;五台山上市也被当地政府列为重要工作之一;而普陀山官方网站的消息显示,普陀山旅游发展股份有限公司揭牌仪式早在5月30日就已经举行,这家公司作为普陀山旅游服务资源整合的拟上市主体,成立于3年前,已经开展了从拟定上市方案到资产整合等大量的上市前工作,准备两年内上市。这样,中国佛教四大名山都有可能成为上市公司。不过相关公司负责人回应说,寺庙仍属于佛协系统内部,不同于上市主体。上市的资产将会和佛协、寺庙划分清楚。

主持人:我们先来听一听,大家是怎么议论这件事情的。我看到有一位媒体人段钢说:峨眉山上市了;九华山今年要第三次闯关A股,争取上市;五台山上市也被当地政府列为重要工作;普陀山也积极争取两年内上市。中国佛教四大名山都有可能成为上市公司,再加上备受关注的少林寺、法门寺上市,未来菩萨的任务更重了。发展旅游是利用菩萨为当地人挣钱,而上市是让菩萨为全国的股民打工。

章　丰:媒体人很不爽,其实和尚也有话说。我注意有一位在微博上很活跃的延参法师，他这段时间还在腾讯微博上做了一个微访谈。针对佛教四大名山上市，他也发了一条微博，说佛教名山卷入经营大潮，可以想到的是，不远的将来，道教的泰山、华山、武当山，以及其他名山将无一幸免，都会成为上市公司。大家去山水间朝拜心灵的家园，结果成了去参观一个个上市公司。道德的悲哀。

主持人：所以公众也都在热议，说本来是佛门净地，怎么能够和金钱至上的资本市场联系在一起？可是怎么就不能？

章　丰：断然不能。

主持人：但是章老师您要知道，他们这次是以旅游公司的形式上市的，其实他打的是旅游牌，并没有把宗教场所给罗列进来。而且您可以发现，它和一般的旅游概念股其实没有大差别，主要是公众的心理在作祟。有一个采访，被采访者是这次卷入争议的普陀山旅游发展股份有限公司总经理毛剑涛，他说，普陀山旅游整合上市的准备过程中，整合的是竞争性行业，比方说岛上的公交、索道、旅游纪念品等等，和垄断资源是没有关系的，不包含景区门票，也不包括寺庙。

章　丰：我在想，如果没有国家宗教局规定说，不能把宗教场所打包上市，他们还真敢把观音菩萨一起打包了上市，关键是他做不到。但实际上，我觉得他仍然是坐享了宗教声誉的红利。实际上他用一种潜规则，还是消费了宗教之财。请问这位毛总，如果没有观音菩萨道场的威严和信众的追捧，他的索道公司，他的公交公司和旅游产品，真的有上市的价值吗？而且就像评论员讲的那样，一旦地方政府将一座岛、几座山都划入了旅游上市的整体范畴，宗教资源能够在海外仙山独立吗？这显然是一个谬误。

主持人：但是我在想，我们要不要站在地方政府的角度来看这个问题。因为他们确实也是很用心良苦，说我是为了保护和传播文化价值。山西有关领导在接受媒体采访的时候就强调说，五台山上市的目的，是通过上市弘扬五台山的精神文化，把旅游文化产业推向资本市场，使其传播得更远。而毛剑涛也说了，普陀山旅游也是需要营销的，上市就可以扩大知名度。

章　丰：我觉得这是一个很可笑的逻辑。请问有多少家上市公司？2400家。有几大佛教名山？四大。到底是谁要借谁的光，到底是谁需要依靠谁来提高品牌知名度？我觉得这个答案连3岁小孩都能知道。而且你知道，在四大佛教名山上市的过程中，公众纷纷扰扰的热议以及各种吐槽，其实在还没有上市的时候，就已经给宗教名山蒙上了一层阴影。试问，这是在提升佛教名山的品牌，还是在贬损品牌？

主持人：除了他们自己想象的知名度之外，其实在解释上市另一目的的时候，也有这样一个说法，说融资是为了更好地开发旅游资源。我们来算这样一笔账，说是据初步匡算，如果普陀山旅游整合上市的话，第一波募集到的资金可能是7.5亿元左右。毛剑涛说，整合上市已经筹划3年多的时间了，初衷是希望通过融资为旅游业发展拓宽空间，整合旅游资源，带动整个舟山旅游的大发展。利用金融资本手段，实现低成本的扩张，更好地保护开发并整合其他的优势资源，将其变成财富。有错吗？

章　丰：有没有错，我给你打个比方。有一户人家，家里有一只祖传的金凤凰。不久前，主人受到隔壁养鸡厂的启发，发现原来金凤凰可以下蛋，下了蛋可以卖钱。于是他宣布，要让凤凰下蛋，但下蛋的原因是用卖蛋的钱让凤凰过上更体面的生活。请问这样的逻辑，这样的故事，你信吗？

主持人：其实我觉得，不管我信和不信，都没有任何的关系，因为我没有办法去阻止他们要上市的梦想。

章　丰：其实，你可以信也可以不信，但最可怕的是，有些人假装相信，或者假装不相信。

主持人：信和不信，跟我们也没有太多关系，因为想上市的寺庙已经太多了。

早在2009年末，香港中旅集团宣布与河南登封市合资1亿元成立嵩山少

林文化旅游有限公司并谋求上市时，就引起过舆论的轩然大波，最终不了了之。而近日，陕西省宝鸡市市长上官吉庆对外宣称，鉴于二期项目尚未开工，原本定于2013年上市的法门寺文化景区暂时搁置动议。前不久，西安曲江文化旅游(集团)有限公司公布了其筹划多年的旅游资产上市计划，即借壳ST长信置入景区、酒店和旅行社资产，这些景区包括著名的西安城墙、大雁塔景区等，其中有一家财神庙，消息一出，随即引发了投资者以及业内的一片哗然。据了解，这座财神庙坐落在距西安60公里左右的周至县集贤镇赵代村，由曲江文旅集团投巨资兴建而成，供奉了号称“华夏正财神”的赵公明等五路财神，其门票收入和一些其他运营管理业务已进入借壳上市的关键阶段。

主持人：关于财神庙的新闻，其实胡老师和程程老师在6月15日的《相对论》当中就已经讨论过。胡老师当时做了这样一个评论，说千百年来，财神菩萨是被中国人供奉在高堂之上来祭拜的神灵，现在居然沦为某些上市公司用来圈钱的马仔。于是胡老师就感叹说，不看不知道，世界真奇妙。然后我们现在再来看看，其他国家究竟是如何来对待自己传统文化资源的。比方说博物馆和教堂，你去过就应该很明白，其实都是象征性地来收取门票。我们拿纽约大都会博物馆举例，门票建议是25美元。注意，这里有这样一个辅助说明，为了让博物馆得到足够的支持，我们希望您按照建议价来付款。也就是说，如果你没有钱，其实是可以不付25美元的。我们再来看看巴黎，巴黎所有的博物馆通票，两天39欧元，四天54欧元，六天69欧元。而且到了暑假，一些场所给学生提供免费参观的权利，所以它彻底实现了公益原则。

章　丰：这就是一个正确的原则。不是所有的东西都可以拿来卖钱的，有些东西就应该花钱，应该由国家和政府花钱，比如说宗教文化的遗存，比如说风景名胜，比如说一些公益性的博物馆。这些展览场馆，有些是祖先遗传的，有些是我们自身创造的，它是属于社会的公共精神财富。这些精神财富的维护和传承是政府应有的责任。尽管它要花钱，它生不了钱，但是它却滋养了人心，扶助了社会。所以在我看来，地方政府在GDP的冲动之下，用各种漂亮的包装，用发展旅游，用经济唱戏的这种方式，把旅游和宗教资源进行过度地开发，这是在推卸政府的历史责任。

主持人:所以现在不管政府说,我是为了更好地来保护文化名胜也好,还是为了更多地开发旅游资源也好,其实我想说,你要开发旅游资源,真的不仅仅只有上市一条路。有一个非常好的例子摆在我们面前,就是西湖,不仅没有上市,而且连门票都取消了。

章　丰:门票取消了10年时间,而且今年是西湖申遗一周年。我注意到,有关部门出来帮10年门票免费的西湖算了一笔账,这个数字非常有说服力。10年来西湖少收的门票,按照媒体测算应该是2个亿。但是少了门票的收入,西湖并没有因此而亏钱。我们现在拿到手的数据是,去年杭州的旅游总收入是1191亿元,比10年以前足足翻了一番。10年免费开放的西湖,被所有人共享的西湖,恰恰给这座城市的文化经济带来了更多的拉伸作用。而且最重要的是,它让更多的人享受了西湖,把一个更美、更开放的西湖,作为一张城市的金名片,呈现在了世界面前。

主持人:所以同样都是文化搭台,经济唱戏。免费的西湖和要上市的佛教名山,真的是高下立见。

章　丰:所以我的一句话——让菩萨的归菩萨,让资本的归资本。

主持人:佛教有这样一句,叫事事皆有因缘,心念是缘起,业则是结果。所以究竟要不要上市,您再掂量掂量吧。

图书在版编目(CIP)数据

顺理才成章：社会上的那些事儿／章丰著．—杭州：浙江文艺出版社，2012.11
ISBN 978-7-5339-3496-5

Ⅰ.①顺… Ⅱ.①章… Ⅲ.①评论性新闻—电视节目—汇编—浙江省 Ⅳ.①G229.275.5

中国版本图书馆 CIP 数据核字（2012）第 247654 号

顺理才成章：社会上的那些事儿
章 丰 著

责任编辑 曹 洁 郭贤路
封面设计 吴 瑕
出版发行 浙江文艺出版社
（杭州市体育场路 347 号 邮政编码 310006）
（网址：http：//www.zjwycbs.cn）
经　　销 浙江省新华书店集团有限公司
印　　刷 杭州富春印务有限公司
开　　本 710mm×1000mm 1/16
印　　张 15.5
插　　页 1
字　　数 230 千
版　　次 2012 年 11 月第 1 版 2012 年 11 月第 1 次印刷
书　　号 ISBN 978-7-5339-3496-5
定　　价 32.80 元